终南文化书院
中华文化传承学术丛书

中国哲学的发展道路

本体学思想访谈录

成中英 漆 思 张斯珉 著

中国社会科学出版社

图书在版编目（CIP）数据

中国哲学的发展道路：本体学思想访谈录/成中英，漆思，张斯珉著．—北京：中国社会科学出版社，2015.11
（中华文化传承学术丛书）
ISBN 978-7-5161-7257-5

Ⅰ.①中⋯　Ⅱ.①成⋯②漆⋯③张⋯　Ⅲ.①哲学—研究—中国　Ⅳ.①B2

中国版本图书馆 CIP 数据核字（2015）第 291003 号

出 版 人	赵剑英
责任编辑	王　曦
责任校对	周晓东
责任印制	戴　宽

出　　版	中国社会科学出版社
社　　址	北京鼓楼西大街甲 158 号
邮　　编	100720
网　　址	http://www.csspw.cn
发 行 部	010-84083685
门 市 部	010-84029450
经　　销	新华书店及其他书店

印刷装订	三河市君旺印务有限公司
版　　次	2015 年 11 月第 1 版
印　　次	2015 年 11 月第 1 次印刷

开　　本	710×1000　1/16
印　　张	17.75
插　　页	2
字　　数	303 千字
定　　价	66.00 元

凡购买中国社会科学出版社图书，如有质量问题请与本社营销中心联系调换
电话：010-84083683
版权所有　侵权必究

终南文化书院
中华文化传承学术丛书编委会

主　　任：陈治亚　郑晓静
执行主任：龙建成　李建东
委　　员：（按姓氏笔画）
　　　　　丁为祥　丰子义　尤西林　方光华　王若冰
　　　　　王南湜　史少博　孙正聿　成中英　齐　林
　　　　　吴建新　宋宝萍　张　蓬　李佃来　李景林
　　　　　李德顺　陈德光　郭宝龙　赵汀阳　夏永林
　　　　　常　新　黄　平　韩　伟　赖贤宗　漆　思
主　　编：漆　思
执行主编：郁志强

目 录

前言 ··· 1

导论　中国哲学复兴的机遇与方向 ································ 1
　一　时代的发展呼唤中国哲学的自觉 ··························· 1
　二　重新把握中国哲学的源头与脉络 ··························· 6
　三　本体诠释学与中国哲学的重建 ······························ 9
　四　"本体"的中国意义 ·· 12

第一章　时代的转折与文化的反思 ································ 15
　一　人生经历与为学旨趣 ··· 15
　二　东西方文化的优长与不足 ······································ 20
　三　对中国文化现代化过程的省思 ······························ 26
　四　以"易"为核心的本原意识 ······································ 33
　五　对自己思想的定位 ·· 38

第二章　本体诠释学与中国哲学的发展 ························ 42
　一　本体诠释学的提出 ·· 42
　二　本体诠释学的方法论意义 ······································ 51
　三　易学本体论与易学诠释 ··· 62
　四　易学与中国哲学的发展历程 ·································· 74
　五　新儒家的发展分期和未来走向 ······························ 81

第三章　思维模式的比较与哲学的会通 ························ 89
　一　中西思维模式的异同 ··· 89
　二　中西方真理观的异同 ··· 97
　三　自由概念的东西互释 ··· 103

四　中西马的会通与中国哲学的未来发展……………………106

第四章　中国哲学的心性论与生命境界………………………109
　　一　知识的专门化与信仰的困惑……………………………109
　　二　中国哲学心性论的内涵与意义…………………………114
　　三　心性的中西差别…………………………………………123
　　四　中国心性论的重建………………………………………130

第五章　本体学的伦理学与管理哲学…………………………137
　　一　本体理性：体用兼备，由体及用………………………137
　　二　宇宙创化的模式与过程…………………………………148
　　三　整体化的本体伦理学……………………………………152
　　四　本体管理学的内涵、原则与应用………………………157

第六章　中西文化的宗教与信仰………………………………168
　　一　宗教及其与信仰的关系…………………………………168
　　二　东西方宗教观的区别……………………………………170
　　三　重建中国的信仰体系……………………………………176
　　四　哲学、科学与宗教的关系………………………………181
　　五　重建民族文化的信仰……………………………………183
　　六　本体学视野下的文化判教………………………………189

第七章　当代中国哲学的发展之路……………………………194
　　一　重写中国哲学史的原因与必要性………………………194
　　二　中国哲学史的特点与写作方法…………………………203
　　三　中西哲学的差异与融合的空间…………………………211
　　四　基于本体诠释的学科整合………………………………217
　　五　本体诠释学与人生境界的提升…………………………222

附录　文化会通与中国哲学的慧命……………………………229
　　中西马的文化会通与中国哲学的发展 ……………成中英 229
　　中国哲学需要"再创造" ……………………………成中英 244
　　中华文化的修行之道与生命智慧 ……………………漆　思 248
　　在人文会通视野中重写中国哲学史 …………………漆　思 263

前　言

　　成中英先生是著名哲学家、当代新儒家和本体学的代表学者。成先生1935年出生于南京，祖籍湖北阳新。1955年毕业于台湾大学外文系，1958年获华盛顿大学哲学与逻辑学硕士学位，1963年获得哈佛大学哲学博士学位。现任美国夏威夷大学终身教授，先后担任国际中国哲学会会长与荣誉会长、国际儒学联合会副会长、国际《易经》学会主席、《中国哲学季刊》总主编、台湾大学哲学系主任兼哲学研究所所长，担任耶鲁大学、中国人民大学、北京大学等大学的客座教授。出版《成中英文集》、《中国哲学与中国文化》、《科学知识与人类价值》、《中国现代化的哲学省思》、《中国哲学的现代化与世界化》、《世纪之交的抉择》、《中西哲学的会面与对话》、《论中西哲学精神》、《合内外之道——儒家哲学论》、《创造和谐》、《从中西互释中挺立：中国哲学与中国文化的新定位》、《文化、伦理与管理》、《易学本体论》、《C理论：中国管理哲学》等著作。成先生所提出的"本体学"和管理哲学"C理论"在海内外学界产生了广泛的影响。

　　2011年3月至5月，漆思教授赴夏威夷大学进行学术访问与合作研究，与成中英先生围绕着"中国哲学的发展道路"主题，就中国哲学复兴的机遇与方向、时代的转折与哲学观念的变革、本体诠释学与中国哲学的重建、价值和知识的整合与中西哲学会通、中国哲学的心性论与人生境界提升、本体伦理学与管理哲学、重建中国信仰体系以及重写中国哲学史、文化的会通与中国哲学的慧命等有关中国哲学发展的一系列重要问题进行了探讨和对话，形成了20多万字的访谈文字。2011年9月，成先生应邀到吉林大学就"中西马哲学的会通"进行了专题讲演。2014年11月，成先生应邀到西安电子科技大学终南文化书院就"全球化变革与中华文化复兴"做专题讲学，并被聘为书院文化顾问。西安电子科技大学人文学院讲师、南开大学中国哲学博士张斯珉在访谈文字的基础上，结合成先生近年来有关中国哲学的论述进行了编辑整理，并收入了成中英先生与漆思教授的四篇相关文章，最终形成了这本名为《中国哲学的发展道路》的本体学访谈录。在编辑整理过程中，王猛博士、袁立国博士、郁志强付出了辛勤的劳动，谨表谢忱。

我们将此访谈录纳入终南文化书院"中华文化传承学术丛书"出版计划，希望通过本体学思想访谈录的出版，为当今方兴未艾的当代中国哲学复兴提供一些有价值的思考与启示，也希望得到学界同人的批评指正。

导论　中国哲学复兴的机遇与方向

一　时代的发展呼唤中国哲学的自觉

漆思（以下简称漆）：这次来夏威夷大学能与成中英先生进行合作研究，我倍感荣幸。而我这次合作研究的一项重要任务就是想以"中国哲学的发展道路"为题，就本体学与中国哲学发展道路等问题对成先生做一次专访。之所以确立这样一个题目，我想主要是因为当前中国正在迅猛地发展，中国思想的影响力也与日俱增；相反，自冷战结束以后，西方文化在面临全球化挑战的过程中暴露出了越来越多的问题。换言之，其在解释和解决全球治理的诸多问题上越发显得举步维艰。可以说，世界的发展呼唤着中国思想的回归和中国哲学的自觉及出场。

在这样一个大背景下，重新思考中国哲学的发展道路，澄清中国哲学的特质和未来走向就具有极其深远的意义。成先生作为学贯中西的哲学家，对于中西哲学的发展脉络均有自己独到的理解：一方面，成先生受过严格的西方现代学术训练，深入到西方哲学的心脏，可以客观地分析其优缺点；另一方面，成先生的本体诠释学，立足于《周易》哲学开端的中国哲学传统[1]，对西方的诠释学做了创造性的发展[2]，从本体论和方法论两个方面弥合了知识和价值的分裂[3]，同时也发扬了中国哲学的精华。可

---

[1] 参见成中英《易学本体论》，北京大学出版社2006年版。
[2] 成中英创建了国际本体诠释学学会，创办了《本体与诠释》期刊，开创了本体诠释学的研究领域。
[3] 参见成中英《科学知识与人类价值》，三民书局（台北）1974年版；《知识与价值：和谐，真理与正义的探索》，联经出版事业公司（台北）1986年版。

以说，成先生的学术背景和学术贡献能够超越狭隘的中西二元对立的立场，站在人类文化的高度来思考中国哲学未来的发展命运。因此，有机会聆听成先生关于中国哲学发展道路的讨论，是一次十分难得的机会。

下面，请成先生先谈一下对于"中国哲学发展道路"这样一个主题有什么总体的观点。

成中英（以下简称成）：首先，我感觉到我们现在处在一个非常重要的关头，我们必须对人类的命运和人类存在的意义进行很好的反思。其实这个问题从人成为人那一刻起就已经是人最为根本的问题。人只有对他所面对的天地万物，对他存在的环境有着深刻的认识，才能够继续发展下去，而实现这一切的前提就是人类对于自身存在的认识。这一点对人而言有着至为重要的意义，是人成为人的一个重要阶梯。

当今世界可以说面临着诸多问题，其中有一个问题表现得尤为突出，就是所谓"文明的冲突"。我认为，这是我们今天需要反省和挖掘中国哲学思想的一个直接缘由。美国著名的政治学家塞缪尔·亨廷顿有一部著作就是《文明的冲突与世界秩序的重建》[①]，这实际上就是这种冲突哲学的直接反映。亨廷顿只是简单地认为不同文明之间会爆发冲突，至于冲突爆发的原因却不愿提及。事实上，我认为，冲突至少包括两类，即"宰制性冲突"与"抵制性冲突"。如果以此为标准的话，我们就会发现，东西方文明的冲突对东方来讲是抵制性的，而对于西方来说是宰制性的。也就是说，冲突不是由东方挑起的，而始于西方人对于东方的敌视，这是其权力意志的表现。

所谓权力意志是指影响、控制、主宰的欲望，也可以说是一种非理性的、非利他的左右他人他物的意愿。这种权力意志在人们改造自然界的过程中毋庸置疑是有意义的，然而在不同文明中贯彻权力意志时则有可能假借理性之名，以理性为工具以达到行其宰制目的之实。显然，这是西方人理解文明及文化问题的深层逻辑。而在权力意志的作用下，自我评价往往对内抬高自己，对外则无限地贬低异己，这就是"文化优越论"的产生过程。有了这样的自我评价，加上文化中的宰制倾向，那么对于西方人而言，文明间的冲突就不仅是可能的而且是必然的。这是"文明的冲突"的思想产生的深层根源，即西方人思想中根深蒂固的"文化本位主义"

[①] 塞缪尔·亨廷顿：《文明的冲突与世界秩序的重建》，新华出版社2002年版。

和"西方中心论",由此产生的冲突显然是"宰制性冲突"。

相反,中国的哲学和文化并没有这种权力意志,并没有宰制他人的要求,而是充满着"德性意志"。所谓"德性意志"是指抑制自我以仁爱嘉惠他人并追求和谐与大同的生活态度,但也有刚健自强、不屈不挠、守持正道、独立自主的精神。这是中国文化意识中最主流的道德意识,在孔子哲学中已经充分地发挥出来了,而其在中国文化中的影响更是浩大无边。这种德性意志并不是单纯地反对冲突,排斥战争,而是强调"义"即行为的正当性,这使得中国人即便在自己最强大的时候也没有侵略他人。反观西方历史,特别是16世纪以来的西方历史,处处都是血迹斑斑的征服战争、扩张战争、移民战争与霸权战争,完全是一部赤裸裸的权力意识冲动肆虐的写照。今天西方提出新的"文明冲突论",亦是受到这种权力意志支配的结果。我们若要反对这种理念,就必须重视中华民族传统中的和谐、融合、重视德性的思想,以化解冲突。从这个意义上说,重新认识并发展中国哲学是十分必要的。

其次,具体到我们今天的论题,我们现在要谈中国哲学的发展道路,这已经肯定了哲学对中国的重要性。在我看来,哲学是中国发展的重要基础和精神力量。有人会认为,相对于宗教和科学,哲学似乎是毫无实用意义的,换言之,仅仅把哲学视为一种玄想。这个看法是错误的。哲学是一种不断认识真实世界的努力,更是人类认识自己的路径。只有通过哲学,我们才能清楚地认识到自己在这个世界中的地位和作用,以及世界对人的意义。没有这样一种努力,人在世界上就没有意义了,而人的发展也变为不可能。因为人类发展确实需要人对自身及天地万物均有所了解,在此基础上实现对人在这个世界上的立足方式和发展状态的了解,这是人类能够存在的前提。从这个意义上讲,哲学乃是人类生存之道。

西方认为哲学是求智之学,也是基于这样的反思。苏格拉底认为人不能反省自己的生活,生活就没有价值,就不值得生活下去。人为什么要反思自己的生活?就是要找寻一个目标,找寻人在宇宙的定位。这其中更为重要的就是了解人在社会中的地位是什么,其基本价值又是什么。这种了解在古希腊哲学中指的就是基本的德性。从苏格拉底开始,古希腊的哲人就开始追问这些问题。他们认为,社会价值在于正义,在于自我调适,在于智慧,以及一种追求生命的勇气,这些逐渐演化为古希腊的伦理学。古希腊哲学的另一个重要方面,就是以柏拉图的理念论为代表的对于超越世界的认识，它把价值亦归结到超越世界之中。总而言之，从古希腊的传统来看，哲学是一种追求价值的学问。从这个意义上讲，哲学是人类生活的基础，是实现生命的基本要求。

漆：成先生，您指出哲学对于人类和时代都具有重要的价值和意义。随着人类文明的发展，逐步产生了各种不同的哲学系统，例如有西方的哲学，有中国的哲学，有印度的哲学，还有其他民族的哲学。在今天这样一个时代，为什么您提出要重建中国哲学？换言之，中国哲学在今天的意义何在？

成：要回答这个问题，我觉得首先需要从"哲学"的翻译讲起。很多人都认为"哲学"这个词是从古希腊文翻译过来的，我现在要说的是我们要掌握这个翻译背后的意涵。"哲学"的本意是"爱智慧"，因而哲学就是一套"智慧之学"，它是一种对于智慧发自内心的追求和热爱。而我们要说的是，即使没有从古希腊文中翻译"哲学"这个词，中国的思想本身就有一套智慧之学。这既是中国的立国之本，也是立人之本。我前面已经说过了，哲学本身就具有高度的实践价值和意义，它可以使我们了解自身和世界。如果我们不知道追求的目标，不知道什么是好，什么是坏，那么用苏格拉底的话讲，生活还有什么价值？！所以要让生活有价值，就必须了解自己，认识这些价值。

只有在认识了价值之后，人才能产生追求的方向。这一点就说明哲学是实践的学问，也是最实用的学问，而我把它界定为一个实现自我的学问。我们不一定需要借助古希腊人来了解哲学，但我们要掌握哲学自身的含义，而这恰恰是现在中国哲学研究所欠缺的。当我们审视"哲学"这个字眼时，不能只从字面看，而应该透过翻译看到实质的内涵。有的翻译并没有考虑原词所具有的实质内涵，这种翻译就要非常小心。如何诠释其中的价值体系呢？实际上是在找寻一种对应性，从对应性的了解中也许会产生一种"视界的融合"和"经验的整合"。很多人的问题在于只看到翻译的字眼所代表的西方的意义，而忘记这个字眼本身也包含着普遍的内容。首先我们要肯定"哲学"这两个字所代表的意义，在不同的民族中可能深度还不完全一样，但它们在功能上可能是相通的。因此，我们应当聚焦中国哲学的内涵，考察一下这个含义背后的东西，甚至我们从中的新发现还能帮助我们理解哲学的原有含义。我们不要把这一过程只是简单地看成是翻译名词，而要看成是一个对中国文化、中国思想的全面的重新认识，这个认识同时又有着西方相应概念的启发和支撑。对于哲学的翻译实际上要揭示哲学本身说的是什么，然后从中文中找一个适当的字来表达它的本质。日本人西周将 Philosophy 翻译成"哲学"，这是基于他对中国文化的认识，当然这个认识不一定是最根本的。所以当我们看到"哲学"的字眼时，就要提醒自己去深入地思考这个字眼所代表或引发出来的根本含义。

漆：成先生，您的这个提示非常重要，说哲学是各个民族特别是中华民族本来就有的思想内涵。中国人同样在思考人的智慧、价值和意义的问题，只不过与西方表现形式有些不同。当下有很多人在讨论中国哲学的合法性问题，讨论中国有没有哲学，而这实际上就是把哲学局限于西方特别是古希腊的文化类型，其实中华民族有着自己博大精深、历久弥新的哲学体系和哲学智慧。

成：中国有自己的智慧追求，有对智慧的独特认识和追求智慧的精神。但这样就产生了一个问题，为什么会有人认为中国没有哲学？这就代表了现代中国人失望和不自信的一面，说这个话的时候可能有一种崇洋的心理，实质是一种自我贬损，即承认西方哲学的崇高和价值，而否认中国有哲学。这实际上也反映出他们对哲学本身的了解以及对西方哲学的了解也不是很充分。因为哲学对西方来说发挥引领的作用，也是带领西方人往前走的一种力量，是西方文化得以发展的力量。按照我对哲学的了解，哲学可以说是一种文化的自觉价值，或者是一种文化的自觉的价值追求。这里的文化是哲学追求智慧的成果或过程。

哲学与文化之间有着密切的关系。实际上，中国文化缺乏引导和支持的力量，可能是中国文化从五四运动以后到今天越发失落的真正原因。我们现在谈如何发展中国哲学，中国哲学怎么发展，我们不能不首先检讨这个最根本的问题，即我们是不是对中国的思想或文化没有完全认识，缺乏对其发展轨迹和成果的欣赏，更没有掌握到其生命力所在，或者认为中国文化已经没有生命力了。现在有些人就是这样想，我们要对这个现象提出非常严厉的批评，因为这显然是没有经过真正的思考，因而根本无法正确地认识自己，也就只能机械地、盲目地跟着别人走。因此，中国文化和中国哲学要发展，首先要打破和消除这种观念。

二 重新把握中国哲学的源头与脉络

漆：刚才您谈到，对个人而言，哲学能让人有智慧，活得更明白，而对于一个民族来说，哲学确实能达到自我的觉醒，清楚地认识到自己未来的发展道路。但在近现代以来，确实由于中国的民族危机不断加深，使一些人对我们民族的传统文化，特别是对自己的哲学越发地不信任。在这种情况下您提出要重建中国的哲学，推进"中国哲学的现代化和世界化"①，这具有非常重要的意义。

接下来的一个问题是，今天我们为什么需要重建中国哲学？也就是说中国哲学之于今天的人类，有什么特殊的价值值得我们重新关注？

成：我们的传统观念存在着一种误解，就是中国没有哲学，特别是没有哲学的智慧和力量。那么，究竟什么是智慧呢？智慧是我们凭借知识所采取的理性行为，这样的理性行为能达到两种目标，即认识世界和掌握价值。智慧是以知识为基础的，我们不仅能够面对这个世界而产生新的知识，更能够用知识掌握价值，这才是真正的智慧。

从哲学的角度看，知识与价值一方面来源于对外部世界的认识，另一方面则来源于对自己的认识，即我需要什么？我要成为什么？所谓的价值在于我和世界的统一性追求，即世界给我的知识能不能使我在认识中达到我所需要的目标，换言之，即能否实现我自己。谁在推动历史的发展，促进文化的累积，谁就在增长和改变着知识，因为知识是建立我和世界、我和其他人以及我和自身的沟通状态，从而实现我的自觉。

中国在近代有三种问题：其一是我们的文化缺乏创新动力，这会导致其丧失哲学的热忱。原始蒙昧人是如何发展到知性人的呢？就是不断追求知识，从而能够认识自己，成为文化的创造者。近代以来，我们文化的创新动力不但没有激发出来，反而陷入了困境。

其二是对于本民族知识的不自信。很多人觉得我们中国人已经无法掌握这个世界的知识，我们中国人已经彻底落后了。可以说，五四运动以来

---

① 成中英：《中国哲学的现代化与世界化》，中国和平出版社1989年版。

中国文化的危机在很大程度上就是知识危机。我们觉得自己对各种知识都不如人，也就是胡适所说的"百事不如人"。我们不仅没有近代科学知识，而且也没有由这些知识所引申出来能够控制自然的工艺与技术。更严重的是，缺乏知识造成了智慧的丧失，这样我们就更觉得自己非常渺小，进而产生了严重的民族自卑。

其三是对价值上的迷茫。这表现为很多人搞不清人生到底要走什么路，要追求什么。既没有了知识，也没有了智慧，那该怎么去掌握我的人生价值，又该追求怎样的目标？人作为人总应当有自己生活上的目标，但我们不确信人生的价值意义何在，因此我们就无法确立一个确定的目标。

这是近代中国的三种危机，从思想根源上说，这都是中国哲学的危机，因为中国哲学在原始点上是对智慧的追求，既是对知识的追求，也是对价值的追求。同时，从知识到价值，它也不否定技术的追求，这一切在中国哲学的体系中都是具备的。若要证明中国有这些内容，就必须要回到中国哲学的源头，掌握最为原始的哲学的发展状态。但当时很多中国人已经不考虑这个问题了，因为我们不知道哲学的起点，包括冯友兰先生。他撰写哲学史的指导原则是新实在论，这还是以西方思想作为标准，而这就很难说清我们自己到底是怎么样，我们的思想在源头处有哪些内容。这显然不足以让我们成为一个自信的民族。罗素写西方哲学史一定要回溯到古希腊，通过介绍古希腊哲学对于宇宙的认识和对人的认识，使得他的哲学史获得了牢固的开端。我们的哲学史是没有开端的，中国突然一下子就出现了道家，而道是怎么产生的，怎么来的，却不知道。我们对孔子的介绍也是如此，突然就出现了。

冯友兰在《中国哲学史》中先讲原始社会的发展，然后没有过渡，突然间哲学就产生了，这样我们没法知道哲学是怎么来的。西方哲学史则不是这样，它首先告诉自然主义哲学家对于本原的思考，然后再介绍苏格拉底，告诉哲学考虑的重点是人在世界上的问题，这里有一个很清楚的过程。实际上我们中国也有类似的东西，但当时根本没有人面对这些问题。中国在古代完全是说古书上的话，"六经"特别是《周易》确定了一个基本层次。到现在我们很多人还在讲所谓的经典诠释。什么叫经典诠释？我认为就是用古人的注说古人的话，缺乏对那个文本所具有的生命意义的解析，这一点在我看来是很大一个问题。

以后的哲学史基本是以马克思主义为主的，从经济发展、人与社会发展的角度来看哲学思想，这实际上是以经济发展与社会发展作为基础的哲学观。这个哲学观还是从外面引进的，因而还是有与中国传统思想相冲突之处，比如说它们会去讨论中国有没有奴隶社会，怎么看中国的封建社会，等等。这实际上是把哲学转向社会观，其后果就是把中国的思想意识形态化。所以我觉得今天我们中国哲学的发展，需要从意识形态化的僵化理解中解脱出来，从一种无知和自卑的心理中解脱出来，还要从故纸堆里面解脱出来，这样才能产生一种实事求是的精神。我们需要追问我到底能不能认识这个世界，我到底能不能掌握我生命的意义，我能不能追求我的目标。

漆：成先生刚才谈的确实很重要，我们确实需要反思近代中国文化危机的根源之所在。从改革开放这三十多年来看，国内的哲学界也逐渐有一定的觉醒，开始产生对我们传统文化的自觉。再回到我们讨论的核心，我们知道，您对中国哲学的重建与发展做了长期的思考，特别是您的本体诠释学和对中西哲学的会通研究，确实为中国哲学在新时代的发展奠定了很好的思想基础。那么我想请问成先生，您认为中国哲学进一步重建的方向在哪里？

成：刚才我们经过简短的批判性回顾，其实已经找到了中国哲学在近代衰落的根源。我们为什么今天要重建中国哲学？就是因为我们哲学的精神有所丧失，而且对哲学智慧也没有正确的认识，因而产生了哲学无用论和哲学无力量的看法。同时，我们还缺乏对自己传统的一种全面而细致的梳理。这里还包括我们对西方的文明推动西方现代化的具体过程并不清楚，往往只知其一不知其二。我们只知道西方的科学和宗教的作用，而对西方历史上哲学精神的作用了解还是不够。在这种情况下，我们必须要痛定思痛，除了关注我们现实中遇到的各种实际的困难，也要警惕我们所面临的哲学困境。当一个民族丧失了哲学之后，即便它在社会经济上有所发展，它还是会迷失前进的方向，心灵丧失依靠，社会没有了价值。在这样的背景下我们才能够谈论中国哲学的重建的问题，我们才能够认识中国哲学为什么需要重新发展。

漆：成先生，您看今天国内非常重视国学，在世界上也不断建孔子学院和孔子课堂。在您看来，我们的国学在今天能不能开出新的道路？国学需要我们如何进行创造性的转换？国学复兴和中国哲学发展的关系又是怎样的？

成：我们前面已经谈到，中国哲学作为中国文化发展的动力或者精神，是中国文化发展的关键。至于国学与中国哲学的关系，我认为，国学涉及我们中国文化的全面发展，涉及我们中国人对自己文化的一种从古到今的认识，以及对它的评价，所以包含的面很广。国学包含了中国的人文社会方面的所有内容，包括诸子百家、经史子集、典章制度、文学历史等等。但是我可以肯定的是，中国哲学本身当然也在其中。应当讲，哲学最后需要转变成影响社会与人文各方面的精神力量，而国学也必须以中国哲学作为其源头活水。

三　本体诠释学与中国哲学的重建

漆：成先生，前面您谈到了中国哲学在近现代面临的一系列危机，并提出了思想领域的三个方面的解放，要求我们要从意识形态、故纸堆以及无知自卑心理中解脱出来。那么，我现在想问的问题是，您的本体诠释学对传统的中国哲学而言可以说是一种开放式的思想，也是一种新的路径，那么它对于重建中国哲学有哪些助益？进一步说，究竟什么是中国哲学的本和体，这个本体之道怎样体现中国哲学的本来精神？

成：哲学若要简要表达，也许只能是无言，也就是孔子最后说的"天何言哉"。哲学是一个论理的学问，所以若要从语言上把哲学思想表达清楚并不是很容易，需要一个整合。提到中国哲学的实质含义，就是中国人这个族群在发展过程中所形成的哲学精神，它是一种对智慧和价值的不懈追求，这是中国哲学的基本内涵。从深度反思的角度讲，它形成的是一套我所谓的"本体学"。

你刚才提到了本体诠释学，那么本体学和本体诠释学是怎样的关系呢？其实本体诠释学是从本体学发展出来的诠释学。诠释学在近代的发展过程中有不同的路向，有所谓哲学诠释学，有批判诠释学，有结构诠释学，这都是作为一种方法论的诠释学。而把诠释学变成哲学的伽达默尔，他主要是想把诠释学发展成本体学，这是一种超越传统方法论的诠释学。当然，我们今天如果从一个更广阔的视角来看，诠释学既可以是方法论意义上的，也可以是本体学意义上的，而本体学有不同的含义。这里我要特别指出的是，对本体这个概念我们应独立去了解它丰富的内涵，而不应仅仅把它当作一个西方哲学翻译过来的词汇。假如我们把它仅当成一个翻译词，实际上就把它的意义缩得很小，特别是把中国自己文化系统中的意义丧失掉了。

所以我说一方面要译介西方的东西，另一方面我们不能把翻译作为对我们自己的限制，而应该把它视作丰富我们思想的东西，这一点很重要。但问题是现在我们很缺乏这种意识，所以翻译文化就代替了我们自己的东西，而且翻译的东西越多，越驳杂，我们自身文化传统的丧失也就越厉害，我觉得这是一个新的危机。我们一方面要走向世界，另一方面要让世界走近我们。我们当然要吸收外来文化的优长，但如果我们没有自己的东西，外来文化就把我们自己给掩盖了。实际上我们不是完全没有自身的特色，但外面的信息量太大，而我们又不加强对自身传统的研究，这就导致了外来信息的湮没。要解决这一问题，还是要依靠中国哲学本身的发展，要使得它能够有活力、有容量来吸纳外来知识为我所用。我到后来认为中国文化、中国哲学的源头活水已经有这种心态，已经有了这样一个哲学精神，所以这种哲学模式在中国思想中是能够发展出来的。

另外诠释学可以有本体论的，也可以有方法论的，我强调本体论的。而"论"和"学"之间的差别是什么呢？学问是要导向论述，但是论述不应该阻挠学问的不断深入。所以我现在用本体学和诠释学，而不叫诠释论，这是因为它有一个开放的空间。同样，本体论的开放空间就是本体学。当然，本体学本身也包含了很多本体论的内容，也可以发展成一个更完整、更开放的本体论。这个本体论还是针对世界的认识或者自我的认识而产生的，即如何产生自我跟宇宙的认识。诠释就是用它来重新说明或彰显、阐述，前者是从语言上讲的，后者则是从意义上讲的。用它来理解外面的世界，包括各种文明和思想的符号，这就叫诠释。诠释就是一种理解和说明的功能，狭义地说它就是一种概念性、语言性的功能。我们将经验转化成概念，再将概念转化成语言，然后用来掌握外面世界的信息，给它一种完整的形象或内涵，这就是诠释。显然，这一过程需要我们有一个本体的资源，没有本体资源我们是无法进行诠释的。

漆：成先生，这个诠释也很有意思，我感觉是"言全"的意思。

成：我说为什么叫诠释，不叫解释呢？这里涉及另外一个问题，在此正好提一下。我在20世纪80年代提到这个词的时候，国内的一些学者讲你说的诠释学，我们叫作解释学。我说诠释当然有解释的作用，但就中国字的意思来讲，诠释是按照事物本身原来的意向来讲，因而诠释还不只是解释。解释是对事情有一个论述，并让我们觉得很满意。所以解释一般是基于一种规则，是确定一个规则来说明一个事情，这是解释。诠释可以包含解释，但诠释的东西要变成一个意义清楚的论述，它要在语言上寻求一种逻辑和语义的完美性，所以是言全。诠者言全也，《淮南子》中有一个《诠解篇》。

诠释并不是西方的概念，因为英文的概念是在 20 世纪 70 年代传到中国。我当时在台湾讲学，有人问我怎么翻译，诠释这个词就是我翻译的。我想诠释是从语言上将一种解释表达完整，是对意义的表达，它反映的是我们对一个事物的理解。理解和了解不同，了解是心上清楚，是心解，而理解则是要说出一个道理，需要通过文字表达出来，要说得具有一致性和完整性，这就是诠释。

本体学是认知，是反思，是建立一种对世界的理解以及对自我理解的学问或者工夫，在这个学问工夫上再对新的事物和新的看法进行一种新的文字解读，这就是诠释。所以诠释有两个意义：一方面，可以以我的了解来了解世界，我就把它叫做"自本体的诠释"。诠释必须要有本体做基础，而我们刚才已经讲了，本体就是一套知识价值体系，以此为基础，我才能诠释别人。中国若要诠释西方，你必须对自己的东西有所了解，所以我们现在对西方还没有建立一种诠释的态度，原因正是在此。中国传统文化叫"知己知彼"，你知己才能知彼。另一方面，反过来说，我了解了西方，是不是也能更好地了解我自己呢？当然也是可以的。也就是说，我了解西方、掌握西方的主要目的是反过来说明我自己。当然，现在的问题是很多中国人在谈及社会科学时认为中国没有这些东西。中国可能的确没有很多东西，但在哲学这一块，中国的确有它自己的一套独特的思想内涵。所以我们说，通过西方的语言、概念来说明中国，这本身并不是一件坏事，但你始终要记住，说明的目的是帮助你重新发展。换言之，我们只是借助外力来开发内力，这也是重建必须要走的路，这种方法就是"对本体的诠释"。假设本体是我自己的话，我可以用来诠释他人，也可以利用他人来诠释我。诠释的目标主要就是本体性的自我的实现，使得人类智慧体系能够增长，从而能够更好地实现个人及群体的价值目标。

漆：这样一种本体诠释学的方法不光能认识自己，认识他人，还能增进双方的互相了解和互相拓展。也就是说，它是一个互动的过程，是双方的互动性开放性的整合过程。

成：我自己具有本体，对方也有本体。这时我们一般很难知道他者，因为他者的学问在很多人看来是不可知、不可逾越的，我们没法逾越自我而进入他者，或者通过我自身的所谓同情共感来进入他者的内心世界，以我的心猜度他的心。传统中国的学术为什么是以儒学为主呢？因为儒学是一种理解他人之心的学问，通过具有自我开放性的一种同情心、统领心来掌握他人。在这一过程中，我的行为表现为一种关心、一种关怀、一种善。对方回应之后，我得以更好地去了解对方，这样就建立了人我之间的和谐关系，所以儒学本身就是一种深度感知和沟通的学问。我们诠释外面的世界是为了充实我的本体，而建立本体的作用也在于了解世界，所以本体学和本体诠释学有着很明显的联系。但我们还不能说本体学就是本体诠释学，因为本体一个重要的作用是诠释，而另外一个重要作用是实践，因而本体是在实践中认识自己。这就是我们现在所说的本体学和本体诠释学的意义，而这个本体之道也就是今天中国哲学重建的重要基础。

四 "本体"的中国意义

漆：成先生，我通过这些年的学习和体会，也感觉到充实自己的本体是十分必要的。如果我们自身没有本体，就既不能开出自己的世界，也没有办法解释别人。现在我有一个问题，就是中国在其思想的形成时期，也就是先秦时代，它对于本体有哪些认识？您对《周易》有着深入研究，重新挖掘了它的本体论内涵。很多学者包括您都认为《易经》是中国文化的源头，中国人早期的智慧和对本体的理解似乎都集中在《易经》之中，包括后来的《易传》对《易经》的解释。在此之后，在子学时代，孔孟老庄对于本体都有各自的认识。那么我们今天该怎样看中国先民对于本体的理解？怎么认识中国人的本体之道？

成：这个问题要细致地谈将需要很长的时间，这里只能简单谈一下。我非常关注中国哲学的源头活水。我对中国本体的理解是在1987年提出的，然而实际上20世纪80年代初我就开始讲本体诠释学，因为我掌握

"本体"这个概念很早。首先我产生了一种对"本体"和"本体论"翻译的怀疑，认为这里面可能代表了一种中国文化被西方文化奴役的圈套。我注意到中国人很早就开始使用"本体论"这一概念，最早是在东汉时期。之前中国人讲本和体，实际上离本体已经很近了。因为有体就要讲本，有本就要讲体，所以本体不是一个单纯的概念，而是一个动态发展的概念。从东汉以后到明代的王阳明，哪一个人不讲本体？一直到现当代，我看到李泽厚也在讲。从五四运动以后，熊十力、牟宗三等都讲，但他们都把本体当成一个体用的问题，不问本到底是什么东西，怎么开发本，我则注重本体的本身意蕴。

漆：您一个很重要的贡献就在于把本又进一步细化，而且动态发展起来，从"本"到了"体"。

成：对，这个很重要。这一点搞明白了，很多问题就都很清楚了，中国思想的特质也就清楚了。本体论绝不等同于体用论。

漆：有人认为，在汉语中，道和太极这两个概念代表了中国人对于本体的理解。对此，您怎么看？

成：太极与道是中国思想对本体的第一次诠释，是最原初的诠释，是很重要的。在中国思想中，这个"本"究竟是什么呢？孔子的弟子在《论语》中曾说过"本立而道生，孝悌也者，其为仁之本欤"，他看到孝悌到仁的一个动态的发展：一个能孝能悌的人，就能形成仁者的心态。假如没有一个发展的过程，孝悌就仅仅是一种个人德行，它怎么能成为为仁的本呢？因此"本立而道生"，这个"本"是一个动态产生的道的概念，但是它作为源头来讲则是太极。所以这个本就有两层含义，作为源头讲就是太极，作为一个动态发展的力量与过程讲就是道。

漆：将中国的"本"分成太极和道这两层含义的理解，确实给人一个非常重要的启发，这使得中国的"本"灵动且完整。这里我想请教一个问题，就是该如何理解"道"的生命性？它为什么能流动、能生成呢？按照我的理解，道、太极是生命的原则，是宇宙和人联系在一起的生命原则。它自身始终处于生生不息的变化之中，而万物正是依靠这一点才得以生成和发展，因而《道德经》就讲"无名天地之始，有名万物之母"。这里的"始"在我看来就是指最初的状态，生命孕育的状态，而从无名到有名的过程就是个体生命开显的过程，也是落实道的过程。尽管西方哲学特别是近现代的西方哲学有一些很重要的方法和进展，但中国哲学通过道和太极来诠释本体的方法是对西方哲学的一个很好的启示。

成：比较本身也涉及相互诠释，我可以从我的本体论出发来诠释对方，相反，也可以从对方来诠释我自己，这是相互的。这也代表一种相互认识的过程，要通过很多回合来展开和实现。这样我才能知道我的本体能产生什么样的作用，对方的本体又能够有什么作用，我们建立一种什么补充关系或认同关系，这个是非常重要的。

漆：各大文化圈，比如中国、印度、犹太、希腊这些不同的文化圈都有自己的原初思考，我觉得成先生的本体诠释学价值就在于建立了一个更高的架构，从而让各个民族的文化能够有效沟通和理解，我觉得这是一个高瞻远瞩的想法。在今天这样一个全球化的多元文化碰撞的时代，我们只有超越各自的界限，站在全人类的整体视角下才能有效地进行文化的沟通和整合。

第一章　时代的转折与文化的反思

一　人生经历与为学旨趣

成：我先说一说。这次你到夏威夷大学来访问我，主要是探讨中国哲学的未来发展之道。我觉得这个课题也是我这些年最关心的和经常论及的问题。你为了这次访谈准备了八个问题，我觉得这些问题都非常重要，而且我也感到这些都是与我自己多年来所关心的问题和所从事的工作密切相关。我个人最关心的是中国思想在现当代发展的方向与方式，在这方面出了一些著作。而通过你的论题我能感觉到，你跟我有一些共同的想法。你也看过我很多书，尤其这次花了很多时间来读我这些年来的论著，提出的问题也可以说跟我的关注是会通的。所以我觉得，我们这次探讨意义很重大，代表国内国外对于中国哲学未来发展的一种认识。访谈的形式我看还是由你先提出问题，然后我来回答。关于回答的方式，我想我们还是从简单的问题入手，然后进入到对复杂问题的分析。换言之，就是由简而繁，由近而远，由理论到实际，最后再回归理论，达成一种更普遍的沟通，让更多的人能了解我们讨论的内容和意义，这是我的一个基本看法。现在就请你把你的访谈计划大致说一下。

漆：首先非常感谢成先生您能够提供这样一次机会，就您的哲学思想进行访谈。对此次访谈，我们确定了"探索当代中国哲学发展道路"这样一个主题，应该说这也是成先生从事哲学研究半个世纪以来所思考的核心问题。

在我看来之所以确定"探索当代中国哲学发展道路"这样一个主题，主要是有这样两个方面的考虑：一方面，成先生既是现代中国哲学重建的最主要的参与者和见证者，又是在世界范围内推动中国哲学重建从一个侧面和中国哲学现代化的主要代表，因此我认为对成先生的哲学访谈其实就能看出整个中国哲学在现代重建的历史进程。另一方面，国内哲学研究近几年来非常重视中西马的哲学会通，特别是在中西比较的视野下对自己民族哲学的体认，这种自觉的意识越来越强烈。在这样的学术背景下，我想请长期致力于中西哲学会通和探索中国哲学的现代发展并做出重要贡献的成先生来谈中国哲学发展道路问题，我觉得这是非常重要的。因为大家知道，成先生的一大学术贡献就是提出了本体诠释学，诠释学是西方哲学的一个重要流派，而成先生将易经哲学与诠释学相结合而创造本体诠释学的过程，实际上是为我们提供了一个中西哲学会通的经典范例。因此我认为，请成先生从比较哲学的视野谈中国哲学的发展可谓是恰逢其人。

首先，我想请问成先生您的生命历程和学术经历的关系。因为我觉得成先生的生命是哲学的生命，而您的哲学也是生命的哲学。作为一位沟通东西方哲学，并在这个背景下重建中国哲学和世界哲学的著名哲学家，我认为成先生的学问可以概括为两句话，叫做"两脚踏东西文化，一心做本体哲学"。这个概括不一定准确，还请成先生校正。这里我是借用了林语堂先生的一个说法，当年他自谓"两脚踩东西文化，一心做宇宙文章"。我对您还有一个概括是"两眼观东西哲学，一心诠本体智慧"。就国内湖北人民出版社出版的四卷本《成中英文集》①来看，成先生的研究涉及的内容十分广泛，包括中西哲学精神，易学本体论、儒学和新儒学，本体诠释学、逻辑学、伦理学和管理哲学。这么多年成先生建立的哲学体系可以说是博大精深，也不是我刚才用简单的几句话能概括的。

我现在有两个很有意思的问题给成先生提出来。我注意到在20世纪中国哲学思想史上有两个现象：第一个现象就是很多著名学者为了发展中国哲学首先留洋到国外学习，到晚年的时候还是回归自己本民族的哲学，这是很有意思的现象。第二个现象就是很多学者到了晚年思想比较成熟的时候，他的思想会回到自己民族文化的源头。成先生您回到了易经哲学，做了很多正本清源的工作。黑格尔曾经说过，一提到古希腊他就有家园的感觉，海德格尔晚年也是回到早期古希腊哲学的源头。我认为成先生的思想发展过程有两大特点：一个是留学美国，通过西学来推动中国哲学的发

---

① 《成中英文集》四卷本，湖北人民出版社2006年版。

展；另一个是您回溯到中国哲学的内部，特别是回到《易经》这一中国文化的源头，正本清源、返本开新。您出生在大陆，随后又全家迁往台湾，后来您到美国学习工作。这样一种生命探索历程对您日后的哲学研究产生了怎样的影响？

成： 反思我成长的过程，可以说我的生命历程大致有四个阶段，这四个阶段可以说最后还需要经过一个整合，我现在也许就处在这个整合阶段。我出生在1935年，幼年就处于抗战的时期，我从小就在日本的炮火下成长。那时我们全家到四川重庆，住在嘉陵江上游的乡村中。在那种环境里面我能很深刻地体会到中国非常浓厚的乡土气息，因为当时的四川的环境还是很保守的，以农业为主。与此同时，由于日寇入侵的缘故，我能切身感受到外部势力对中国以及自己的生命的威胁，我想这是当时中国人的普遍处境。可以说，我早年的生活，就是跟中国这块土地及传统文化结合在一起的，体现了费孝通讲的乡土中国的气息。

抗战胜利之后，中国就面临着所谓"第二次社会革命"的问题，我在自己的成长过程中也感觉到中国古老的社会有很多不可调和的因素。那时候我家已经从四川搬回南京了，我在南京上中学。可以说，我就是在这样一个不稳定的状态下，在一个极端的冲突矛盾时期逐渐对中国的现状有了更深刻的了解。后来由于我的父亲在台湾有教职，我家一并到了台湾，因此我的人生的第二阶段就到了另外一种生活状态当中。

从《马关条约》的签订到20世纪中期，台湾遭受了日本50年的殖民统治，所以台湾的环境跟大陆的环境是不一样的。但当时的台湾有一个文化复兴运动，所以实际上台湾的中国文化活力还是很强的。我就是在那样的气氛里面长大，加之我父亲对我的影响，让我对中国传统的学问有了比较深刻的认识。我父亲是从事文学研究的，所以我们家里古典书很多。到了台湾，我父亲最关心的就是他的书稿还有书。我在中学时代就接触到《周易》这些传统经典，这些经历在现代人的成长过程里面还是很难得的。

漆： 确实是很缺乏的。

成： 我父亲很重视经典的教育。后来我到美国留学以后，还给我买了一套《四书五经》，让我带到美国去。所以这是我的人生的一个很重要的阶段，它使我对中国文化有了较为深刻的认识。但我自己同时还感受到，中国发生的事情以及中国的处境和中国的文化有着很大的关系。为什么日本人会来打中国？一定是我们很弱，这里肯定有一个很大的反差，这就促使我多了解西方。我从高中时代就特别重视追求西方的知识，那时我尤为重视古希腊的神话以及西方翻译的一些书。在20世纪50年代，台湾的人们还可以感受到一些"五四"时代的余温，比如在图书馆还可以看到文化出版社出的一些书，是特别有影响的。受此影响，我就觉得中国应该能够很好地发展，中国绝对能强起来。这个强是通过统合民族感情而使中国强盛起来，不受外族的欺侮。

那时我思考的另一个问题是中国为什么没能发展出科学？我早期兴趣包括对科学的浪漫认识。我那时在高中时候就看天文学的书，我记得是张元的《天文学》，就很想了解和从事天文学的研究。同时，我也最早接触到爱因斯坦的相对论，当然那是通俗的版本，后来我拿来进行翻译，但没有出版，只是一个草稿。

后来我很快就有机会出国，而出国的原因就是想增加对西方的了解。我一方面了解到自己本民族的东西很好，对此深有感情，可是同时我会问一个问题：既然中国的东西很好，为什么外国人会来欺负中国，为什么中国不能受到别人更好的尊重和重视？我在出国之前已经看到了，西方的强大就在于它的科学，它的各种现代性的技术。我的这些认识很多是从电影或文学里面看到，因为我当时读了很多西方文学作品。我说所谓"五四"余温就是鲁迅翻译的那些俄国文学作品，像屠格涅夫、果戈理的著作，这些都促使我产生了一种要求了解西方的强烈感情和动力。

出国之后首先我认识到，西方之所长在于它有非常严谨的数学、科学和逻辑，我觉得我要加强对这方面的学习和认识。而我认识西方的目的在于进一步了解中国，进而更好地建设中国。换言之，就是想通过了解西方文化来充实中国文化，并没有想要制服西方。我对日本的认识是慢慢加深，同样我意识到，美国是对内民主，对外霸权，它在文化里面有相当强烈的霸权成分。美国的文化中除了古希腊精神之外，还有一种罗马精神，就是要征服他人。事实上西方文化由三个部分组成，就是古希腊精神、古罗马精神以及犹太精神。犹太精神表现为宗教，后来就是基督教。罗马本身和古希腊有所结合，但也有所改变，而基督教又与罗马再次结合，就变成了现代欧洲精神的雏形。现代欧洲的精神既有人文的自觉，也有科学的追求，还包括一种征服主义。这里面既有对自然的征服，又有对人的征服。它的人文主义包含了对人的基于科学、基于对上帝的认识，来实现西方所信任的文化的最后价值。

我觉得西方文化的这样一个过程是逐步发展出来的。而对于五四运动，我们这一代人可以说有着另外一种更深刻的体验，就是体验到西方对中国的侵略，尤其是日本。日本是西方的学习者，最后反而贯彻了更为彻底的西方精神，就是要侵略中国，图谋占领中国。所以我通过学习，产生了极其强烈的民族主义。

漆："五四"突出爱国主义和民族主义，可能有一些极端化的倾向，但是主体还是爱国进步的精神。

成：我们在早期听到最多的就是孙中山辛亥革命时提出的三民主义，而三民主义中给我印象最深的就是民族主义。所谓民族主义，就是对自己民族的存亡有种非常强烈的危机感，所谓"天下兴亡，匹夫有责"，所以我们听到《义勇军进行曲》时都很振奋。虽然我们当时在大后方，但都能感觉到外族要把中国彻底消灭的野心。后来，我读了中国的近代史，看到的基本就是西方列强是如何侵略、压榨中国的过程。特别是日本，作为西方的学生，打着"东亚共荣"的旗帜进入中国，我觉得这是一种背叛，是对东方文化的背叛。在这种情况下，我们要救亡图存，我觉得这就是民族主义，也就是要让这个民族团结起来。这里我们要爱的还不仅是这个国，而是要爱这个族。现在的台湾问题，如果从民族主义的角度来解决，问题会比较好办。

这里我提到一个基本原则，假设以民族、族权来做基础的话，为什么还要统一呢？这就需要一个基本概念，就是"有效历史"的概念，而这个"有效历史"就是一个诠释学的概念。具体地讲，就是说我们这个历史还是一个活的历史，是一个不断发展的历史，不是一个死的历史。这样的民族国家本来已经达到一种平衡且统一的状态，那个状态是大家都能接受的常态。在这样一种历史体验与历史认知之下，我们就有一种自然的感情和价值观来恢复这个状态。当然这是一种抗争，就是你必须要提出这个民族发展的理想，担负起对这个民族的责任与承诺。我们需要去思考：怎样做这个民族才不会被拆解，才能维护？事实上我想，从人类历史来看，一个族群能不能统一成为一个民族，能不能够持续地发展繁荣，就在于它是不是有内在的活力去不断地更新它的族群理想，使得这个族群的生活有追求与承诺，让已经存在的统一状态或者民族经验能有效地维持下去。从这个角度看，我觉得"有效历史"是非常重要的。有人认为中国曾经分离过，所以中国就可以分离，但是他们忘记了"有效历史"的概念。我们是在这个"有效历史"当中，经历了这样一个统一状态，所以需要进行一种文化的沟通、融合，来实现一个更好的历史状态。也许像我这样的知识分子，是从内而外，通过自身的感受，体会到中国文化存在的状态及其本身带有的危机感，然后来寻求如何解决这个危机。我觉得我们要去了解危机，我们应该去探究其原因，然后进行学习，效法他人以实现自强。我觉得"师夷之技以制夷"可能是一种策略，但是我们需要真正了解西方的长处来充实自己。同时，我发现，可能当我们真正地了解西方的长处之后，相应地也就了解它的短处了。

二 东西方文化的优长与不足

漆：刚才听成先生讲述个人经历，讲到您之所以会去西方求学，不光是小时候受到民族文化熏陶的情感所致，也希望通过学习西方来促使我们民族自强复兴，和别的民族能平等相处。同时，我觉得您也具有对民族文化真挚的认同。成先生提出了"有效历史"的概念，我觉得这也是从文化上对中国统一的期待，同样根植于民族文化的传统。对此，成先生讲的很有启发。

另外，我觉得成先生刚才提到我们要学习西方好的方面，也要了解其局限，这体现了成先生的一种理性自觉。有鉴于此，我想请成先生谈谈对20世纪这一百年的判断。成先生的学习和研究的过程主要是在20世纪，20世纪发生了很多事情，可以说是一个大碰撞、大冲突、大矛盾的时期。我们站在21世纪的今天来看，正好需要解决20世纪所发生的碰撞、冲突和矛盾，找到成先生所提出的整合与融合之路，从而实现世界各民族的和谐相处。我觉得成先生提出的发扬中国哲学的优点、倡导和谐辩证法的主张有着很重大的意义。20世纪给人类带来了两次世界大战，而整个西方文化的发展和科学技术的进步也使得它自身的文明和哲学观念发生了很大的分化和变革。我们要追赶西方，要使我们的民族现代化，这一过程中我们中华民族需要有更多创造性选择。随着西方观念的变化与调整，我们自己不但要学习西方，在此基础上还要有所创新。在20世纪这样一个大转折的时代，人类的思想观念，特别是哲学观念发生了很多变化。对此，您是怎么看的？特别是您认为在您求学前后西方的思想有着怎样的变化？这种变化对我们中国哲学重建能够带来一些什么样的启示？

成：对这个问题我要分两个层次来讲，一个是从我个人的反思来说，一个是从中国20世纪战后的现代化的发展经验来说。我个人的经验是基于我对于中国文化价值何在的思考。虽然我们都对中国文化有一种感情，但是我们怎么能够达到对它的价值的合理说明，这是我一直在思考的问题。

近代以来，中国产生了西化派，他们的基本立场就是彻底否定中国文化的价值。他们也不一定说对中国文化没有感情，很多西化派的人士可能也在过中国人的生活，但是他们在文化层面则主张扬弃中国文化，他们从根本上看不起中国文化。很多信基督教的中国人可能还是过中国人的生活，但是他们认为中国没有宗教信仰，中国社会缺乏宗教的高度，没有一个值得去信仰的宗教，所以要去信仰一个外来的宗教。因此，我在这里要追问中国文化的根本价值是什么？这是我的一个执着追求的问题。回答这个问题也有助于我们了解西方文化之所长究竟是什么。在我看来，它的长处是能够走向现代。在现代社会中，宗教能够在一定程度上改变这个世界，甚至于改变人类社会，从而促进人类社会的各种文明的进步。这一点我们不能否定，但是它为什么能够做到这一点？这也是我在考虑的问题。

我有一个基本判断，就是中国文化的根本价值值得今天去发展。与此相对应的就是说西方文化有它的长处，我们应该了解它成功的原因，但是我们更应该警觉到它的成功背后所蕴含的一些根本问题，这些问题在现代社会中尤其是20世纪下半期已经暴露了出来。通过逐步的了解，我们可以说中国文化有其不可替代的长处，然而由于历史与现实的原因，它没有发挥这个长处或者说丧失了它的长处，所以就落入一个破败的、衰落的状态。但这个衰落状态并不是不可以拯救的，而寻找拯救与发展之道是我们今天应当承担的任务。如何去掌握中国文化的根本精神，这可能需要我们认识到东西方文化既有相对立之处，又有相互理解、相互补充的可能。我的基本认识是说中国文化可以借助西方文化的长处来充实自己，但是在这个充实的过程中中国文化又能反作用于西方文化，从而改变西方文化的一些弱点。在这个过程中双方均能受益，不仅中国文化能够得益于西方文化，西方文化也得益于中国文化。我们不希望只是西方文化一枝独秀，这样对人类发展是不利的，这是我需要特别说明的。中国文化对西方文化有一种纠正的作用，这对西方文化也是好的。人类要走向一个更好的境界，只有东西方文化之间相互学习、相互补充、相互借鉴才能达到。

进一步说，如何达到东西方文化高度的融合？我这里有一个看法，就是可能中国还要承担更多的责任，因为中国对自身的文化和西方的文化均有所了解。相对于西方，中国人是弱势的，因而在近代以来中国有机会去认真地了解西方。由于受了西方的伤害，因此中国能够更好地去掌握自己的民族精神并大力发扬，以此来改造西方文化。这一过程也能够提醒西方，给他们一种新的认识。西方人到目前为止还没有比中国人更高的文化意识或者世界意识。现有的世界意识有两种，一种是西方式的，另一种是中国式的。中国的世界意识是一种文明的意识，是一种包容、感化、启发的世界意识，这两种世界意识显然是不一样的。西方是全用外力压制在人身上，认为"我就是对的"；中国则是让人感受到我的长处，希望别人能自己改变，这需要更多更深的工夫。从教育的立场来看，一个好的老师是要非常细心、非常耐心甚至要付出很多来改善一个顽童。而西方就是强势的，你不听我就打击你。当然我们的任务，就是要说明中国文化的根源和本质上具有这样的精神。

漆：这可能是成先生提出的本体诠释学最基本的问题考虑。

成：对。我还要说一点，从历史角度来看，中国文化掌握了一个非常重要的进化与发展的机制，那就是一种活着的、统和的、无私的和谐精神。这一点体现在最早的政治组织上面，即所谓的禅让政治。这当然是一种理想，但这个理想事实上在中国历史的生态里面并不是不可以想象，所以对古代的继承或者回应也不只是一种空穴来风。"五四"以后的顾颉刚要把中国整个历史否定掉，这样如何来说明我们自身？当年太史公司马迁写《史记》，他离远古时代还不太远。他从三代开始写，写了后来我们在竹简中看到夏代的一些帝王名字，还包括所谓从尧舜禹汤传承下来的政治道统，这不是凭空虚造出来的。可能在战国时代有很多人在虚构，但是这种虚构作为一个寓言和作为实际的记录还是不一样。古代有三皇五帝，对于五帝的记述，《史记》跟《庄子》里的故事寓言还不一样。庄子写的是他自己想象的东西，《楚辞》写的也都是一些想象中的神话人物，但太史公写的东西不能完全看成是空穴来风。从考证的观点去检查历史，考证是有用的，但考证的目的要从物质文明中推出精神文明是什么，而不能因物质文明去否定精神文明。这也是今天为什么历史学还需要历史哲学的原因，也正是今天的文化还需要文化诠释的道理。

我说这些是要说明什么呢？就是说，中国在原初的文化精神里面具有那种我在本体诠释学中解释的人对天地万物的理解，掌握到了一个变化的根本精神，那种从动态的鲜活生命中产生再生的力量。所谓"和实生物"，是通过激活差异而形成的最大包容和融合。所以中国早期文化与文明的发展并不是一个简单的过程，而是一个非常辩证的过程，它实现人的精神的整体性发展，是经过多种转折或融合的过程。

以中国的民族来说，中国的民族到今天还是一个以融合为主的状态。而当初的埃及，后来的古希腊或者在中亚、西亚、两河流域，那种多种游牧民族间的斗争不是通过融合，而是完全以征服的方式来实现。也就是说，通过不断冲突，最后找出一个最大的强者来统领这些斗争的民族，甚至消灭对方来实现自己的存在。这可能是一种最原始的状态，这也就说明了为什么犹太人要逃离自己的家园。西方人在《圣经》里面说，他们相信自己的上帝，带领他们要找到一个美好的土地，这个土地即使有别的民族占领，也要把他消灭掉。所以犹太人当初以自己为中心，然后对弱的民族进行侵占，侵占的结果就是要消灭对方。这跟中国所说的华夏族群的融合过程是不同的。我们应当承认，这可能受生态环境的影响。中东地区的环境可能自古以来较为恶劣，这也从一个侧面表明在中国历史的早期，它的土地上的资源也是丰富的，使得人们即便不参与这种暴力的融合，甚至退隐成为隐者，也能够维持自己的生活。

中国式的融合的另一种情况就是大家彼此结合，形成一种联合体。传说中的炎帝和黄帝就构成了一种联合体，后来针对蚩尤进行了战争，最后也是形成联合体。这种"协和万邦"的方式，所体现的就是早期的融合精神，这是中国这个族群得以形成的重要因素。这种融合需要什么呢？需要彼此间的忍让和包容，这个"让"很重要，通过忍让和包容发展为"和而不同"，把不同的部落看成一个大家庭，其中体现的就是"四海之内皆兄弟"的精神，进而产生儒家"己所不欲，勿施于人"的道德观念。所以我认为儒家的精神其实很早就根植于中国文化传统之中，并随着文化体现出来。由于具备这种精神，中国这个民族在以后发展过程中就具有了一种特点，即它能更好地进行融合，消除自己的偏见或腐败，这就使它能更好地生存下去。

这也就产生了所谓的"革新精神",即"苟日新,日日新,又日新"。所谓融合精神事实上和革新精神一样,就是要放弃原属于自己的带有偏见的价值观,而是由大家共同去找寻一个价值观,从而对整个融合的族群产生一种共鸣和共识。如果某个族群所倡导的价值观不是以共识为基础,而是以自己的私心作为基础,那么它就会遭受到各种的抗力,就会发生革新的需要,这一点是很值得注意的。融合包含什么呢?是族群间的相互容忍和包容。

在权力结构中,处于上位的为君。君的使命是主道,君是一个领导者,他的目标就是使大家能够更好地生活,因而他必须大公无私,才能实现一个大同的社会。但这个大公无私是一个理想,尤其从历史文献特别是出土文献中去看的话就知道当时为什么有禅让。禅让发生在中国历史的远古时期,从禹建立夏,这时的中国历史已经很可信了。在太史公记述里还有一些关于三皇五帝的说法,从黄帝到尧舜禹,进而到汤武革命,这本身就是一种对共同价值的认识,如对何为君道的认识。在中国历史上,儒家把这种君道作为一个价值目标来推行,这也是推动儒家形成的一个重要原因。

漆: 成先生,您刚才讲的对我们如何理解中国历史包括本民族的智慧有很大帮助。从《周易》的角度说,所谓"天行健,君子以自强不息;地势坤,君子以厚德载物。"这两句话可以说既有变革精神,又有包容精神,正是乾和坤的阴阳和谐关系。成先生,我把您刚才所讲的内容做一个概括,就是您从中国古人的生存经验与历史经验中体悟出了中国文化的一些特点,即它是一种整体的、和谐的、融合式的文化,它表现于天下为公的理念之中。您能否对此做进一步的说明。

成: 我的意思就是说,通过革新,当初我们体验到了天人的关系:一方面我们从自然环境中去学习生存之道,另一方面我们又用学习得来的生存之道去观察这个宇宙,这样就形成"天人合一"的基本态度。对于宇宙,我们认为有一个力量在创造这个世界,我们叫"天地"。这个"天"我们说成是乾的力量,就是乾道,它是一种创新的力量。但创新出来的东西要相互包容,以使创新的东西能够发育长成,这个就是"地"即坤的力量。大地承受万物,天是创造万物,而中间维护创造的活力就是靠革新,这两者有很深的关联。在融合过程当中不同的主体往往会产生一些偏激的主张,会陷入基于不同利益的考虑中,使差异性变成独断,达不到

"和而不同",甚至会倾向以取消"和"的力量来实现不同的自我,这里表现的是自我独占性。在这个意义上讲,我们可以说《道德经》的精神就是坤的精神。它一方面讲"道生一,一生二,二生三,三生万物",也讲了天地之道的革新;另一方面强调道不能作为绝对的主宰,要"生而不有,长而不宰"。在我看来,这种精神都是从一种原始的对天地的生命认识中产生的,这就是后来本体学的一种认识。

在中国哲学中本来就存在着这些本体学的东西,后来在历史的发展中的确有所丧失,但基本的元气没有丧失掉,所以历朝历代都有革新的运动,因为在革新当中才能创新。比如夏代皇帝安于享乐,把自己领导权威丧失殆尽,也丧失了国家政权。到了殷代,盘庚西迁也代表一种革新精神。《尚书》里面体现的基本都是革新的精神,它强调第一是人不要违背天命,要不断革新;第二要顺从民命,革新的目的就是要使更多人发挥作用,能整合这个群体,使黎民百姓能变化气质,能在革新过程中享受美好的生活。

萧萐父先生说中国有自己的启蒙时代,中国的启蒙时代就是在明清之际。有位学者还写了一本《中国启蒙思想史》。因为明代的覆亡给当时中国的儒者以极大的冲击,可以说是"千年未有之大变"。无论是王夫之或者顾炎武,他们作为明代的遗民,对这个大变感受特别深刻。这个启蒙时代所凸显的正是中国原始的创新精神,也只有在这种精神当中才启发人们思考民族的命运和前途。"为往圣继绝学"是什么意思?那个绝学就是一种创新或革新的力量,而且要从现实生活中检讨为什么失败,为什么会承受了这个结果。从当初明代的遗老中我们可以看到明代历史的各种忧患意识,所以才有黄宗羲写的《明夷待访录》,才有顾亭林写的《天下郡国利病书》,才有王夫之写的《永历实录》,他们都是在重新检讨中国原始的精神,寻找变革之路。清代的变革失败了,辛亥革命也没有完成历史的任务,到了马列主义的革命取得重大的成功,这个成功甚至带动了这 50 多年经济发展的成功。但这里面内在的精神是什么?现在到了非要说出不可的时候。现在面临的危机是什么?是中国再发展的危机,是怎么持续发展的危机,同时也面临着世界文化的挑战。

西方文化也遇到了一种亘古未有的挑战,这是它们自身的挑战,源自于它们过分发展所导致的危机。从两次世界大战至今,西方本身也感受到说不出来的负担和问题,西方也有危机感,2008 年的金融危机集中地呈现出西方文化内在的一种裂缝。中国内在的力量现在要找寻一个再发展的契机，要建立对自身的良好理解。同时，我们也已经清楚地看到了西方的危机，那么我们也要对它有所帮助。更进一步说，我们应该对人类的历史，对世界负有责任。中国哲学发展需要面对内外这两种情况。我刚才讲从我个人的反思和内省，可以说基本上看到了西方的问题出在何处，中国文化的内涵与精神又可以通过怎样的手段来辅助或校正西方的文化，让它能够有新的觉醒，同时也能帮中国人找寻新的定位。这样的话，我在这方面的思考，也与中国在新的崛起或发展过程的需求当中有一个交汇点。

三 对中国文化现代化过程的省思

漆：刚才成先生讲的很重要，您对于我们中华民族的本体的体认是从历史经验和生活经历中感悟出来的，并认为在日后的历史进程中，我们有时候能够守住这种本体精神，有时候反而会有所丧失。而现在在这样一个全球变革的时代，作为一个学者应该把它阐发出来，我觉得这也确实能说明成先生的本体诠释学对自己民族和文化的意义。

我理解在人类文明的早期，由于不同民族的地理条件、生活环境、生存方式的差异，使得不同民族的文化亦存在着差别。我们中华民族有自己的本体精神，犹太民族、印度民族等也有自己的本体思想。如犹太人在绝望中产生了上帝耶和华救赎的思想，印度在它的历史及地理环境中产生了印度教和佛教的思想。人类文明的初期确实由于不同的地域、不同的生活和生产方式产生不同的文化类型。

从这个意义上来说，成先生今天所做的本体诠释学，首先是对我们自己民族的本体世界与本体生命的理解。同时成先生的本体诠释学还有更高的抱负，就是不光回到我们自己的传统，而是让各个民族的本体在一个更高的平台上会通。所以从这个意义上讲，中华民族的和谐发展之道确实对今天的其他文明特别是西方文明有借鉴意义，而我们也恰恰需要做一些沟通和阐释的工作。

我现在有一个问题，就是成先生您怎么看中国哲学在现代化过程中出现的很多困惑，就是我们中国哲学本来在源头处有本体精神与和谐的整体生命，为什么20世纪以来我们对自己的文化却不自信了？换言之，中国哲学现代化出现了什么困惑？

成： 说到这个问题，因为你刚才提到犹太人、印度人的问题，我先把这个问题谈一下。你那个问题可以回到为什么在中国文化重建过程中或在面对现代化的挑战中会感到很大的困惑这一问题来探讨。

人类文化有不同的文化形态。对于这一点，我的本体诠释学是这样理解的：人之为人，具有普遍性。也就是说，只要我们说他是人，不管他是黑人、白人、黄人，总之人和动物都有差异，这个差异究竟体现在什么地方，这就需要我们去阐释。这可能就是中国哲学，尤其是儒家哲学非常重要的一个工作，可以让我们更好地体验为人之道，明晰人为什么在原点上就和动物不一样。但是，具体的人实际是不可能离开现实环境的，这个现实环境就包括我们说的自然环境、气候，还有不同地方的水土和生态环境。其中气候是一个重要的因素，水土也是一个重要因素，就是"一方水养一方人"。还有人物环境，也就是其他人的影响。所以我认为犹太人的处境最早是相当不好的，就是一种昏暗的状态，所以这与所谓的上帝信仰就有矛盾。按照我们的理解，既然上帝创造人，就应该好好地处理，为什么要跟人作对呢？人类语言不通，人自觉为人的时候就受环境的影响，而且犹太人受环境影响特别大，生存竞争很厉害，资源很短缺，当时犹太人要生存下去，就必须要脱离原来的生活区域，凭着自己的文化能力去打另外一批人，去找另外一块地区。这个地方就是耶路撒冷，犹太人要把那里的人赶走，占据那块地方，所以它的文化意识是比较偏颇的，就是非常自我中心，非常强调去发展自我、充实自我，要克服这种人文的环境来达到生存的目标。

漆： 当时可能生存环境比较残酷，比较紧张，所以创造自己的神，只保护他这个民族，不保护别人。

成： 印度人的文化也受其所处的自然环境的影响。当初在早期，印度平原那里很热。受环境影响，印度人形成了一种冥想的文化，比较被动，不主动参与社会的变革和人类的发展。他体验到一种人生无常的状态，其中最具有代表性的就是生老病死的感受，这也是自然环境造成的。人要克服的就是生老病死带来的痛苦，那么该如何做呢？一种最起码的要求就是不能够太过分活动，需要忍受和苦修，过沉思默想的生活，所以印度文化就是走向这样一种形态。我认为这两种文化代表人类文化的两极。犹太文化是以自我为中心，而且具有攻击性，印度文化则是保守的、注重内在体验的文化。

古希腊文化没有像犹太人那么具有暴力，但它也打别人。古希腊面向海洋，是一种岛国文化，小国之间要相互竞争，比如雅典要跟斯巴达竞争。所以古希腊认为它成功了就要到亚细亚殖民，要跟波斯进行战争。所以这可能就是早期西方文化存在的一种形态。更早的像埃及的尼罗河文明，由于自然环境很好，所以能够过很好的生活，比较保守，就安于现状，因而不能承受外来的压力，一旦别人来了它就没有能力继续存在了。

我们正是在与他人文化比较当中看到了中国文化的特点。中国文化的特点，首先它在一个融合的地带，自然环境也不错。中国要了解这个世界，要从形而下了解形而上，不是要否定形而上。有的民族因为生活条件太好或太坏就没有办法想形而上的东西，中国则是从形而下通到形而上。形而上就是在有形的物质世界里面还可以想象精神的空间，在静态的发展之中看到一种动态的力量，这个力量就是承认变化之道，道就是形而上的东西。真正的形而上包括形而下，形而上一定要彰显形而下，这里有一种张力将二者维系起来。中国文化在人和人的关系上采取一种包容的姿态。中国人对自己的要求就是要具有包容的能力，从而成为一个有德性的人。中国文化是积极进取的文化，但是具有融合的鲜明特点，这一点跟西方文化不同。

漆：成先生是在比较之中揭示中国文化的特点，特别是您阐释了中国文化的和谐性与包容性。我觉得汤因比的观点跟您很相近，他在《历史研究》中提出中国文明模式与古希腊模式和犹太模式不同。他认为中国文明在历史上虽然也有短期的政治分裂，但最终追求大一统，这与中国文化的包容性与统一性价值观有关，这也使得古老的中国文明到现在还有旺盛的活力。按照汤因比的说法，就是认为中华文明有一种文化上的统一性，使得中国人对大一统的文化有一种根深蒂固的认同和追求。尽管政治经济方面不断遭到冲击，但这种文化的力量能整合这个民族，所以这就构成了我们民族发展很深层的根基。

成：汤因比提到中国统和的形态是基于对天地人的那种既是形而上，又是形而下的认识而来的，这也是本体诠释学的重要内容。本体是我们愿意将人建立在天地之中的统和力量。人实际上本身就是天地统和的结果，他要凭借这种天地的精神实现天命。他本身具有天命，天命之谓性，这个性的目标就是要实现天命。正因为有这样一种思想，所以我们虽然在某些情况下有灾难，有分裂，但是我们还是能维持一种根本的宇宙精神或者天地精神，希望把这个分裂变成一体。所以通过有效历史，我们就能把曾经已达到的状态重新建立起来。即便没有达到原来的境界，至少我们可以作为理想的追求。我们对大同世界的追求，对天下为公的追求，对"太平世"的追求，根源还是中国人的一种核心价值观和信念。

漆：接着我要提出的是中国文化现代化的困惑问题。中国文化确实在历史上有这样的非凡能力，而且到现在还有这样的能量，那么究竟是什么原因导致我们这个民族在近代以来出现了各种问题？比如中国传统文化的包容能力很强，佛学就被中国文化吸收消化，但为什么遭遇到西方文化之后，也就是西学东渐之后我们这个民族的文化融合能力、包容能力、学习能力一下子就不行了，这个问题怎么来解释？

成：首先我要说的是，我们现在最大的危机可能是"居安不思危"，沉湎在享乐当中。"生于忧患，死于安乐"，这是人性的缺点，也是文化的问题。人有两个方向，单纯的人可以为恶也可以为善。有的人习惯于分享，比如说他有东西可以和别人分享，他也乐意帮助别人；还有一种人是有东西不但不分享，还要攻击别人。有时候文化还会迷失了自身的方向。所以孟子说"求其放心"，因为人心很容易受外面影响，心猿意马。在这种情况下，中国能不能够培养人们抵制这种诱惑就很关键。其实我们正在知性上面慢慢认识到中国文化的优点，认识到它的融合和创新精神，但是能不能贯彻下去，这是一个问题。能不能从正面加以认识，这又是一个问题。中国文化现在发生了认知危机和实践危机的问题。仅仅认识到还不实践，这实际上是一个很大的问题。说到西方的现代化，它对于西方人是什么样的一种概念，西方文化是什么概念，我们也做过这种比较。梁漱溟先生写了《东西文化及其哲学》，他讲印度人、中国人和西方人各自的特点。他说印度文化能够解决人类基本问题，而西方文化是一种向外追求的文化。据我的了解，他的意思是说，西方文化要转向中国文化才能够找到出路，这是正确的。然而他说中国文化可能最后要转向印度文化才能得到拯救，这点我是不同意的。如果我们从历史观察的话，会发现文化是可以有多种形式的，它是由多元的自然环境和人文环境造成的。从整个文化哲学的角度来说，假如不经过反思与革新是不能实现文化的发展的。当你不知道自己究竟是什么人的时候，你就以为我这个人代表了人类，这显然是不行的。你可能是中国人，可能是西方人，你是人类的一分子，但你不能代表所有的人。这样的情况还有可能造成文化的危机，就是一种自满与自安的态度，自己觉得自己很舒服了，这样就会产生文明的停滞。假如没有外力作用的话，这种状态很可能持续下去。我举个例子来说，以我对进化论的了解，动物的进化都是在达到一个程度，即跟环境已经结合为一体时，它就不再进化了。

漆：中国文化到近代以来有点小富即安了，自我满足了，总在自我守成，缺少了一种开放性的学习和创新的精神。

成：我对进化论的反思，提出对进化论应该有一个哲学的理解。当然我不是科学家，我也没有做过实验，达尔文可是真的花了十几年时间观察环境变化以及物种的变化。但我所说的某一物种安于环境就不会进化，那么环境一旦变化很可能就遭受到危险。比如当初的恐龙是地球的霸主，后来不清楚是什么原因，地球的生态环境发生了重大变化恐龙没法适应这样的环境变化，最终就灭绝了。

漆：这一点在文化方面，正如汤因比在《历史研究》中所讲的，每一个文明如果遇不到重大的挑战就不进化了，遇到重大挑战它会应战，不断回应的时候就发生变化。成先生，依照您对进化论的思考，是不是中国文化在近现代的保守、封闭和满足，与咱们的农业文明太成熟，没有遭到外来重大的挑战有关？

成：可以这么讲。中国的农业文明与环境的结合是很密切的。中国生存环境不错，可以说中国没有经过太严峻的挑战。中国有一种维系自我存在的方式叫做改朝换代，这就是它的历史规律。中国到了康乾盛世，那完全是满足了，而且很是大意，对外部的变化毫不在意。其实闭关的政策从明代就开始了，之后我们就再没有好好经营海外，选择了闭关政策。闭关是一种自我繁殖，它与外面的世界就隔绝了，自己又很适应这个环境，这就是所谓"死于安乐"。后来外面的东西来了，我们就没法适应了。当时西方来了，它要求通商，我们还得先了解通商是什么意思。我们为什么选择不通商？因为天朝不需要这些东西。做皇帝的为什么会这样想？英国要求通商，其实当时我们并不清楚它有怎样的野心。当时它也要解决它自己的危机，伊丽莎白登位的时候，英国的状况也是很糟糕的，所以要找一个出路，而且这一点跟当时的西班牙、葡萄牙不一样。后者是用宗教的立场来发展霸权，对印第安人加以残害。而英国是听说中国富有，而且知道中国是友善的，才想来中国。当时通商的目标我想也不是要传教，中国拒绝它也是因为中国丧失了对环境变化的认知能力。

漆： 成先生刚才的分析确实很有新意。我觉得从这个角度来说，中国文化在近代以来陷入这样一个保守、封闭的状态，自己的生命活力不能激发出来，是因为环境没有给它刺激。西学东渐以来，中国的国门被列强打开以后，我们被迫进行防御性的现代化。现在中国需要反思现代化的困境，在这个背景下来思考中国文化的重建。

成： 我们首先不了解什么叫现代化，因为我们的认知能力没有极大地发挥出来。我不认为中国人不重视知识，其实中国早期是很重视知识的，无论在先秦还是后来，都是如此。特别是墨家和他们的《墨辩》。儒者也认为知识很重要。儒家强调体验，强调一种宏观的直觉，就是悟道，它感觉到我是天地的一分子。像孟子的"万物皆备于我"，他认为人有一种气，所谓"浩然之气"，这是对天地之气的强烈体认。就是我今天站在高山上面，一看山河大地，就有一种气势磅礴而来。毛泽东就有这种气势，所以他才会说"江山如此多娇"。那种感觉就是说作为一个人，有一种天地间的恢宏气概。中国一直从气上面了解宇宙，天地间没有隔绝。不像基督教说到上帝时认为他是全知全能全善的，作为人是罪恶的，只能认罪，然后凭借上帝的意志实现自己的一种权利。中国始终有一种豪情壮志，并且中国兴盛的时候，这种气势越盛。后来那些宫廷式的帝王却闭塞了自己，他看不到天地的精神，也看不到西方的知识。

其实所谓现代化就是一种知识的掌握和开发。培根说了，知识就是权力。谁有知识，谁就有权力，这也是从实际经验中得出来的。当初西方禁锢在天主教里面，以上帝为准，信而后知，但也没有完全放弃知。现代的西方人的确是以古希腊精神为动力来实现发展目标，西方的动力因来自古希腊，而它的目标因则是犹太式的，再加上一个工具理性。西方的工具理性就是罗马精神，就是我要强大，我就要去征服。所以我说中国人文主义和西方的人文主义特别是跟文艺复兴时候的人文主义还不一样。西方的人文主义是从上帝的禁锢中解放出来，把人当成上帝，把一切看成是人征服的对象，通过认知外面的世界来达到自我的权力目标，这就是尼采说的权力意志，这是现代欧洲人的一个精神焦点，而这一点恰恰中国没有了解。欧洲人熬过了中世纪，就结合了古希腊的求知精神、罗马的征服精神，还有基督教的信仰精神。

中国的发展是什么时候开始出现问题的呢？我的回答是在中国的宇宙观开始缩小的时候。为什么在整个理学发展过程中，相比于王阳明，我还是更重视朱熹？因为朱熹还是在强调我们要格物致知，今日格一件，明日格一件，格了之后所知慢慢积累就知道很多。王阳明则是一下子跳到主体性上，强调宇宙皆备于我，这是很大的境界。我心就是宇宙，宇宙就是我心，人同此心，心同此理，这都是非常理想的境界。但是相应的，人的认知能力就减弱了。中国人有两种不同的追求：一个是干预现实，另一个完全理想。自宋代以后，我们对外面世界的认知能力极弱。尤其是清代，闭关自守，自以为是，唯我独尊，以为天下我就是老大了。西方的文艺复兴开始得很早，到鸦片战争时已经有四百年了。那时的大英帝国早已经把西班牙的无敌舰队打垮了，它的舰队早已是船坚炮利，然而我们对此却一无所知。中国怎么被逼到这个程度？我觉得清朝是很大一个原因，但是最早的衰弱可能起于宋代。北宋时代是衰弱的，它很难应付北方少数民族的入侵。事实上在宋代时我们整个通向西方的路就没有了，这时外族盘踞于中国北方，影响了中国的发展。

漆：南宋不是有海上丝绸之路吗？

成：但是它没好好开拓，这个路线还是断掉了。还有一点就是南宋极弱，不管是岳飞也好，韩世忠也好，都说肯定能打回北方，但皇上就是不让打过去。为什么？因为高宗怕徽宗钦宗回来，自己就做不成皇帝了。高宗就是例子，甘于安乐，宁可偏安，也不北伐，结果收复北方机会失掉了。我们本来有很多机会可以进行改革，之所以会失败，因为我们没有认知能力，没有一种革新的意识，不能居安思危，我们也没有吸取古代的教训。从这个意义上讲，真正的中国精神在近代是丧失掉了。因此，当一个非常强大的、非常有能力的西方文明进来之时，它带来了犹太元素、古希腊元素、罗马元素，而中国却应对不当，所以很快就任人宰割，而且对整个过程我们还一无所知，这就是中国的悲剧！所以，我们今天有能力了，就要赶快反思，不经过反思，就无法认清自己该走哪条路。

我提出的本体诠释学就有多种功能，目的是唤醒大家回归根源的革新与创新意识，面对世界建立新的认知体系，提醒大家以一种生命的意志来维护并持续发展中国文化的精华，同时帮助人类渡过现代性的迷茫。现代性强调知识，它将理性简单地等同于人性，因而是一种不完整的人性。现代性就是把人机械化了、技术化了、工具化了。我们应当思考人性中是不是还有对人的价值的规定，人性是不是还允许一种多元的文化体系？现代性只是用权力的力量将一种统一的价值观强加于人，而这个价值是不是能代表人性所有价值？这些都是问题。中国人的困惑也在于此，因为我们自己没能认清自己，同时我们也看不透西方，所以在双重困惑中我们就迷茫了。

漆：刚才有一个例子实际也反映了这种困惑。就是您刚才讲的"知识就是权力"，就是培根讲的这句话。但在国内我从来没有听过这样翻译的，听过的就是"知识就是力量"，您翻译的是"知识就是权力"。这实际反映了对西方认识很大的不一样，把知识看作权力就反映了价值理性和工具理性的分离。

成：有很多后现代思想家，包括福柯这些人，他们认为人类的知识就是用来实现自己的一些有关的利益，这个力量就是权力。因为权力表明你有知识，可以去代替他人，因为他人无知。这说明人们大多是出于自身的利益来掌握知识的。

四 以"易"为核心的本原意识

漆：成先生做的这一番梳理，让我们对中国文化的现代化有一个清醒的认识，就是我们自己民族文化不通畅了，又拒绝学习，导致我们既不了解西方，也不了解自己。因此我觉得中国哲学的现代化或中国哲学的重建必须有两方面，就是知己知彼。成先生能深入西方哲学的心脏，又能回到我们民族文化的源头，做这样一个融会中西文化的工作，创造了本体诠释学，这确实是对中国哲学发展的一大贡献。

本体诠释学是一种生命的哲学或者说是一种生命化的哲学。在我看来，成先生对本体诠释学的发展，根本目的还是为了更好地认识自己的文化。我感觉到这里面有个问题，即本体诠释学所体现的中国文化的本体有没有内在的矛盾？比如您认为中国文化生命力出现了问题，它变得保守了，封闭了，这一点我感觉很有道理。但这是它自己文化内在本性所致呢，还是这个文化的本体是好的，只是由于后来的环境和外部条件作用所致？换言之，怎么用您的本体诠释学对中国文化在近代出现的危机进行分析？

与此相关，您认为西方文化的一大弊端就是二元对立，它是一个冲突性的辩证法，而这一点正好是中国文化可以补救的。进而我就想问，中西方哲学的会通对当今全球化有什么作用？我们为什么要提出融合和会通？是不是各自都发现自己的一些问题才有了这样一种要求？从生命哲学的角度来说，是不是现代的人类需要一种共同的大生命，一种总体性的生命，而中国文化、西方文化或其他文化都有所偏颇，都只具有某一方面？因此，为了实现一种对人类整体命运的思考，我们需要文化间的整合。

成：对文化的融合的问题，我也是站在中国思想之本源的角度加以思考的，也意识到了这一问题的解决之方，就是我们可以以易学作为一个起点，这一点是我的一个见解。因为从中国哲学史的书写来说，从早期谢无量、冯友兰到现在，我看了几十本，都没有看到有人提到中国早期存在一种潜在的宇宙意识，这个宇宙意识就体现在《易经》当中。《易经》到现在还是很受大家的重视，但有些人的认识是不完整、不正确的，因此对它的理解还是在迷雾之中。我觉得我的一个贡献在于解开这个迷雾，就是说我们不应该只把《周易》看作是对占卜的重视或者是对于占卜结果的记录或诠释。占卜只是《周易》的宇宙意识的"用"，而不是它的"本"，也不是它的起点。从现存的《周易》经文来看，它讲乾坤，乾是天的一个创造意识和革新意识，坤则是一种生育意识和持养意识。

从此就可以看出当初中国人对环境已经有了深刻的认识，用我们现代的话说就是《周易》已经有了深刻的环境伦理。环境伦理是人的关系伦理的基础，因为环境伦理包含天地人三者，并且要求人和天地要配合，所谓三才同德。后来儒家说的"亲亲、仁民、爱物"之中包含着对外物的尊重，要求五行要通畅。也就是说，对于外物，人尊重它，而不是只把它当做实现自己欲望的工具，它才能发挥作用。在这种意识的主导下，就产生一个本的概念。本是什么意思？本就是根源。所谓"本于上者亲天，本于下者亲地"，这个本的意思就是根源的意思。同样，本还是一个生长过程，是一个发展力量，而它要持续发展就必须有包容和滋养的能力，这在《周易》里面非常清楚。但是这个本的目标是形成一个体，所谓"本体"，当初这两个字并不是联用的。体就是一个体系、一个系统，它是比较完美的发展状态。当本通过根源性力量将生命的气结合形成生命体之时，就变成体的存在。因此，体是以本为根，本是从本到体，是一个发展过程。这个体的基础存在是本，本固而体健，才能安。

所以你说我的学说是生命学，这也可以说是对的。因为你把生当作本，或者当作由本到体的过程，把命当成形成的体的一个基本状态。所以我说宇宙和宇宙中人的形成，都是本体的发展结果。宇宙本身就是一种本体，有本有体，这个本体里面又产生人的本体，人的本体是以宇宙本体为基础，这是一种内在性。宇宙有一种自然力量在发展，这种自然力量在人的身上实现的时候就推动人成就自身。宇宙创造了万物，但以人为贵，人不是定在一点上面，在宇宙整个创生过程中人是不安于一点，是要沉浸在宇宙的精神中。"为天地立心"是什么意思？就是天地本来就是无心，是以人之心为心。在《易经》里面也有这样的意思，它能创生万物、滋养万物，所谓的生命就是这种东西。

漆： 成先生说本体是本而后体，本是根源，体是体系，本体是宇宙呈现的生动活泼、生生不息的生命，具有时间性、创造性，但如何用人类的心灵与理性来表达和说明这一活生生的宇宙本体就是诠释学的根本问题。故本体诠释是以本体为本、以诠释为用的学问，其目的在开拓自我之志，以提升自我之德，以成就价值，消除矛盾以展现和谐，充实自我以奉献社会，故本体诠释学具有创造的理解与和谐的创造两重意思。

我想进一步问的是成先生通过这么多年的学习修行，有没有产生对本体的新认识？虽然中国文化里面有本有体，但我觉得"本体"这个词的新意还是您的创见，是您结合中国文化进行创造性发展的结果。对此，您是怎么考虑的？因为我觉得西方文化中的"本体"和中国人理解的"本体"不太一样。

成： 这里有两点可以说。我有一个书稿没有发表，是 2009 年在华东师大的讲课记录，就是潘松帮我记录的。我讲了 17 讲，叫"本体学与本体诠释学"，将近三十万字。你看我的用词，我经常叫"本体学"而不叫"本体论"。这里有很多哲学方面的探讨，但其中最主要的概念我叫做量子宇宙。量子宇宙是当初从本原状态发展出来的，这还不是我所说的物质宇宙，因为还没有产生物质。从原始状态到量子状态就是"易有太极，是生两仪"。有两仪生出来，就能够探索创生万物的可能性，哪一种能够持续下去，哪一种会被消灭？决定这一点的基本原则就是看其能不能够相互融合。第二层宇宙就是物质宇宙，物质就是已经到了稳定性的状态。我们现在看到天上的星云，地上的山河大地，这都属于是物质宇宙，而这些物质本身具有动态性的特征。但这个物质宇宙还要进化，发展成生命宇宙，生命宇宙里面就包含无穷的生机。这里的生命就是多重的，因而生物的多样性就出现了。那么这时的本体是什么？就是一种呈现出来的创造过程。

在生命宇宙当中又出现了新的分化，这是我们能体会到的。有的生命心灵比较弱，比如有的小动物，它只有一种感觉，而没有思考能力。但是到了人，起码他具有两个机能：一个是"观"的机能，一个是"感"的机能，所以我们讲"观感"。人看得越广越宽越大，他的感受力就越强。很多动物没有办法发展，它只能看到这一点，它每天只能对着石头，或者只能蜗居，无法真正认识这个世界。人就不一样，人不是一种单纯的生命，而是具有心的生命，这就是荀子说的"气而后有生，生而后有心"。在我看来，这个心灵是很重要的，所以我强调本体展现的宇宙层级的创造性。本体是什么？是存有的不断创建。这就可以把中国的本体论与西方的存有论区别开来。存有是古希腊的名词，亚里士多德探讨了各种科学之后，发现有一样东西叫形上学。形上学就是研究各种不同存在的普遍性质，就是存有。西方哲学所关注的就是对普遍存有性的研究，而我们则将其翻译成"本体性"。实际上本体性是我说的意思，就是由本而体，产生动态层级的宇宙总体观。因为西方是强势文化，我们在现代中处于弱势，所以我们的语言往往是以西方为主，本身丧失了对自己生命本体的根源性认识。可以说，我们的语言也具有依赖性，一切以西方的语言为主，甚至说明自己的东西也要依赖西方。而西方的宇宙观就像马克思批判费尔巴哈那样，是非常机械的。至于马克思是不是想提升到一种较为有机的物质宇宙的层次，我觉得有这个意思。我们把马克思主义融合在中国的观点里面，使之成为中国意识的一个很重要的部分。马克思相信人类集体心灵在进行生产、创造和发展的过程中具有一种本体。但是这种本体还有所谓的心灵，马克思叫做"上层建筑"，我叫做"心灵世界"。这个心灵世界在这个生活世界呈现出来，是建筑在生活世界里面。生活世界是建筑在物质世界里面，物质世界是建筑在宇宙世界里面，就是量子世界。

中国的"本体"这两个字结合在一起是东汉时出现的，是在注解《易经》时产生的。荀爽讲《易经》是生命的一个基础存在，能否化否为泰，就看有没有本体。本体是生命根源，有根源就可以重生，是一个种子，所以它有一种再生的力量。我这里讲的东西有一种内在性，这个内在性很重要，是观察宇宙产生的一种反思。信仰本身就具有一种内在能力，它体现了一种生命的自由，所以本体代表了一种人类生命的自由能力。从某种意义来讲，宇宙创生也是一种自然的选择。而对于我们人类而言，作为一个自由的存在，我们要有自由选择的权力。本体对选择十分重要，只有掌握本体我们才能作出正确的选择，如果没有本体，我们就只能盲目地选择。

　　从这个角度我们可以批判现代文化，因为现代文化往往缺少本体性。比如伦理学，完全是在强调功利。我现在正在重建本体伦理学。在我看来，德者得也，得于天，得于道，没有这些本体的支撑，这个德怎么建立起来？所以我说，不讲本体，道德是无法确立的。我们现在是忘本而求末，问题很大。我觉得儒家有一点值得肯定，就是"自君子以至于庶人，壹是皆以修身为本"。本就是修身，由此我们才能理解《论语》的"本立而道生"，"孝悌也者，其为仁之本欤"，这说明孝悌最后是要发展成人的本体。孝悌的本身是什么呢？就是一个人不能忘记自己存在之根源的价值观，通过这些内容我们就可以发展出人类学甚至管理学中的新理论。我强调的是一种对世界发展的可能性的认识，要实现对世界的整体认识。通过这种认识，由内在掌握外在，然后才能产生主体性和主导意识，在发展自我的同时也是在丰富别人和利益社会。经济发展是社会进步的一个根源，由经济而社会，最后要到伦理道德，最后的目标是共同繁荣。

　　漆：您对"道德力"的解释，跟约瑟夫·奈的"软实力"有什么区别？

　　成："软实力"最终是要征服别人，要扩张，而"道德力"是要实现天下的和谐。"道德力"是一种整体的天地意识，就是天下一体、四海之内皆兄弟、天下为公的精神。

　　漆：给我的感觉是，成先生您对于本体诠释学的体悟，就是将关注点更为集中于本体。

　　成：这是反思的结果，只有反思到本体之后才能讲如何利用它，如何实现它。

　　漆：从字面上看也很有意思，本是木上加一横，是木能生长的根的部位。体字也很有意思，体字的本落实到人身上了，在人身上体现出来了。后来的中国人，要将本体现在人身上，体现在日用中。我上次跟成先生说过，您的"本体知用行"的说法是很全面的，自成体系。我用佛家的说法,就是"体用相",本体显现出来就是相,发挥功用就是用。体在功能上通过相和用表征出来,这是体相用三者的统一。所以在我看来,成先生的贡献就是立足于儒家提出了"本体知用行"的体系,这就打通了形上形下,构建了一套比较圆融的概念系统。

五 对自己思想的定位

漆:成先生,请您说说您如何定位自己?之所以想问您这个问题,是因为您一直在中西方哲学间跨越。即使在中国哲学中您又遍及《周易》、儒家、道家等多种思想,而您又不局限于某一家,那么为何称您是新儒学呢?特别是您还提出了"新新儒学",这又该作何理解呢?

成:这不是我说的,我没有说我自己是新儒家。对于儒的解释,我看到过一种说法,认为是懦弱的意思,但我认为对儒的解释需要再进行更多的思考。后来《周易》的《序卦传》提示了我,所以我就说"儒者人之序也"。序有差别、等级的意思,但这里更多的是指一种发展的状态。一般认为儒者传统的理想是做君子,而我通过对《周易》的研究发现,儒者不但要做君子,更要做一个大人。什么是大人?就是要与天地一体:"与天地合其德,与日月合其明,与四时合其序,与鬼神合其吉凶。先天而天弗为,后天而奉天时",这是一个开放的状态。在我看来,后世的儒家好像没有完全体现这个要求。在我这里,儒家是不排斥其他诸家的,因为我认为先秦时期的诸子百家有同一个根源。例如,儒家就是在继承一种重视自强、效法天地的精神,就是"天行健,君子以自强不息;地势坤,君子以厚德载物"。儒家是以天地为榜样,这是一种大人儒,是一种人类的理想状态。当然我也不是说在五四时代就没有对西方文化的反思和批判,这里面具有代表性的就是熊十力的《新唯识论》,他基本上是从佛教的立场建立知识论,因为他认为西方之所长在于他们有知识论。除此之外,我觉得熊十力还有一个长处就是看到《周易》是一种宇宙论式的存在,但他的宇宙论是以唯识论做基础,我是从观感出发。唯识论和观感还不一样,观感是经验的,我是以经验论取代唯识论的说法。我建立的宇宙论是生生不息的,是一个动态的过程,而不是从八识中所变现的。另外,我认为印度是一个文化形态，而不是人类的归属，这一点和梁漱溟先生不同。我认为人是在不断地掌握自己的根源，不断地去创造实现个人存在的可能性。这里和牟宗三也不一样，他以康德为主体，直接讲认识物自身的概念。物自身是一个客观的东西，是无法认识的。物自体跟本体不一样，因为物自体是以物为中心，本体是我和物同时为中心。物自体就是一种直觉，是"智的直觉"产生的一种结果，我的本体是一种生命体验的结果，是观感，这两个还不一样。而且我的本体还不只是一种文化精神，唐君毅先生比较强调中国的文化精神。在我看来，这个文化精神的本体，就是我说的那种天地间不断创新跟包容滋养的精神，这一点发源于《周易》，所以我和唐先生也还不一样。

如果说第一代新儒家以梁、熊为典型，第二代以唐、牟为典型，我与他们显然都不一样，我是基于对西方文化更深入的认识。当然我不敢说我对中国文化的生命起点是不是思考得更深入一些，但我可以自信地说，如果我要重写中国哲学史，就会以此为基础。中国文化和中国哲学有一个起点，就是对《易》的认识。我认为这些内容已经包含在《易经》的文本里，过去没有说清楚，现在也说不清楚。我检查了十几本中国哲学史，有哪一本提到中国哲学的根源？没有。30年来，大家都引用我的话，说《易经》是中国文化的源头活水。所以我认为只是叫"第三代儒学"无法体现我的想法。后来我用"新新儒学"，我讲的"新"就是说，他们用新儒学，因为这个新儒学的概念就是生命理学。我与生命理学不同的地方就是在于本体精神，这包括本的精神、体的精神以及本体知用行的精神。这样不仅能支撑生命，而且又能包含生命，更可以把握生命的根源。从这个意义上我提出新新儒学的概念，是代表一种价值的超越和一种对生命本体的理想。

漆： 还有一个问题，您能不能对当前中国哲学研究的一些现状做一个简要的概括或评价。因为目前海内外的中国哲学发展，都与您刚才说的重写中国哲学史、重建中国哲学有关系。您怎么评价现在的中国哲学研究？

成： 这个在此简单说一下，作为下一部分的开始。

漆： 或者需要我们在研究方面提出哪些新的观念？或者更准确地说，当前中国哲学研究的现状如何，症结何在，需要何种哲学观的改革与思想解放？

成： 从儒学发展现状来看的话，我想现在儒学应该是一门显学。前一周还有人打电话问我，到底要不要在天安门前立一个9.5尺高的孔子铜像？问这个意义何在？我觉得儒学受到大家重视的现象代表中国文化的回归，也代表着中国文化应该被广泛采用，尤其是要在生活当中，包括从政治、经济方面的采用。今天我们为什么谈儒学，为什么重视儒学？因为儒学被大家看作中国文化的代表，是中国人自己的学问。刚才我说了，第一，中国应当在文化上站起来，应当自己代表自己的学问。第二，中国今天在经济、政治等方面都能自强，都能有所成就，同时也参与到世界上各种的政经活动之中，并受到了西方赞赏或者羡慕，这激发起大家对中国文化的信心。所以，当前经济与社会的发展可能是推动儒学复兴的一个重要的方面。我认为改革开放以来我们是一个逐渐自觉或觉悟的过程。经济发展带来了文化自觉，文化自觉带来文化要求复兴、要求振兴的作用。传统文化的复兴以儒学为主，因为儒学在中国文化中最具有主导性，儒学带动其他诸子百家的研究。例如，儒学的研究对道家的研究，甚至对道教的研究都有一种提升作用。所以从这个角度来看，儒学的复兴的确表现出一种文化自觉的力量。

　　至于成就怎么样，我想现在就说儒学已经达到一个很高的高度，进而能解决人们心中各种疑难，这恐怕还不容易。今天的儒学实际上还有很多误区，中国哲学的根源意识是什么？它是怎样通过儒家实现的？诸如此类的问题我们并未搞清楚。例如，一个重要的问题就是儒学跟易学到底是什么关系，现在还没有说得很清楚。这导致易学变成一种功利学问，专门从事占卜预测。对预测我不反对，但我认为，我们也应该考虑到易学的精神、哲学的智慧还有对本体的哲学性认知体现在什么地方。我觉得我自己在这方面多少发挥了一些好的作用，让大家认识到，易学是中国哲学的源头活水。但对于易学和儒学的关系，可能我们需要更为深入的了解。我想，这还是由于我们对整个学术的各相关部分的相互作用了解不够，当然分门别类的研究也不一定是坏事。目前我们的研究还是在一种方兴未艾的阶段，还是在进行多元的探讨，各自有各自的成就。例如，杜维明讲儒家是出于宗教的，蒋庆则从政治形态研究儒学，姜广辉等人则重视经学的地位。在政治哲学这块，认识到儒学作为一种共识的表达，也是一个很好的形态，它可以影响到中国的崛起。

　　如何把儒学变成一个现实的文化力量或谈判、决策的行动力，我的看法是搞国际关系的人和外交人才应该接受传统文化特别是儒学的训练。他们应该能够掌握中国的文化，对中国文化有真正的认知，能仗义执言，同时也能采取一种包容的态度，从而呈现中国的文化理念，消除"中国威胁论"的误解。另外，教育方面也应该有所改变，目的是真正提醒中国的下一代产生求知、求善的创生力量，而不只是背诵经典而已。现在读经的活动很广泛，两岸都有，但是我有一次在人民大会堂，他们请我发言，我说读经是开始，但读经的目的还是在讲这个经，怎么让小孩有一种正确了解。有人说读经以后自然就了解了，我认为恐怕不是，还要进行一种深入的教育。所以通过教育改革把中国文化精神提起来，恐怕是一个更为根本的任务。

漆：教育改革，确实很重要。

成：没有教育一切还是空的，这是一个用的问题，需要依靠它来落实。

漆：成先生，今天就到这儿吧，下一次咱们来探讨本体诠释学与中国哲学重建的问题。今天您的思路非常开阔，给了我们很多的启发，谢谢成先生。

第二章　本体诠释学与中国哲学的发展

一　本体诠释学的提出

漆：前面我们主要是对时代转折和哲学观念的变革做了一番探讨，成先生也就自己的哲学研究历程方面做了一个很好的回顾，我们今天讨论的主题是本体诠释学与中国哲学的发展，这个问题包括两个方面：其一，就是成先生是怎样提出本体诠释学的？其二，您立足于这样一个新的视野中，对中国哲学现代化或者重建有哪些思考？具体而言，我设计了多个问题。第一个问题就是您为什么要提出本体诠释学或者说在什么样的机缘下您用了这样一个概念？另外，本体诠释学大致产生于什么时候？

成：你这个问题提得非常之好。我的诠释学想法是个比较新的东西，但是诠释学并不是现在才有，现代意义的诠释学在 20 世纪 70 年代就在西方出现了，而广义的诠释学在西方的思想更是有着深远的发展历程。

漆：那就先请您再给我们简单介绍一下诠释学的发展过程。

成：首先我们先要了解一下，什么是诠释学？诠释学的英文叫做 hermeneutics，什么叫 hermeneutics？所谓 hermeneutics 在古希腊时期就有，这个词源于古希腊的 hermen，就是传播信息的意思。因为传播信息之神名叫赫尔墨斯，在神话中，天神、大神有什么消息就传给他，他就是一个信使，把这个信带给别人。这个信息有时是好的，有时是坏的，有时并不清楚好坏，就要去猜想它究竟是什么意思，所以 hermeneutics 逐步就变成了对信息的了解、认识、解释或翻译。这个信息是用某种文字表达出来的，这就需要解释、说明，其中心思想是理解。也就是说，hermen 作为一个语言行为是传播信息并对其加以解释和说明，以达到理解的效果，或者通过翻译以达到理解的效果。这跟语言符号或者文本都有密切的关系，因为一个文本，一个语言符号需要我们去了解，去解释，去说明。

"诠释"一词在古希腊语中具有说明、解释和理解三个意义。在今天，诠释的过程也被认为具有三种作用。所谓"说明"，就是用一种已知的思想与现象来解说和规范未知的或不熟悉的思想和现象。而"解释"是找出或揭示语言文字的表象意义之外或之后所蕴藏的深刻意义，这就要求我们不要把语言文字看成死板的内容。任何一个作者在创作一个作品时都有他的观点与目标，它们存在于语言文字的背后，而解释的过程就是要找出隐藏的观点和目标，抓住作者的心灵，抓住背后的角度和目标，从而实现对其创作目的的深刻认识。而"理解"则是去探求客观对象的意义，它具有动态的方向性和整体的掌握能力，是具有价值整体方向的认识，是对客观外界事物的一种主体性的认定和接受，是主体性对客体性的掌握和规范。因此，诠释是一个由说明到解释，再到理解的整体性过程。

我们一般认为，西方的诠释学至少包括四个阶段，首先是文本诠释学。它就是仅仅对于重要的文献的诠释，就是对语词的注解，相当于中国人的"训诂学"。这种学问的起源是很早的，在中世纪就有，主要是对于《圣经》的注解，是帮助人们理解《圣经》文本之含义的学问。因为《圣经》是由《旧约》和《新约》两大部分组成，《旧约》是用犹太文写的，而《新约》是用古希腊文写的，而在非洲传教时就需要把它们翻译成当地的文字，主要是拉丁文。那么怎么才能确切地掌握文本的意思并准确地翻译出来呢？这里面蕴藏着一个很大的问题。早期的诠释学其实是一种注解式的诠释学，这与中国的做法很接近，都是一翻译时候就去注解。那么在注解的时候，为什么用这个词而不用那个词，这就要求翻译者要了解原文的意思，还要了解你自己语言的用法和意义，然后才能恰当地翻译并表达出来。这就是注释，也就是在文字上转注，在中世纪一直都是以这样的方式来诠释《圣经》。但后来我们发现，这里面有个问题，因为注解要说到缘由，要有一个标准作为翻译的指导，所以就产生了所谓的神学。神学是以一种哲学理性的方式，用理性的概念说明《圣经》，同时也建立一个理解的标准，这样就可以用来指导一些新的翻译或者新的说明。这里面的注解就具有了一种理论意义的诠释，但基本上还是以掌握《圣经》为目标。

其次，是施莱尔马赫提出的诠释学，他把诠释学扩大成为解释宗教与经验美感的学问。同时，他提出了"诠释圆环"的观点，这实际上与汉语不谋而合。汉语中也有类似于"诠释圆环"的现象，我们称之为"部分和全体相互决定原则"。汉语一方面有独立性的意义，但另一方面，将每个单一的汉字与另外的汉字相组合就会得到新的意义。这意味着，对于整体的直观和理解会引起对部分的澄清，再从部分的澄清引起整体性的展现，并循环不止。施莱尔马赫亦认识到了这一点。"诠释圆环"在他那里，被用来解释宗教经验和美感经验。他把自己的经验投射到宇宙中，借以认识宇宙，并由此来反证自我承担的人生意义。他把自己的部分经验当做宗教经验，在自我与宇宙之间建立交流与沟通的关系，以加强部分经验并承受人生。在他看来，宗教经验如果没有"诠释圆环"，那就不能成其为宗教经验。同样，一个美感经验也是部分和整体相互影响的结果，是读者和作者心灵交流的结果，也是一种移情感化的作用。它们表现了双方相互影响和决定的关系。

施莱尔马赫强调部分和整体之间的关系，这个关系就是你知道它提供一个方法，要从字义开始了解。了解了字义，我就了解了句子；了解了句子，我们就了解了全文。也就是说，我了解了部分就掌握了全部，然后我们再回过头来看决定这个字或这句话的意义的其他内容是不是受了影响，若受了影响则其他部分也要跟着调整。全体会影响部分，部分也会影响到全体，所以部分全体相互决定，这就叫做诠释循环或诠释圆环。从动态看，这当然是一个循环关系，从结构上来讲是一个圆环。

施莱尔马赫的思想影响了黑格尔，它促使黑格尔把哲学看成方法论，从而造成本体和方法的分离。这种思想方式一直影响到了海德格尔。但在这一过程中，诠释学基本上被看成是一种单纯的方法。例如，黑格尔受其影响，提出了辩证法的正反合的运动过程，实际上这也能看作是一个"诠释圆环"。

诠释学发展的第三个阶段是狄尔泰的哲学诠释学，他把诠释学运用到人文科学当中，人文科学包括哲学与历史。按照狄尔泰的看法，人文科学迥异于自然科学，因而了解文化和生命的方法亦不同于了解自然和物质的措施。他认为，康德的《纯粹理性批判》已经为我们提供了认识自然世界的框架，因而我们可以以此为范本，寻找到人文科学的认识方法。为此，狄尔泰模仿康德，写了《历史理性批判》一书。在书中，他讨论了如何掌握历史的问题，提出了理性的多元性理论。狄尔泰指出，文化是一种活动，是一种具有内在结构的过程。因此，不能用自然科学的实证方法来了解历史与文化。为此，他提出了"生命科学的直观与体验法"作为探索历史与文化的方式。他认为，为了说明一种文化现象，我们必须要有内在的直观体验，以观照其整体结构。需要注意的是，这里的"体验"与"经验"不同：对生命活动的掌握是体验，对外在事物的认识是经验。换言之，体验需要与生命活动直接同一，而非外在性的、对象性的观察与认识。同样，"观照"亦不同于"观察"：前者是指基于生命现象来体验生命的整体性，它强调生命系统的独立性和动态性，而后者则是基于事实，去认知事物之状态。可见，狄尔泰反复强调的正是我们对于历史与文化的把握不能是外在性，而必须在其内部对其加以了解，并非对象化地去认识。对象化的认识乃是认知自然的途径，而一体的了解恰恰构成了诠释学的内涵。

具体说来，狄尔泰的历史主义包含对历史情况的意义的把握，就是所谓的体验，通过这个体验来了解近况。在他看来，我们应该把文本看成是一个符号或者一个指标，帮助我们去掌握真实的世界，以及生命的状况或心灵的状态，这样我们才能够读懂历史人物的心境，也才能如实地写出这个人的意义。对于了解一个文本而言，我们应当去了解作者在写作这个文本之时的心理状态与心理感受，这样我们才给他一种会通，一种同情的了解，也才能掌握他的意义，事实上这就是所谓的哲学诠释学。从施莱尔马赫开始，到狄尔泰历史理性，实际上后者已经开始假设通过心灵透视生命的能力，这是所谓的诠释基础，然后再把它彰显出来。

狄尔泰把诠释学扩大到对人文科学的解释之中，而海德格尔、哈贝马斯，特别是伽达默尔则把诠释学引进了整个哲学中，包括形而上学。伽达默尔在《真理与方法》中详细地阐述了诠释学的两个重要观点。其一，方法和真理是对立的。他主张真理而否定方法，因为了解限制了真理，而传统形上学就是用方法来建立形上学真理。其二，传统是不可逾越的。伽达默尔认为，任何理解都有偏见，因此偏见在本质上不可避免。同样，任何语言和方法都有偏见，传统是不可摆脱的。既然任何了解都带有传统的偏见，那么偏见就是合法的；本体与人的存在都具有时间性，具有时间性就具有历史性，就会受到传统的限制。那么，历史性能否作为未来建构的基础呢？未来建构能否超越历史呢？伽达默尔认为是可以的，而诠释的意义正在于此。

在他看来，传统通过"文本"这一具有意义形式的文字来表达，而文本作为以语言方式表现的价值与思想，永远需要解释，而传统则是一个结构化的过程，又是一个过程化的结构。它具有实践性，并永远是活的东西。所以，"文本"与解释永远是一个互动的过程。解释是提出问题的过程，"文本"则是回答的过程，文字是在时间网络中被决定的，在回答与问题的动态关系中，新的传统开展出来，因而也造成传统内部的协调。这就说明，回答问题的运动是新观念的移植的过程，新观念完全不必要脱离旧传统。

伽达默尔不满意狄尔泰对于历史的解说，他认为我们对历史了解与历史本身能否对我产生影响有关，所以他提出"有效历史"的概念，但是可能对于很多的处境我无法建立一个有效的历史意识。因为有些意识是建立在一种共同生活世界的经验里面，你没有那个共同经验，就不可能产生有效的历史意识。这个时候我们并没有一个客观的方法让我们来掌握这个历史事件是什么，或者艺术事件是什么，或者人类心灵的事件是什么，必须让我们自己去按照传统，或者已经形成的意见、成见，去了解这个事件。所以诠释学就是一个最传统的历史真理，是对历史事实的一种认识，这种认识就是在有效历史里面的一种体会，或者基于传统的经验或者看法来重建历史。诠释并没有什么客观的定律可言，要根据具体的情况，根据对传统的认识来进行。当然，了解传统也需要身体力行，需要产生对传统的有效认识，这还是需要进一步通过主体的修辞才能进入对于传统的了解，所以我们要掌握历史事件中的东西，才能够了解艺术世界的东西，或者其他有关人类意识的真理性表达。这个真理与科学真理不同，是采用一种无法客观决定的方法，完全基于我在心中对美的了解，用一种自由心灵的传说，一种游戏来掌握意义，它的标准是比较开放的或比较具体的。所以伽达默尔说理解不是一个方法论的问题，而是一种活动。这点我在2000年见到他时确认了，但那时我已经提出本体诠释学了，因此我们要追问，你要一个本体的最后目的是什么呢？我们了解这个对象，比如一个文本，一个人，它的意思和他的最终观点是什么。这个观点我认为是最为根本的，这个观点事实上可能包含在他的文本之中、之后，所以我们要从整体上、从根源上和组合过程中去了解一个文章的意义，我觉得这是本的关系。

以上是我们所熟知的诠释学发展的四个阶段。然而需要指出的是，西方诠释哲学发展到今天的最新阶段,乃是德里达的解构主义。德里达的解构主义还在不断变动与发展中,但它对许多当代的哲学家都产生了启发作用。德里达认为,所有系统都是自相矛盾的,都有内在的限制,任何系统都应经过一个解构转换的过程。在这个过程中,没有任何"文本"的意义是最终固定的,所有事件都是变动符号,都是不定本体的本体;没有绝对的意义和规则。于是,德里达提出了他的基本概念"Difference",他称为"不定差异的差异自化",来说明分化发展的自然与必然。

漆:在了解了西方诠释学的发展脉络之后,接下来我们需要澄清的就是中国诠释学是如何提出或产生的。

成:"诠释学"这个中文词语是我首先提出的,在我翻译之前,中国的学界不知道该怎么翻译。我当时在台湾大学教学,因为我早先是台大的哲学系主任。有一次其他系的一个教授来问我,他说现在有一个新的学问,主要的意思就是解释、说明、理解,问我该怎么翻译,但这时"诠释"这个词还没有用。我说具体如何翻译容我再想想看。伽达默尔在1960年出版了他的《真理与方法》的德文本,在70年代还有一个英文本。那时刚好我在台湾,大家在英文本里面看到这个概念,就开始思考该怎么翻译呢?后来我想,既然和语言发生关系,那么这个传播信息和理解信息的过程就可以叫"诠释"。"诠释"这个词出现于《淮南子》。我当时考虑不能翻译成解释学,因为解释学跟我们大家知道的科学解释是不同的,而且另外一个英语词interpretation,中文也可以叫做解释,口译就叫做interpretation,笔译则是translation。科学解释具有一定规则,它是按照这个规则来解释现象,这就叫做解释。比如说今天堵车了,堵车是一个现象,而且堵车一定耽误了时间,所以迟到是因为堵车,这是有因果关系,有规则性。但了解一个文本,比如什么叫孔子说的"克己复礼为仁",这个怎么解释?这不是因果关系的问题,而是意义的问题。意义是文字所指,它的意向与宗旨都涉及我们所说的对于文字和信息的解释,这就是诠释。

这里关涉到我的理解,是信息的表达方式,也是语言本身的含义,以及在特定处境中的情景,还有文本中对方的态度及表现的方式。文本包含很多面向,不是单纯的一面,而只有把这些因素都摆进去,才能掌握它的意义何在。这需要我们找到语言的表现方式,加以全面的诠释,用语言表达比较完整的意义。也就是说,诠释是语义完整的语言表达。这种诠释当然也有很多种，每个人有不同的诠释。

我的诠释学是"本体诠释学"，那么这里就涉及何为本体的问题。什么是本体？它是实体的体系，即体，它来源于实体的本源或根本，即本。本和体是紧密相关的，因为本不仅产生了体，而且是不断地产生体，因而可以根据本来解释体的变化。同样，体可能遮蔽和扭曲本，从而应返回本再生或重构以获得更开放的空间和更自由的发展。在这个意义上，本体构成的不是一个静止的系统，而是一个具有创造性的转变和创造力的开放的动态系统。

因此，我说的本体诠释就是事物在发生的时候，找寻一个客观的、整体性的认识，加上我对这个事情基于主客观了解的一种深刻考虑和反思，这样我才能够以此为基础，强化这个观的世界。观就是很细致地观察，它可以帮助我们展开对外面世界的认识，达到一个更高的水平。所以西方的诠释学有三次转变，最原始之时是注解型的诠释学，后来发展为神学诠释学，再到哲学诠释学。

诠释学发展到我这里，我认为产生了两个新的内容，一个就是对西方诠释学发展趋向的思考，另一个就是解释了诠释的对象和内涵是什么，这要求我们对诠释系统的基本要素有详细的了解。从这个意义上讲，本体诠释学又把诠释学向前推进了一步。我当时想，作为本体性的诠释学，虽然我们可以谈很多历史因素、感觉因素或者其他的要素，但是更需要一种整合的眼光将它们整理成一个完整的认识。所以我的解释是很严格的，不是随意解释的。比如《易传》，你可以从儒家来解释，也可以从道家来解释，但本体学则是涵盖这两者，形成一种可能性，进而彻底地了解周围的世界是什么，并做出合理的说明。所以本体诠释学的巨大意义在于，它是基于西方哲学的发展，从心理诠释出发，但它指向的是一种中国式的诠释，就是立足于本体的诠释。中国有没有诠释学传统呢？当然是有的。事实上中国最早的传的理论性就比较强，到了两汉时由传而成注，中国的诠释学就产生了。

另外，诠释学要用其文化体系的传统，而中国和西方的诠释学可用的资源是不一样的。西方的传统是什么呢？是一种二元的或三元的传统，中国的传统可能是一体多元，是动态发展的体系，事实上《周易》就提供了这样一个诠释的内涵。因为有《周易》，我们可以用《周易》去诠释，或者可以把很多问题都追溯到《周易》之中，我觉得这就是本体诠释学。

如果完全从学术上讲，本体就是对事物的一种根源性的、系统性的、整体性的了解，在这个了解之上进行的一种有意义语言的概括，这叫做本体诠释学，这比伽达默尔更进一步发挥了本体性。

这里我要再说明一下我在前面，包括之前所提出的两个概念："自本体的诠释"与"对本体的诠释"，这可以说标志了东西方诠释学的根本不同。此一区别的重点在本体可以是诠释的源泉，也可以是诠释的对象。源泉是就主体性的自觉而说，故是以主体为源泉；对象是就主体的对象而言，故是以客体为对象。"自本体的诠释"与"对本体的诠释"两者的差别是，本体作为主体并不在意与主体相应的对象在形式上如何被主体掌握，重点在主体如何自我掌握以掌握本体，掌握主体即掌握本体，同样掌握本体即掌握主体。自我掌握后的主体本体已经自然能够显示客体的形象，故如何描写客体并不必要作为问题提出。

大致来说，中国的诠释偏向于自本体诠释，它会追根溯源，穷追到底。中国从传到注，再到疏，有一整套体系，而且很多注实际上不是一个简单的注释，而是包含更深刻的说明。而这个更深刻的说明都是从原始的经文中衍生而来的，都是本体所包含的意义的不断展开和现象。这就是本体诠释学的意义，也正是自本体诠释的特点。

因此，我认为本体诠释学具有三大意义：首先，它代表中国哲学的精华，这一观点我也是来源于《周易》。《周易》的一大特点就在于突出整全性，它本身就是一个注重全体性的动态的经典，这就意味着它的本体性也很强。

其次，本体诠释学区分出了诠释的层次。事实上，了解本体就是诠释，而且是一种高层次的诠释。我们通常意义上讲的诠释则是低级的诠释，它指的是人的心灵如何了解外面的世界，只有在了解了外部世界之后，我们才能写出文本。文本对文本的再解释即注释，它又是一种诠释，当然这个诠释同样是低层次的诠释。若要回答"我要诠释什么"这个问题，最好是我知道这个事情究竟是什么，这样我才能具有诠释的基础，所以我强调我们要具有的一种对本体的认识。对本体的认识是什么？就是根源、体系。

本体既代表根源又代表从根源所发展出来的体系，而本体本身的内涵就是它是一个生生不息的过程，所以本体诠释学的第三层意义就是它指出了本体是一个生生不息之体，具有产生新的存在的可能性。正因为这个原因，任何一个事物或文本在存在和传承的过程中，其意义都会不断地改变，因为围绕在这个事物或者文本周围的因素发生了改变，就会影响其自身，使其同样发生变化。因此，当你去认识一个事物或文本时，如果你不了解周遭因素，不能从整体来看，你这个了解就是不完全的。这个了解很可能只是旁人的理解，而非自己的理解。

漆：成先生，按照我的理解，您认为本体诠释学是一个说明、解释和理解相结合的过程，而我发现在这一过程中，您似乎最看重的是理解。那么，我想问一下，理解与本体的关系是什么呢？

成：这一点你看得很准。的确，本体与理解确实密切相关。就像伽达默尔所说，理解是本体论的，这表明理解是揭示并表现真实或者说本体的方法。甚至按照诠释学的观点说，两者是不分的。我把理解看作是一个用以阐明和揭示真实的陈述或思想体系。这一体系被用来确立本体。因此我把这种理解看作是对意义的把握，而解惑或释疑则意指说明真实的一个观念体系。

同时，理解还需要为建立本体论的体系预先假定一套方法论，这种方法论也就是所谓的"前理解"。因为我们总是会问，一个人究竟是怎样理解事物的？这种"怎样"很可能是多种多样的，而不同的方式有着维特根斯坦所说的"家族相似"性。某些思想突出的西方哲学家总是通过方法突破来带动对本体认知的突破，他们经常探究某种方法，并在此方法上重构从哲学角度对真实的理解。新的哲学也可能产生于对这种方法的概念和学说的系统阐述之中，以及对这种方法的语言表达和发展之上。可见，这又是本体与理解密切相关的一个明证。

理解是否到位呢？或者说，对本体的理解是否充分呢？我认为，这一问题通过不断的修正和调整就可以得到答案，而修正和调整的目的则是使得关于真实的理论同可以在体验真实中得到的理解和方法相符。因此，本体论和理解之间一定始终相互作用着，结果本体论引发了更透彻的理解，而理解又使得本体论更具有揭示性，如此这般直至二者重合，形成一个统一体。但很有可能，这两者并非完全一样。即便是像复印件与原件般相像，也还是有可能不完全一致，因为在理解的过程中，本体与理解也会共同或各自独立地发生变化。真实有着创造性的变化，理解也可能发生类似的变化，致使我们不得不一直进行调整与修正。这就是作为本体诠释学的或者作为与对真实的诠释性理解相互有机渗透的真实的本体论的本体诠释学的特点。

二 本体诠释学的方法论意义

漆：成先生，您刚才对为什么用"诠释"来翻译 hermeneutics 做了解释，同时对西方诠释学的历史也做了一个划分，这些都很有价值。特别是您后来谈到为什么用到本体诠释学，我觉得您给本体和诠释的关系做了一个说明，但进一步的问题是您提出本体诠释学深层次的动机是什么？我想，您是不是有这么一个考虑，就是本体诠释学是对现代学科分化以后，哲学面临科学的挑战的方法论层面的回应。因为科学有因果关系进行解释的一整套方法，哲学在这个时候却没有独特的方法。所以我想，您建立本体诠释学是为了与科学的方法论相对应。不知道我这样理解是否合乎您的本意？

成：这个问题问得很好。本体的方法是我一直在考虑的，它是诠释的一种分析。我认为人类经验一个重要的能力是给自然界不断赋予内涵，所以我认为本体诠释学的方法是对世界的一种知觉，它由观和感两个方面构成。直观就是从大处着眼。我对这个世界看了很多，这个世界也在我脑海里形成了一个整体的形象，我们在里面也看到一种动态的秩序，尤其是一个阴阳的秩序。阴和阳都是可以感觉到的，阳是看得见的光，阴是没有光的阴影，但是这只是一个初步的认识。由于有些存在是看得到的，而有些是看不到的，所以这里面感很重要。《周易》中讲"形而上者谓之道，形而下者谓之器"。道是形而上，看不到的；形而下的东西，物质世界是可以看得到的。我们所了解的宇宙实际既包含看得到的存在；又有看不到的存在，这就是一种本体性的因素，而在看得到和看不到之间有一种张力。

我还是要补充另外一点。我觉得也许人类已经到了知识爆炸的时代，各种消息实在是太多了。我们用各种文字、各种符号从事交流，而我们与异国的文化交流都需要诠释，也都需要认识，这就是我现在提出诠释学的原因。我当时翻译诠释学这个词，一个重大意义就是有利于中西文化的交流。现今这个时代，如何了解是一个重要的问题，东西方如何互相了解，现代怎么了解古代，还加上科学知识的了解，人文的活动的了解等等。伽达默尔提出诠释学后，我把它的内涵扩大了，构建了一套本体性的诠释学，而不只是传统性的或是相对传统的诠释学。它是一个具有根源的、面向未来的基础，还是一种包含性的认识？我认为本体诠释学包含了哲学诠释学，而哲学诠释学没有包含本体诠释学。伽达默尔的哲学诠释学没有一种意义性的存在作为基础，所以这个诠释就有一定的偶发意义，因为他放弃了上帝论。后来他又回到了上帝之中，这就变成了传统的西方神学。因此可以说，他是不着边际，没有根源的。

  我要强调的是，诠释学有多种，哲学的诠释是超越的，科学的诠释是对象化的。而我这个诠释学的提出，是以中国哲学为基础，又是对中西哲学的融通。它具有根源性和包容性，是多面的，超越了西方的本体学，亦超越伽达默尔的诠释学，所以意义重大。我们应该在这个基础上思考问题，因为我们现在也面临一个根本性的问题，即该如何重新了解和认识传统？具体地说，就是如何利用古代的思想资源；如何了解中国的文化传统与世界上其他文化传统的关系？如何了解道家和儒家的思想以及中国科学与儒家、道家的关系？基于中国哲学如何了解世界，基于世界各种传统如何了解中国？要回答这些问题，我们都需要一个出发点，这个出发点就是合理的方法。而本体诠释学既是方法，又是一种认识，这是什么意思呢？因为本体诠释学是将宇宙理解为一个不断发展的世界，有根，有本体，是在发展之中，具有开放和隐蔽这两者相互活动相互影响的状态。它的基础就在于我们不断观察世界，并不断地反思，这是一种本体性的认识。我们可以以这个本体性认识为基础认识新的事物，所以本体诠释就包含"自本体的诠释"和"对本体的诠释"。

  漆：本体诠释学是一种哲学方法，而现今的哲学方法包括现象学的方法，分析的方法，还有辩证的方法。那么请问成先生，在您看来，诠释学的方法，特别是您提出的本体诠释学的方法，和他们提出的方法是一种包含关系还是并列关系，还是一种其他关系？

  成：我有一篇在台湾发表的文章就是讨论这一问题的。我的基本观点是：本体诠释学包括了几个步骤：第一个步骤是现象学，也就是先如实了解现象。什么是现象学呢？就是对事物有一个直觉，这个直觉就包含着如何认识的问题，包括是不是要去掉有色眼光，还是允许有色眼光，这两个都看成是一种内涵。我们一方面要不带有色眼光地了解这个世界，另一方面又需要一些有颜色的了解。我可以从个人的观点来看这个世界，也可以立足于中国人的观点观察世界。我从个人观点看世界，它是没有美国人的偏见，也没有中国人的偏见，但中国人看世界，戴有中国人的有色眼镜。这就是从胡塞尔的排除法到海德格尔的一种对存在，特别是人的当前存在的直接了解状态。它允许你以自己的文字加以表达，所以这还是现象学。现象学能产生第二个步骤。

第二个步骤就是语言分析学。所谓语言分析是指对人类语言现象的一种反思，对它的逻辑结构和含义进行分析。没有逻辑就掌握不了它的真相，这是一个非常重要的方法。

我将对语言的分析分成三种，一是自然语言分析，二是逻辑分析，三是辩证分析。当时这个语言哲学就是这样的，但我认为基本步调应该采取对语言和自然发生的事件采取逻辑兼照的态度。自然语言分析是一种对语言结构的认识，而它能够帮助我们掌握外面的世界，这里就涉及存在论承诺的问题。所谓存在论承诺，就是说明为什么要有这个存在论，换言之，在说话的时候你到底是相信什么，或者有个什么标志判断你的世界里面有人、有上帝或者有其他事物。假设你只承认有机器，所有事物都是机器，而没有人，人只是机器的一个变形。在这样的存在论承诺之下，你必须把人化成机器了解。所以这个承诺本身是很重要的，因为只有通过这个承诺你才能整合并表现你的世界观。

同样基于这个承诺，你才能进行一种沟通作用，才能进行比较，才能知道你的宇宙究竟是怎样的，这就是逻辑分析的过程。在我的本体学中，这个本与经验的结合，可以体现为多元的体。例如，我们可以拿颜色来说明一个语言体系所代表的世界观，这个语言文化体系可能包括五种颜色，那套体系有七种颜色，有的可能还只有两种颜色。总之，不同的语言体系代表着不同的世界观，而这些世界观实际上是针对同一个本即同一个世界展开的。所以，只有我们在逻辑分析中掌握了这个"本"，大家才能进行沟通，才能看到彼此间"体"的差异。

逻辑分析之后，第三个步骤就是辩证法。所谓辩证法，就是强调语言的变化特性。当语言本身有了一种新的含义，如何来解决随之产生的矛盾呢？不同的观点，不同的表达方式，它们之间有没有关系呢，有没有超越呢，能不能整合呢？我们的认知能力具有一种辩证性，可以分辨事物，也可以把它进行整合。它具有统和的作用，能够把不同的东西归整到一起。

所以我曾经谈到过一个问题，就是我们有时候可以寻求两个不同系统中的最大共同点，也可以找寻不同事物的最小共同体。辩证法在解决矛盾和困难时，其基本目标是统和。但是需要注意的是，辩证法体系应当是开放的，它的过程应当有多种阶段，不能只是三段次，而且它的目标也不能只是呈现矛盾，还要让我们能更深入、更完全地了解事情，所以辩证逻辑、宇宙观也包含在辩证法之中。

在语言分析之后，本体诠释学的下一个阶段就是实用主义，它也是方法论的一部分。我们所谓的实用主义应该分成两个部分：实践与实用。中国哲学同时强调这两个方面，不像美国的实用主义只是强调实用，即客观地使用一个技术，一个工具。也就是说，他们把实用主义这一概念的意义完全理解为一个事物有没有用，能不能落实在经验上面的决定。中国人并不反对这样的用的重要性，但从一个比较宽广的概念来说，这个用更主要地包括指导我怎么去行动。当然，这里我们可以有两个不同的态度，物是讲究实用的，而人要达到理想境界就需要实践，要进行一种自我磨炼，自我修炼的工夫，所以在中国哲学中工夫论的地位很重要。这就是说一个人对世界的认识也包含他对自己的一种修炼，这种修炼能够使你静心，从而达到一种和煦的状态，以认识宇宙和自己，这是对自己的一种提升。从这个角度看，世界与人是一种相互影响的关系，所以主体的实践也可以帮助我们达成对世界和本体的认识，尤其当我们意识到，人是宇宙本体得以实现的中介，这就是中庸说的"赞天地之化育"。人可以通过修养过程，来实现生命更新，来创造一种新的生活境界或者是改善一个环境。

总结来说，所谓本体诠释，是在描述现象、分析语言、辩证思考的基础上，进行一种价值判断，并将其运用于世界和行为上，同时也内在地提升自我，修炼自己的心性，形成一个动态循环的关系。这样的本体诠释学具有包含意义，而且不是简单的包含，是一种动态提升、辩证融合的包含。

漆：成先生对这个问题讲得非常好，非常清晰。下面一个问题还是有关方法论的，就是在中国哲学史中，很多哲学家对重大问题的思考和表达是通过注经的方式来实现的，到近现代以来我们在方法上逐渐有所自觉。我感觉从新儒学角度来说，从第一代新儒家到第二代新儒家，特别是牟宗三先生，他们对方法的问题已经有所意识，但还没有达到很自觉、很微妙的程度。那么，成先生您的本体诠释学，跟已有的中国哲学研究方法，无论传统的注经方法还是现代以来的一些方法相比有什么样的变化？换言之，您的本体诠释学如果放在中国哲学史上来看，相对于中国哲学传统的很多内证的、体验的方法，它有什么新意？

成： 这个问题问得也很好，我过去对这个问题或多或少地也有所涉及，也提出一些看法。本体诠释学当然是一种涵盖中西古今的诠释学方法，因而它对中国哲学的诠释意义重大。同时，它也吸收了中国哲学中最为重要的一些智慧，进而把它变成一种普遍的方法，或者一个具有创造性的宇宙观。

我们刚才已经说了，从方法论上讲，本体诠释学最早是一个观感法，因而本体与观感是密切相关的。我之所以这样讲，是因为诠释学的观法要观天下之大，宇宙之丰，万物之多之繁，生命之荣，这样会产生一种"大观在上"的态度，用《周易》的话来说就是"中正以观天下"。我不但看到天下，而且可以为自己定位。当自身的位置确定之后，我的观就逐渐走向一个中而正的状态，因为在认识宇宙的过程中，我自己一直在中正的位置上，我的真实性是世界的真实性。同时，我的真实性也可以保持我对世界观法、观想、观看是一种正确的认识，所以《周易》的认识论不仅强调要观，还要经过一个感的过程，由感而达到思，再由思进行学。说得细致一点就是观、感、思、学，最后又衍化为《大学》中所说的"博学之、审问之、慎思之、明辨之、笃行之"，一贯而下。我的本体诠释学就是这五者的发挥。

那么，我们究竟该如何理解"观"呢？我认为，从《周易》来看，"观"是描述和界定观察、认知、理解世界万物的一种方法论。这种方法论有以下八个特征：

1. 它倾向于从整体上观察和俯瞰事物，力图观察和俯瞰事物的整体，因此观是一种整体性的观察，是一种注重整体的方法。

2. 它要根据事物运动及变化的主导倾向或潜能，以一种动态的方式来观察和俯瞰事物。这是一种动态和过程性的观察。

3. 把事物置于或者定位于一种相关的或者有意义的关系中观察和俯瞰事物。这是一种与位置有关的或者有机的观察。

4. 由于"时间"是事物最深刻的驱动力并给事物设定了全面的范围和情境，根据事物与时间的特殊关系来观察事物。这是一种暂时的、转化中的观察。

5. 在事物之间或者事物自身冲突与和谐的互动中观察事物，这种互动造成旧事物的灭亡和新事物的产生。这是一种互动的观察。

6. 在与人关于价值创造、文明活动以及其他有益的实践活动的特殊互动中观察事物。这是一种具有评价性和创造力的观察。

7. 观察事物活动，人以及这二者之了解世界的本体宇宙论所做的会通。这是一种本体宇宙论的观察。

8. 把事物置于不同的层次和维度的网状系统中进行观察。

由此我们可以看出，"观"是一个无限丰富的概念，不能把它等同于任何单一的观察活动，因为这种观察是在许多层次上对许多维度的观察，故此，没有任何特殊的观点能够被称为"观"。任何特殊的观点都受到限制和约束，因此只是观点而不是"观"。"观"则不是任何单独的观点，它是所有的观点。因此，我把"观"定义为本体诠释学的思考或本体诠释学。简而言之，也可以称为"普遍的观察"。

观是中国哲学各派的共同方法，儒家、道家与佛教都不例外。孔子说"听其言，观其行"，老子《道德经》就讲"以生观生，以家观家，以天下观天下"，这都是观。佛家所谓"内观于心"，同样要求观法，要求"内观于己"。在佛教那里，观、想两个东西同时进行。观是要看出这个世界的信息，有多少法都是观出来的。所谓"内观于心"，就是要掌握自己的意识，自己的五蕴结构，转识成智也是在观的状态下完成的。观的时候不仅要止观，还要观止，所以《古文观止》就是观到肚子里面了，天下尽纳入其中。悟道是超越，我所提出的本体也具有超越性。当然我有两点是不一样的，其一，你即便超越出去也不能停止观，因为生命是生生不息的。其二，你除了观之外还需要反思，反思以后再进一步地观。你观的时候需要超越到一个更高的境界，以此为目标再来看这个世界，因为天下是生生不息的，所以你的观也是息息不止的。

这种观法可以说与禅宗相通，但是更为深入，即所谓"道可道，非常道；名可名，非常名"。你可以"言语道断"，但是你还是要自然地表达出来，也就是说还要用语言和行为来表达自己。断绝不是为了达到一种空寂的境界，而是要创造一种新的境界，所以语言还要更新。语言的更新也是一个现象，也是人的一个自然表达。我把语言也看成是一个可以发挥的对象，过去一到无言就停止了，实际上无言也可以再言，"言无言"就好像"为无为"一样，是一种言。比如孔子说"天无言"，天无言本身是个言。道可道，非常道，正因为是非常道，所以要去道它。这有个表达的积极性在其中，这个积极性就是理性跟语言的一种自然的要求，是一种文化的发展的保障。所以我觉得本体诠释学具有这样一种对表达意识的重视，伽达默尔也很重视这点，这可能是现代性的要求。

漆：咱们中国人经常提到"闻道"，例如"朝闻道，夕死可矣"。闻就是用耳朵听，从西方来说，海德格尔就非常重视听，包括聆听、倾听，中国其实更重视这个听闻，闻道，要求人们用心灵感悟。成先生刚才谈得很好，在体道这方面中国确实有一些独特的方法，我感觉到咱们本体诠释学既重视这个观、感，同时也是对中国的这些方法都有很多吸收或者提升，我觉得这个确实也是一个很开放的本体诠释学的方法。

成：方法问题是本体诠释学的一大关键点所在。可以说，本体诠释学是在结合中西的诠释传统的基础上提出与发展起来的。中西哲学的差别的一个重要方面就是方法的差别。那么，什么是方法呢？我认为"方法"可分为四个层次。首先是方法的"本体"层次，其次是方法的"原则"层次，再次是方法的"制度"层次，最后则是方法的"运作"层次。任何一套完整的方法，都应包括这四个层次。也就是说，方法必定先从本体的假设开始，再进入原则的界定，然后再找出些基本定理，作具体适当的运用。

因此，什么是方法呢？依我个人的看法，所谓方法就是"理性本体的概念化，应用于特殊目的而能有效运作的客观规范"。基于这种定义，我们可进一步归纳许多方法的特性，诸如方法本身有一本体的假设，方法有外在性、多元性、实用性、目标性、相对性、理论性、结构性、辩证性、实践性、有效性、规范性等。最重要的是我们必须认识到方法本身是有"局限性"的，正因为方法具有局限性，因此人类的思想才有突破的可能，而这种突破正是理性的发展与创造的产物。

在方法的东西方差别中，可以说，中国哲学基本上不重方法，是无定法。我认为，这是由于中国哲学在源头上就重视综合直视、知觉与体验的本体思想，远超于方法思想之上。这是一种纳方法于本体体认的思考方式。与之相反，西方人自古希腊开始就追求理路分明，独立于经验之外或经验之上的实体对象，故视理性方法与规则为达至真理与真实之路。因之，它是一种纳本体于方法认知之中的思考方式。换言之，中式思考是本体境界体验性的，西式思考是方法所指求证性的。两者有很大的差别。

伽达默尔讲体听，这个听其实也是一种内在意识的能力，而这种直观的方法在中国哲学中是很普遍的。在道家那里，通过静坐冥想就可以进入一种理想的状态，然后就能听到天籁。天籁是听到的，不是观察得来的，籁是声音。整个宇宙就相当于这种声音，它是一种动态的变化，而我们会从听的过程中感受到它的存在。对人类而言，视觉跟听觉都是人类生存的一种根本条件，人很早就习惯于以听觉为途径去掌握外面的情况。但我们若只是从听觉出发，没有视觉帮助，是无法真正认识事物的，在黑暗中人们不可能单纯依靠声音来定位。从这个意义上讲，看就要比听更进一步，但听觉也是了解真实世界的重要方式。之所以是闻道，因为道是看不到的，只能通过听去观想，所以我们有闻道、知道、悟道等一系列的说法。可以这样说，我们的认知方法在本体诠释学里面是多重的，也是综合的，闻、观、感都包含于其中。

我们刚才说了，中国哲学多是即本体即方法，从而对于方法的问题较为忽视。其实也不完全是这样，朱子就可以说是一个反例。在有关格物与诚意的《大学》诠释争议中，朱熹强调形上学和认识的重要性，并因此强调了知识的价值。而王阳明则强调对于实体的直接把握的重要性，尤其是对于价值实体如"善"的把握，这就是良知的功能。朱熹是方法论决定本体论，而王阳明则是本体论决定方法论。但我们必须认识到，若要对真实进行更充分的解释，对方法论进行更充分的诠释，则上述两者都是不可或缺的，这两者互为前提和诱因。因此，我们可以称这个从实体或关于实体的理论到对实体的理解和关于理解的方法论及不断往复发展以臻完善的过程叫做"本体诠释学的循环"。

这种旨在实现作为"道"或"太极"的本体的不断进步或创造性发展的"本体诠释学的循环"在《中庸》中得到了明确的阐述。"诚则明""明则诚"，无论其规模有多大，"诚"是由本人所体现的真实，"明"是有能力言说情况或本体是什么。由此可见，"诚"就是对一个本体或实体的把握，而"明"则是使用一种方法以接近实体。这样，我们便看到一个"本体诠释学的循环"是如何在经典儒学中形成的了。当我们回溯朱熹和王阳明的学说时，这一问题就以"理"与"气"的关系问题的形式出现。同样很明显，"理"代表一种认识论和方法论，但它作为世界的根本实体，又具有本体论的地位。同样，"气"最初为一可见的实体，这种实体包含了所有的实体，因而"气"产生了秩序和组织上的范型，这在性质上又是方法论的。这又是本体与方法交错缠绕的典型例子。当然，"理"和"气"之间相互关系的问题复杂而棘手，这个问题提示了本体诠释学的出路，即"理"是我们达到"气"的认识的途径。

漆：成先生刚才从西方与中国这两方面对本体诠释学的方法给我们做了很清晰的阐释，让我们对本体诠释学的方法论有了更加清晰的认识。接下来我们想请您给我们说一下本体诠释学的结构层次，即那个本体知用行的结构。

另外，我们在读您文章和书的时候有一种感觉，就是您的本体诠释学把东西方哲学的很多方法都包括在内，这样是不是意味着您自己赋予了本体诠释学很多方法？而且，这样是否会造成另一个问题，即是否会给人感觉本体诠释学是将今天的哲学方法都包含于其中，以至于它的特点不够鲜明？比如您将现象学的语言分析、辩证法以及实用主义，以及很多中国哲学的方法都包含了进来，这样是不是容易造成我这个方法无所不包，有一种包打天下的感觉？同样，此举还给人一个感觉，即我赋予了本体诠释学各种方法和特点，然后我再用它去解释，这样显得我的方法确实是超越别人。

成：我觉得方法是可简可繁，若要让它在现实的社会中得到应用，我们必须把它复杂化，但这个复杂化是在一个简单基础上的复杂化，而不是随意去包含很多东西，因此这种复杂化是一种发生学意义上的复杂。根据我前面所讲的内容，整个本体诠释学包含的是由现象到语言表达，再到语言分析和概念辩证，进而发展为一种价值的建立和规范的确定，最后达成行为实践。因为人类学基本出发点就是我们要掌握一个原始创造的起点，然后使这个起点能够建立一个既广阔又具有整合性的逻辑结构，这就需要我把这些东西看成是一种自然产生的过程。简单来说，追溯根源就是本体诠释学，而所追求的是一个不断发展的根源。在我看来，你寻找到一个历史根源没什么用，只有找到一种动态的根源才有价值，而这肯定就是宇宙论或本体论，这是我们要肯定的。所谓动态的根源，用中国哲学来说的话就是"太极生两仪，两仪生四象"，所以我们应当认识到根源的现代性、再传性。

另外，我们还要重视体以及现实存在的状态。本体诠释学的特点在于既掌握知识与真理，又掌握价值规范。有些人掌握了知识或者是真理，但排除了价值，这也是错误的。对于本体需要知而行，行而知，但不一定是知行马上合一，所以我们要很重视体的意义。我们要在本的基础上掌握一个整合的体系，这个体系既是一个生命体，又是一个逻辑体。简单说就是因本而生体，因体而还本，因本体而致用，而践行。我的本体诠释学并不是像你说的那样将很多现有的方法包含进来，因为我的学问最主要的特点是重视逻辑结构，我不会随便抓来很多不相干的方法和在一块。当然，因为我可能对中西哲学本身具有开阔的认识，所以显得方法比较多样。我在海外兼教中西哲学，因而和一般的中国专家是不同的，我有着教书四十年的经验和反思，这不是一般人能做得到的。但是这一切最终必然要落实于一个逻辑结构，这还需要经过思考。一个人经验很多，又能善于思考成因，就能化繁为简。我的结构就是《周易》的阴阳之道展开，从太极到两仪，然后到八卦，到六十四卦，然后又紧缩成八卦，最后实现太极。

漆：我记得我在前面曾经提到，现代自然科学的发展已经使其形成了一整套自己的世界观和方法论，在这样的背景下，哲学的方法、有限性和它的能量受到了很大的挑战。那么，成先生您认为哲学在现代的自然科学非常昌盛的情况下，怎么样有自己的地盘或发挥自己应有的作用？另外，您怎么考虑本体诠释学对于科学和哲学或者知识和价值的关系？因为根据我自己的理解，成先生的本体诠释学就是在这样一个自然科学占据主导话语的情况下，探索人文世界的建立以及将知识和价值有效地整合的途径。我感觉成先生这种方法对科学、哲学的一些基础问题也会有所启发，但是可能更大的价值还在人文领域，即说明人怎么成为人，人创造自己的价值和意义，包括中西方文化之间的交流。

成：这本来就是我早期最重视的问题，也就是说知识的目标是为了建立一种价值观。相应的，价值的实现又必须以知识作为基础。我在我的博士论文中就指出这个问题，因为是我最早提出知识与价值的互为基础、相互应用这样一种观点。过去人们常说，西方文化是以知识为主，而中国的传统文化是以道德价值为本，这种表述使得这两者似乎成了一种对立的关系，实际上这两者并不是隔绝和对立的。从本体诠释学的角度特别是体用关系的角度看，我们就需要追问，由"用"而生的知识，它的"体"在什么地方，或者说知识有没有体。比如现代西方科学能发展，是因为有一个体在支撑它，这就是追求外在世界，或者基于对上帝这种超越世界之规律的信仰。这个体使得科学获得了基础，产生了信仰。在体的层面中，西方人偏向于面对环境而进行斗争，所以产生了现代科学和具有超越性的宗教信仰。中国人在东方的生态环境之中产生的则是一种包容的态度，一种重视群体伦理生活的倾向。在西方，知识是一种征服的工具或掌握权力的工具，在中国则是把知识看成是维持生命的途径，所以中国的农业知识非常发达。

进一步，生命的发展就产生了人。人是有价值的，并且人的群体聚集最终形成的是社会，因此人们需要在道德层面成就自身，以实现社会与人之间的平衡状态。这里就涉及知识与价值的关系问题，即我们不应该只关注所谓的工具性知识，例如，我们平时既不要开刀也不要打仗，所以最好将兵器收藏起来，不要轻易使用，就像老子所说，"兵者，不祥之物"。知识与价值的关系在当今世界更为重要，因为我们现在已经进入现代世界了，在现代世界，知识的工具性越发凸显，因为人们借助于这种工具性的知识得到了诸多福利，这也是事实。在现代社会，人们发明了汽车、飞机，有了电脑和互联网，这使得我们的交通和通信都变得更为便捷，这显然是件好事。但不可否认的是，我们在发现了知识的同时却忘记了价值，忘记我们创造工具的最原始动机是什么，最终目标又是什么。所以我提出本体诠释学的目的在于唤醒人们重视本源的意识，明白我们的生命有一个根本，这个根本是不能忘记的，它是使这个生命不断发展下去的动力。本体诠释学同时还能培养人们的整体意识和包容意识，所谓整体意识是说人们不能因为知识的工具化而产生工具迷信，从而否定价值，破坏了人生的完整性。所谓包容意识是指我们不能因为自己赞成某些价值就把它奉为至尊，并否定其他价值信仰或者试图主宰他人的信仰，抑或利用信仰价值宰制他人或控制知识。

漆：刚才成先生对本体做了一个新的阐释：所谓本是不能忘本，因为人的存在需要根本、根源；体是注重一体性、整体性，这样才能使得生命具有完整性，我觉得这又是一个新意。按照成先生的理解，知识和价值都是为人所用的，都是从人本身中生发出来的。这一点颇为契合中国传统文化的精髓，例如儒家的仁智并举，佛家的悲智双用，道家的自知之明，都是强调知识与价值不分的状态，也都是有本有体的思考，这一点与西方知识与价值相分化并二元对立的结构正相反对。从这个意义上说，成先生本体诠释学既是在中西比较中形成的、会通的，同时又具有自己的特色。

三　易学本体论与易学诠释

漆：成先生，昨天您针对本体诠释学给我们做了一个很好的阐述，介绍了您提出本体诠释学的缘由和您的本体诠释学的核心思想及创新点，以及本体诠释学跟国外的现象学、语言分析方法、辩证法、实用主义的关系。非常感谢您！今天的讨论主要围绕您对《周易》的本体诠释与重建中国哲学的关系而展开，并且我们也想听一下您对儒学和新儒学包括您提出的新新儒学发展阶段的看法，特别是您的观点与新儒家的一些代表人物，例如杜维明、刘述先等，有什么不同，您个人的特点是什么，因为这都涉及中国当代哲学的重建。另外，我们还想请您介绍一下整个西方学术界特别是美国哲学界，以及中国台湾地区的中国哲学的研究现状。最后，我们还想请您立足于前面的分析，对一百年来中国哲学现代重建过程的得失做一反思与评价，并请您展望一下今后中国哲学发展的趋势和重建的方向。以上就是我今天访谈的一个大致的主题。

成：首先我要讲一讲本体诠释学为什么要回归易学，这是一个问题。第二个问题就是中国哲学重建的问题，特别是中国哲学的重建跟本体诠释学以及易学有什么关系。第三个问题则是问我跟第一代、第二代及第三代新儒家有什么不同，并且评价一下中国哲学在美国和中国台湾的发展情况。最后是回顾一下中国哲学重建的百年历程，并做一评价。

漆：成先生，您的本体诠释学提出之后在海内外影响非常大，有关本体诠释学的书已经编到第六辑，您的很多专著和论文对国内学术界也产生重要影响。甚至可以说，有一场本体诠释学运动都不为过。那么您对本体诠释学的研究为什么要回到中国的易经哲学之中，这两者是怎样的关系呢？

成：本体的概念有一个重要内容就是所谓的"根源意识"，张岱年先生也强调这一点。任何事情发生都有一个根源，这个根源作为一个哲学的本的概念来说，不只是一个历史的东西。它不仅是一个时间概念，同时还是一个基础概念，是一个持续不断创发的概念。王夫之就曾说"心日升，命日降"，就是人之为人的那个本性，是处于不断创发的过程之中，每一分钟都在发生，这样才能支撑人的生命的持存。包括你的使命与责任，也是每时每刻都处于创发，而这就是人的根本。这个本具有历史意义和当下的生命基础意义，所以它是一个持续发生的力量，这一点是很重要的。所谓本体的持续创发，是指一方面它建立了一个整体的人性，另一方面它也为文化的活动提供了一个持续不断的创建动力。当然历史在这个过程中也很重要，因为当下有持续性，而这个持续性是从古代延伸而来的，因此它既涵盖过去，又指向未来。

以上是关于本体的时间性的一个重要认识，就是本体是一个持存的过程，它有现在的状态，同时还指向未来。所以，我们若要掌握本体，就必须同时掌握它的历史性、现代性和未来性这三个面向。当我们以此为基础来解读中国文化时，就会发现中国文化有两个面向，一个是纵贯的，一个是横摄的。我们一般讲中国文化好像都是从纵贯的角度讲，就是讲五千年的中国文化。但这五千年中国文化到底是指什么东西，其实不是很清楚，所以我们往往会再把它浓缩为五千年文化的精华。那么这个精华又怎么表达，其中有一个表达方式，就是认为存在于传统文化，存在于历史之中。从孔子孟子开始我们就有了这个表达。孔子经常称赞尧舜，《论语》里面有一个《尧曰篇》，孔子一向是将尧舜视作圣王之典型的。但是，我认为不应该把儒家看成只是向往过去，儒家同样还有一种前瞻性。儒家主张对于过去的典型，我们就应当心向往之，还应该继续发展这个典型。但是，我发展这个典型不是为了回到过去，而是要立足现在，在未来去发展。所以我觉得孔子说夏礼、殷礼和周礼他都熟悉，这还是从根本讲，因为礼就是文化，就是制度，就是本体。但孔子又强调礼需要损益，"郁郁乎文哉，吾从周"，说明他还是推崇晚近的东西，这里显然就包含着发展的概念，显然孔子不是一个简单的复古主义者。后来孟子也讲了尧舜禹汤，这已经开始慢慢形成后世的道统概念了。也就是说，中国五千年文化，一直有一个动力在那个地方推动它不断地发展，这是很重要的，这就是体。体既具有容积，也具有时间的段落在里面，所以本要形成体，我们就不能忽视已经有的成就，而要借助这个成就的力量在当下发生作用，这就是伽达默尔提出所谓的"有效历史"。也就是说，历史实际上是透过已经存在的事物不断对我们发生作用。我还进一步指出，除了历史之外，支撑历史的生命力量也在持续地发挥作用。历史的发展靠的是宇宙生命的动力或者太极的动力，而这个动力通过历史对我们发挥作用。

另外，我们需要注意的是，有效历史的内容里面有好有坏，究竟为善还是为恶在于我们的选择。为善我们可能比较好理解，这里就讲讲为恶，例如商纣知道夏代桀的存在，就模仿了他的行为。秦始皇盖了一个阿房宫，结果隋炀帝也去模仿，因为秦始皇盖阿房宫的行为，以及他要享尽天下的美食美女的思想影响了隋炀帝。所以历史可以提供一个正面的影响，也会提供一个反面的影响，这是毫无疑问的。要让有效历史发挥作用，就必须突破这种历史上的范式。在我看来，这里还有一种原始的力量，随时都发生力量，这就是当下的本，生命的本。我们的生命不仅靠历史，还要靠这种本体的原始力量。这种力量不但使历史发挥作用，也使我们自己本身有一种动力。

漆： 为什么成先生的本体诠释学要回到《周易》呢？

成： 因为《周易》就是中国文化的开始，中国文化的本。任何一个文化在历史上都有一个自觉的文化价值起点，这也就是雅斯贝尔斯所说的公元前8世纪到5世纪是所谓人类文化形成的"轴心时代"。他认为是这样，这是一个历史观察，别人没看到。但他也并不一定完全了解中国，他知道孔子，也知道儒家与道家，但不知道中国除了孔孟之外还有周公，也就是说我们在周代已经有了较为完善的典章文明。他对古希腊更熟悉一点，在他看来，古希腊文明最早的历史还不能仅仅追溯到荷马，因为至少梭罗的立法意义重大，它奠定了古希腊文明的基础。在此之后是古希腊的自然哲学家，他们分布在整个古希腊地区，同样是古希腊文化的果实。自然哲学家之后才是我们熟知的苏格拉底，他的文化意识与文化价值已经超越了时间，对后来人产生了深远的影响和启发。同样，印度文化在轴心时代也有诸如《奥义书》这样的经典，以及一些史诗的故事。公元前5世纪也是以色列的先知时代，这时它也有很光明的一面，但同样在那个时候也许就已经有祭司开始写《旧约》之类的东西了，换言之，此时已经产生了宗教教义。纵观世界各主要文明，我们可以说它们基本都在公元前五六世纪产生了一种文化和价值的自觉，这些内容就对后人起到了明显的示范作用。

今天我们讲文化的根本，这个本从它的内涵来讲，从由本而形成体的过程上讲当然要包含这些范式，当然要包含各民族的文化自觉的过程。那么为什么在六经里面我特别重视《易》呢？我觉得对此我们首先应该做一个历时性的考察，考察一下"六经"发展和演化的历史。

首先要说明的是,"六经"中当然要包括《乐经》,然而大家知道,《乐经》很早就散佚了,因而有人认为《乐经》就是《礼记》中《乐记》。对此我们暂且不论,然而有一点可以确定,由于《乐经》的遗失,它的地位就下降了,所以自汉代起我们一般只讲"五经"。

从汉代开始,五经之本便是《易》,换句话说,《易》为五经之首。但是其实《易经》的哲学内涵在此时并未得到彰显,它只是视作一部卜筮之书。五经到了汉代已经受到官方的重视,已经设立了五经博士,这没有问题。但《易》为什么会受到重视,这一点并没有受到很好的解释。在我看来,这可能与两方面的情况有关。一方面是因为在汉代,尤其在西汉时期很重视天地变化,例如太史公在《史记》中就讲天地阴阳大化,而"易以道阴阳",《周易》是用来解释阴阳变化以定天下之序的,所以很重要。

这里多说一句,太史公之父司马谈虽然写了《论六家要旨》,介绍了六家的思想的特点,但并没有排出一个序列。他只是说了儒墨名法道阴阳各家各自是做什么的,只是说明了六家的重要性,但没有分一个高下出来。

另一方面可能与六经各自的成书经过有关,即除了《易》之外,其他的经典都有今古文之争。例如,《尚书》被人们视作是具有强大的道德意义的经典,而《尚书》的今古文之争是最典型的。古文《尚书》在东汉实行过一阵,后来由于在宋代的时候遭到质疑,所以55篇的古文《尚书》的可信度就丧失了。其实这是错误的,我认为其中很多内容都是有价值的。例如《尧书》中说一个君主应该首先做到"九族即亲",进而实现"平安百姓",百姓平安之后才能"谐和万邦",这表现了一种很高的政治理想。须知,古文《尚书》是东汉时期在孔子旧宅里发现,所以它可以说代表了儒家对古代政治的一种构想,所以《尚书》的重要性是毋庸置疑的,它具有一种规范性和一种政治上的意义。从成书年代上看,最早就是《尚书》,其中包含着对尧舜禹的记述。《尧典》和《舜典》虽然被认为是人造的,但《大禹谟》很多人还认为是需要的,还有《昭告》也是很有价值。

另外,一部重要经典就是《春秋》,孔子晚年重新编纂《春秋》,把从鲁隐公到鲁哀公的鲁国历史重新做了梳理,这个具有道德和政治意义。还有就是《诗经》。《诗经》中的《大雅》、《小雅》和《国风》所记述的都是周代的事情，但《颂》前面有商的历史，这个历史也是很早的。

"五经"中的礼指的是《仪礼》，后来又增加了两个部分：一个是《周礼》，这个是古文经，就是政府的官职设置；另一个是《礼记》，是对于礼的含义的解说。由于夏礼与殷礼都未能完整地传承下来，所以保留下来的是周代的礼仪制度。

《礼》、《诗》、《书》、《春秋》这些典籍可能都有今文古文之争，只有《易》，因为秦始皇认为它具有普世性，没有烧掉，所以不会发生今古文之争。故而它应该是很古老的，而且是很可信的。从现在出土的文献看，《周易》应该是在周文王时期就已经存在了。易有所谓的"三易"，也就是夏易、商易与周易，这一点现在已经得到了我们的考古发现和出土文物的证实。在三易中，夏易以艮卦为首篇，我认为这可能是由于夏民族比较接近北方，靠近高原地区，而艮为山，故以艮为首。商易以坤为主，就是靠近水边的平地，所以殷人可能来自东边的地区。只有周易是以乾为主，周人是从东往西走，主要是这个乾代表天，所以他认为一统天下就彰显了天道。而且从历史来看，八卦很早就已经有了，后来逐步就形成了《周易》，它背后不但有一个文化的背景，而且是由历史进化发展而来的。

接下来我们要谈一下易的概念。首先，我要指出，《易经》到底是什么东西呢？我认为《易经》是作为一种符号系统而产生的，意在综合观察基础上指示和表明世界之本体。这一符号系统被用来占卜未来，以求行动的正确和有利。《易》之符号系统完全不是为理性认识而建立，而是为实践和行动的缘故对世界本体和生命世界的理解。在此意义上，在《易经》的形成过程中，我们发现在理论和行动之间，理解和实践之间有一种充满道德力量的有机和谐。这就是为什么植根于《易经》符号中的宇宙观易于用来解释占卜结果的原因。

其次，刚才我们是从历史的角度回顾了《周易》的发展过程，现在我们还应该考虑一下，《周易》，特别是其中《易经》的部分，它的这套体系是如何逐步生成的？在我看来，《易经》的形成包含五个发展阶段，即观察→符号化→系统化→占卜→诠释。而对这五个阶段实际上可以根据《易经》或其注释中的某些核心概念作出描述和解释。

1. 观察在此意味着"综合观察"或"观"。这是一个关键概念，我们可以使用这个概念而根据该卦和《易传》中的《系辞》来确认《易》

符号系统形成的基础。

2. 符号化是想象的过程，根据该过程，自然事件和自然事物的"象"得以形成。八卦和六十四卦都是"象"或符号，形象地或指示地代表自然或生命中的真实情境。尽管《易经》没有使用"想"这个字，卦符的使用是一种象征性想象行为，并且是形象性与指示性的说明。

3.《易》符号与其符名，卦和爻的系统化使《易经》形成一个文本和一个有序的卦的系统。

4. 占卦是指中国人运用蓍草来预测吉凶和根据在龟甲上或牛的肩胛骨上打孔灼烧的裂纹来预测吉凶，以及从这种活动进行的口头预测。

5. 这里的诠释意指《易经》中两个基本的概念，即"命"和"解"。"命"被用来表示一种信念、一种观点、一种惩罚和一种政策，以及关于吉凶的道德暗示。但当我们面对一种卦符的时候，我们希望找到一种"解"，它可以让我们在理解这个卦的基础上传达和阐明一个决定或行动。只有此时，这种行动才会带来一种处在具体情境中的困惑的"解"。

再次，我们来解释一下易为什么能道阴阳，道阴阳的目标是做什么？从占卜的角度来讲，其目的是一方面要知道自己现在的处境，另一方面则是要知道未来的发展。易有这个功能，所以易是统治者必须知道的东西，而且必须由专人负责，这就是所谓的巫、祀之人。这意味着，国家大事一定要通过一个管理过程。《洪范》讲君主要参与国家大事，什么是国家大事？诸如要不要改龙时，立法，以及秋绝要杀什么人，还有祭祀和联姻等。这些都是很重要的事情，因为它涉及战争与和平和人长远生活的问题。从这个角度看，易的作用太大了，它比我们现在的科学知识作用还要大，这就是我们的一个作用点。易很早就有，从夏代就有。这里面不只有启示的过程，还包括决策、预测的重要的方法或者依据，这些都彰显了它的重要性。要达到一个决策和预测的目标，最主要一个就是要了解和掌握现在的情况，这背后有一个对世界的认识的问题。这一点是过去人没有掌握的，一直到易学发展才把握这一点。

最后，我们来考察一下《周易》在成形以后的逐步发展过程。易学发展到两汉讲象数，通过象数来掌握发展趋势。象数是什么呢？它也是宇宙现象的一种内在结构，通过一种象跟数的分析来了解一个事物、一个事情发生的因果关系。象数很复杂，可能也并没有那么好，因为象数到了东汉阻碍性太强了。由于易学在东汉变成了象数易学，进而发展成为谶纬之术，这促使了王弼的易学的产生，其目的是要回到怎么认识宇宙本身这个问题上。事实上王弼是有根据的，这个根据就涉及怎么去了解《易经》的组成方式或这个书存在的理由或基础。《易经》是什么时候有的？到目前来说，从太史公开始到现在一直没有人怀疑，易就是从周代开始的，六十四卦在春秋时代也开始用了。任何一个文明都是既有物质文明方面，也有精神文明方面，而物质文明来自精神文明，后者就代表了易的意义。

立足于这点，后来孔子和他的弟子把《周易》加以重新诠释，成为《易传》。当然，《易传》是非常重要的，因为通过《易传》，《易经》这本占卜之书就得到了诠释，其哲学意义就开显出来。占卜离不开诠释，而诠释首先需要找到卦象，然后再加以诠释。诠释是有根据的，不是随便说的，它需要讲出天地阴阳的道理。阴阳是一个宇宙论的概念，因为一阴一阳之谓道，这是孔子思考的一个重点。对于《易经》，其他人做占筮，孔子说我需要观其德义，我要寻找占卜背后的道德意义和宇宙意义。根据这个说法，有人把现在的《易经》看作是直到西汉才成立，我不赞成这个说法。可能《周易》以著作形态出现的完整版本的确始于汉代，但它作为一个符号，一个原始的典籍，就是六十四卦排列出来的那个经文，以及一种基本的说明与诠释的内容，我认为是从孔子开始的，这是一个持续发展的过程。

孔子的易学通过子张、子夏、子思等人传到汉代，逐渐衍化为梁氏易、何氏易等，这都可以查出来，都有一个线索。因为易是要有线索的，要有人教他怎么做，这个就是《易传》形成。我认为最早的《易传》是七个传，因为有三个传分成两部分，所以最后变成十个部分，它是一个逐渐丰富化的文本。《易传》的起源最早我认为可以追溯到孔子晚年回到鲁国讲学的成果，这些内容他让弟子们记录下来。

通过我上面的分析，我觉得我们要看到易学的重要性在什么地方，就是它代表了中国先民的一种宇宙认识，即人在宇宙中的地位和他的功能的认识，以及如何对这个认识加以发挥，来产生一种文化影响。在现实中，当人们谈到坐船、坐车、定礼制这些行为时，实际上都跟易学有关系，这一过程实际上逐渐开展出了易学背后的宇宙观。这个宇宙观被《易传》逐渐实现以后，易学地位大大提高。自此，易学不仅是占卜之说，还是一个具有能让人们达到了解天地、认识宇宙的基本思想方法，这就是易学让大家特别关注的一个重要原因。从这个原因来说，易学是最根本的、最广大的本源，所以《礼记》里面说学易之人能"絜静精微"，就是指易能掌握天下大义，掌握所有的变化，包括历史的演化过程也要靠易来解释。所以它代表中国最早的文化意识和最根本的宇宙意识，是一个终极的价值观念。

汉代所凸显的实际上是易学的政治意识，但其宇宙意识已经开始出现，后来经过王弼的改造，易学的宇宙意识就得到了强化。王弼对于周易实践性的理解不只是占卜，而是更关注如何去修身。王弼可以说是兼综儒道的人物，因此通过他我们就可以看出，事实上儒家跟道家对易学都十分重视，因为易学的内涵包含甚广。从易学的角度看，宇宙是一个道的展开，它的原始点就是太极，太极背后甚至还有无极，展开的方式是一阴一阳之谓道，这种方式里面，从现在的卦名里面就能够看到，例如否极泰来。我们所说的"观而感，感而观"，也在易经中有所体现。这是一种会通，把中国整个认知规范与行为规范，以及价值观全部包括进去了。所谓易是"群经之首"，意思就是说它是群经的基础，它提供了群经的发展前提和我们了解群经的基础。因为只有了解易之后才能更好地理解其他五部经典。易在古代颇受重视，事实上，一直到宋，没有人不讲易。

大家知道，宋学发展的动因是由于五代之后天下大乱，社会的价值规范解体。那么，从学术史的角度讲，宋学兴起的标志是什么呢？就是宋初始重新研习《周易》和《春秋》，例如司马光所重视的就是《中庸》、《春秋》和《周易》，二程同样如此，这是一种很高的意识状态。所以，我认为从历史来看，易学是逐渐被认为有道德意义和宇宙意义。

但后来易学衰微了，而且我认为可能就是因为易学的衰微，所以人们只顾及当前的利益或当前的发展，从而丧失了根本，进而把整个的"体"也失掉了。明代就是如此。朱元璋非常独裁，完全是一个专制的统治者，没有把易看成国家发展兴衰的认知的基础。当时刘基本来是元朝的官，因为他在温州一带有势力，他是懂得易的，所以当他跟朱元璋交往之后，朱元璋请他出山。但朱元璋纯属利用他，最后因为有别的大臣的辅佐，朱元璋就不依赖他，他就退休了。后来就流传说因为刘伯温懂得易，懂得天下的兴亡，所以可能朱元璋不放心他，最后就把他害死了。我认为明代易学最高成就是赖思德，他花了一辈子，把易学搞成了玄学，而且也包含了很多象数内容在其中。

到了清代除了王夫之之外，基本上很少有人讲易。他从《周易》来看到历史的兴衰,甚至于通过反思认识到时人需要忍受历史的变化,以待来时。因而他把易看得很重,而且继承了孔子以来或者朱熹对于易的正确理解,就是把易看成是天下大事的基本认识标准的传统。也就是说,易对本源有很大影响,易随时在变化,而变化又有它的历史性,所以我们应该在变化的原始点上发挥作用。从这个意义上讲,了解易的根源性力量是很重要的,因为易本身是一种变化之力,那么对易的了解也就是对变化之道的了解。

中国的历史在清代整体是一个衰亡的过程,甚至到了鸦片战争时期,中国对天下的变化完全是隔绝的,清代的政策等于是封闭了整个中国的信息交流。而易则是一个开放的系统,它有助于我们对外面的世界的了解。由于清朝忽视了易,所以它不了解外面的世界是什么,是封闭窒息的。因此到了鸦片战争之时,别人都打到门口了,而我们对于敌人还一无所知,那你怎么去应付呢?这是很荒唐的事情。而且到晚清之时,西方从1600年到1842年已经是240多年的科学发展和启蒙时代的发展,而明代那时候传教士也来到过中国,中国也对西方有所了解。可是,晚清从统治者到百姓却对西方毫不知情。这是非常不平衡的发展,从历史来看这是非常不可置信的状态。所以我今天提倡回到易学,就是要回到它的本体用,因为易学重视信息、重视变化,这说明它具有一个开放的态度和心灵。易有所谓的"三易"之说,它是变与不变的结合。易首先当然代表变化,但它也代表变化中一些不变的基本道理,代表一种我们可以掌握的标准跟价值。这样变与不变的结合目的在于与外界的交往,最终追求整体的和谐,这就是我对易学的解释。也就是说,我对易学和它的重要性的反思包含以下几个方面:它的展开过程,它的应用性,对它的本体性的分析,以及我们现在重新认识易学的现代意义。因此,你说我们能不回到易学吗?回到易学也是为了彰显易学,这同样彰显了我们对宇宙的认识,彰显知识与价值的重要性,更彰显了跟上时代与发展未来的重要性。

漆:刚才成先生分析了《周易》在哲学上的重要性和根基作用,并给我们阐明了《周易》对我们中国文化的意义及它在中国哲学史上的地位。我现在想问的就是周易的包罗万象是否也会让人们无法正确理解,而这是不是也是导致中国人停滞不前的一个原因?

成:是的。我觉得这两者是有关系的,如果我们对易的掌握不是很正确,比如把易只当成占卜,这就变成一种很有依赖性思想,进而就迷信了。还有些人对于周易的理解趋向于媚世从俗，也会造成严重的误解，是这样的。所以我们要破除迷信和媚俗，这样才能够促使儒学和道学重新发展。

漆：还是要跟现代科学结合起来，否则极容易走向玄学。

成：它是一个系统。

漆：易的信息量太大了，好像什么东西都能从它里面找到源头，找到信息源，这是好事。但另一方面也让人感觉到有点太神奇了，最起码像我这样的年龄，我们看西方的东西没有发现类似的内容。

成：易学的确是包罗万象的，但你始终要注意的是，易学从根本上说是一个哲学体系，而不能把它看成是一个科学体系，也不能看成是已经完成的体系。它是一个哲学，是一套活的思维，所以我讲把易学转化为本体诠释学。当你把你当做本体诠释学的时候，你是回到本跟体的基本概念去诠释事物，这样是万变不离其宗。

比方说，我们应当怎么看待《易传》或所谓的"十翼"呢？它与《易经》的关系是怎样的呢？在我看来，"十翼"是根据《易》的经文——也不排除根据对本体的前理解和对具体情境的现实的概念性规定——对"卦"所表示的情境的一般性诠释。我们可以看到"十翼"作为对《易经》的一般性诠释，是由孔子发起的，并通过其弟子的普遍而全面的讨论之后产生的。而且，我们可以认为孔子领导并激发他的弟子们对《易经》进行全面讨论，并且对《易》的经文取得了一种普遍的理解和诠释，而"十翼"正是这种讨论和探索的结果。我认为"十翼"大约产生于同一时期，并且是从不同但又相关的角度来探索《易经》的不同方面。它们的不同是话题的关注点有所区别，但需要注意的是，它们都不仅源于孔子的言论，而且也是经历长期的"观"所形成的对变化的同一本体宇宙论的理解阐述。

正是在这一意义上，我认为《彖传》意在阐明本体宇宙论起源（或宇宙生成论）；《象传》意在根据对一情境的理解得出关于人的培养的道德教训；《文言》是根据一种文化和道德价值观的形而上学通过乾坤两卦而得出的道德与文化暗示；《说卦》是对卦的起源和它们的形而上学意义进行分类的理性努力，而且探究六十卦之前的形而上学背景或八卦的本体宇宙论，以及通过取象的方式如何实用。《序卦》是一篇集中关注前后一贯的六十四卦序列的意义和原因的论文。《杂卦》是一篇关注错综之卦的相反意义的论文,其中"错""综"可以帮助我们理解卦产生的顺序。《系辞》则是努力揭示对"易"与其在文化创造和道德修养上运用的本体宇宙生成论和本体宇宙论的综合理解。这些就是儒家所做的诠释工作,也就是《易传》中的基本模式的多维理解的形成。

我们可以把"十翼"的产生看作是通过一种按照基本模式的创造性方式(而且是一种反思性的和整合性的方式,超越占卜而又包含占卜的方式)诠释《易经》的成果。要实现这种诠释,我们须采取两种不同的"观"即观察模式:其一,一个人需要看到"十翼"的产生是紧随关于《易经》的创造性诠释的基本模式之后。正是通过《易》的文本,"十翼"的作者才得以理解《易》的经文。因此,"十翼"是创造性的诠释,也是本体诠释学的诠释。其二,显然,"十翼"的产生是另一种《易》的文本的产生,其最终融合进原始的《易》的文本中,并且融合进儒家经典的整个文本中。正是在这一新的《易》的综合性文本的基础之上,后来的创造性和本体诠释方可进行。

漆:因此易提供了最基础的价值观和方法论,而我们的主要工作是把人们从对《易经》的迷失和封锁状态当中解脱出来,要正本清源,回到根本,才能使它变成源头活水。

成:我说过,《易经》是中国文化的源头活水,要你展开一个开阔的胸襟来认识世界,所以我叫观,观就是学习经验,学习世界,你要思,你要感官,你要感受。

我们就是需要回到易学,因为它能够促使本体的发展和思想水平的进步。西方人就看到了这一点,《易经》实际上可以说在很大程度上启发了西方人的思想。他怎么用呢?他不是通过占卜,他用这个思想。西方人考虑到,既然易学的符号具有普遍性,那我能不能建立一套文字符号系统,将所有的东西都可以表达在里面呢?所以他们提倡一个普遍语言的概念,普遍逻辑的概念。这些内容、这些思考为什么中国人就没有呢?为什么没有出现在中国人的思想中呢?中国人也可以并应该这样想。

不仅如此,西方人还认为《周易》中具有相互说明的、相互推演的作用,所以他把易的关系视作一种推演关系。他把象数看成是一种数学的关系,而不仅是单纯限制在象里面,因而产生计算的思路。这个计算的思路跟语言符号结合之后,再简化为数学的二进制,就构成了我们现在所使用的计算机的理论基础。从易学的体系来讲,就是说整个世界是一个开放的体系，其中既有看得见的东西，也有看不见的内容，显隐之物相互影响，相互沟通，从而产生了一种积累和包含。从计算机到互联网，应该说把易学的基本概念落实了。而从现在科学的角度，物理学通过对宇宙原始点的研究发现，这个宇宙里面有所谓的阴阳交换。那么交换的规则是什么？这值得我们去探讨。所以易学应该启发我们对于知识的追求，引导我们产生一种对经验的重新认识，这对科学知识的发展有启发性。

在人的价值上面，易学强调的是一种人和天地与时俱进的关系，这一点在今天尤其有意义。西方的科学在物质科学上有开阔的了解，但是在行为科学上却把人跟自然对立起来，因而造成了严重的环境污染，而《周易》则强调人和环境的和谐相处。因此受《周易》的启发，我们是不是能够产生新的环境科学呢？是不是应当有人与环境的和谐关系呢？所以，我觉得《周易》与生命科学、生态科学、物理学、宇宙科学这些学科都有着非常密切的关系，这正是传统中国文化所欠缺的。中国人的弊病就是太重视人事的发展，而在人事方面又太重视社会的形成状态的满足，这就容易故步自封，而丧失发展变异的能力。而实际上你能真正脱离这个变异的事实吗？显然是不可以的。所以这就容易造成自身的落后。清朝不知道宇宙是变异的，生活是变异的，所以它就容易走向保守，甚至与外面隔绝，消息不通。

漆：清朝之所以阻止人民和国外交流，是为了防止汉民族的民族意识的觉醒和产生。事实上孙中山也是到海外才产生了民族意识，最后才导致了革命。

成：易学强调一种公心，就是天下为公的信念，这种大同思想、为公思想是建立在沟通的基础之上的。因此，当一个人产生了私心，就会切断与外界的沟通。清代就是如此，它的政策是植根于一种民族的私利，从而阻断了汉民族新的发展。所以我把易学看成是一个革新、开放、充实、发扬光辉的力量。在哲学上讲，这是一种追求本体的、重本的创造性力量。易学重视整体的衡通和对世界的认识，而我们通过易学的诠释学才能真正地回到易学，回到人对易学的正确认识之中。

四　易学与中国哲学的发展历程

漆：成先生刚才通过易学的分析对中国文化、中国哲学的重要性做了一个很好的揭示，揭示了它的根源性、根基作用。下面我们进入下一个问题，探讨一下易对中国文化、中国哲学发展过程的重要作用。按照我的理解，易学是汇集了中华民族先民丰富的历史和宇宙意识，以及他的生活方式和思维方式。成先生刚才提到《易经》是中国人的宇宙观和宇宙图式，也包含着中国人的思维观念、价值意识和政治信仰。可以说，这里蕴藏着中华先民数千年的历史经验的汇集，是中华文化汇集地。打个比方，易学是中国文化的一个水闸，从这里放出了中国的诸子百家的思想，特别是儒道两家，受易学的影响尤其大。由于后来中国文化的基本结构是以儒家为主干的综合性体系，那么，我就想请成先生立足于易学以及您的本体诠释学，对儒学的发展线索，就是先秦的儒学，到宋明理学，再到民国的新儒学的学术脉络给我们做一番梳理和分析。

成：我有一篇文章发表在山东大学的《文史哲》杂志上，在此之中我提出了儒学的"五阶段说"，这篇文章提出主要是针对所谓三个阶段说，就是说儒学有三个主要的发展阶段：先秦儒学是第一个发展阶段，宋明儒学是第二阶段，现在由于西学东渐，儒学需要再次复兴，这是第三阶段。这个理论后来成为大家了解儒学的一个基本模式，但我认为从历史的发展和儒学的变革经历来看，"三阶段说"对儒学发展的描述仍不够精细。也不能彰显它发展的动力，因此我提出"五阶段说"。

具体说来，我认为，首先儒学早先引自《周易》这一个源头活水，它建立起人和天地的关系，并在天地的基础上了解人。孔子就曾说过"天生德于予"，所以他继承了天生的精神。天一定要促使万物生、事事行，这样才会有发展，而人要继承这种精神，将其转化为道德的力量和个人的修养。孔子特别注重修养，所以他才提出"克己复礼为仁"。仁的精神蕴藏在克己复礼的道德实践之中，而一个人若掌握了仁的精神，就会以天下为己任，从而力图使自身成就"己欲立而立人，己欲达而达人，己所不欲勿施于人"的道德典范。

古典儒家的精神在于以全民个人道德修持来促使个人自我实现、进行社会改造，最终达成民本政治的建立。也就是说，儒家最后的目的在于人性的完成与仁爱社群的实现。这一切都以"仁"作为起点与标准。仁既能克制自我，予己以成长的机遇，予人以活动的空间，又能扩展自我以包容他人，从而待人如己，己所不欲，勿施于人。因此，仁之自觉既为自我的认同提供一个本体的层面，又为道德价值或行为规范提供了一个确认是非善恶的最根本的意念与信仰，是人性之为人性、人之为人的根基所在。

先秦儒家还没有特别突显宇宙论的意义，而第二期儒家是把宇宙论提升了上去，但这一点在第一期中也已经有了开端，孔子后期的《易传》就是宇宙论的基础。宇宙论是说天地人不是对立的，而是瑞和的，因此我们人类的发展不能违反天道和地道。我们只有因时因地利用资源，因地制宜，因时制宜，只有顺应天时地利，才能更好地生存与发展。由于天地人三者是一体的，因而人类不违背天地之道，实际上就是服从我们自己。孟子说"天时不如地利，地利不如人和"，这一思想到汉代就变成董仲舒的阴阳五行感应说，这就有点僵化了。易学是拒绝僵化的，它强调天地任何事情和人都有关系，天地人之间可以互相影响，因此你对自然的行为要考虑到相应的后果。近代以来，几代人积累下的工业化产生的能量已经造成了臭氧层的严重破坏和冰山解体的现象，这些都是人类影响自然的表现，同样人类也开始受到自然的报复。人是宇宙的一部分，部分影响整体，整体也影响部分，这也是一种本体循环，所以汉代儒学一个非常重要的贡献就是彰显了天人之间的关系。我们现在要讲新儒学的话，绝对不能忘记天人之间的关系。应当像《周礼》那样，坚持与自然环境的一致性，促进五行的相生而非相克，这样才能可持续发展。而这种认识至少在汉代儒学中是有的。

汉代儒学起初走的是经典整合与经义的系统化路线。面对始皇焚书坑儒之后如何在文献上求正确完整，在文字注疏上求原有文义，在义理上求贯通圆融，在应用与实践中求效果求权威，都可看成汉代学者面对时代的当务之急，因此汉代儒家可以说是在传授经学的同时力图建立一个比较完整可信的古典知识体系与语言解说系统。但到了董仲舒那里，他就不仅仅只从文本和经典诠释的角度来发展儒学，而且进一步把对天的信仰与社会伦理即政治措施密切地关联起来，形成一个天人与主客相互感应的阴阳五行符命系统，其"天人三策"的对话开启了"罢黜百家，独尊儒学"的汉代儒学权威。此举不但引起了儒学过度伦理化、政治化，也导向其谶纬化、政争化，使得西汉儒学走向了衰落之路。

第三期儒家就是生命学，生命学主要是面对佛学的发展产生的一个哲学体系。此时儒学一方面发展它自己的创造力，使其系统更完善；另一方面针对时弊或当时的问题提出新的观点，而宋学就是儒学面对佛学产生的一种回应。佛学经过隋唐两代，影响很大，不仅作用于人们的日常生活，也造成各种制度的改变或社会现象的变化，这些都造成了一定社会矛盾。例如佛教占据土地，维护自己的利益，他们既不工作，也不交税，这就给国家的财政造成困难。同样，出家人不生孩子会影响到国家的人口增长，这可能也是一个大问题。在这种情况下，儒学有一个新的作用，就是要恢复它过去的一种根本性的影响。但是由于佛学的那套有关生死问题的理论，有助于个人和社会去疏解一种紧张或者受苦的情绪，因而人们纷纷被佛学吸引。儒学是否也应该为人们找到一个归宿和出路呢？这是一个很大的问题。儒学似乎缺少一个方面，就是对人的行为和生命，特别是死后的解说。而要解决这个问题，还得重新认识宇宙。所以理学就开始重新认识宇宙，重新认识人的宇宙性，在这个认识过程中产生了"天理"的概念。如果人们了解到他能掌握到天地之理，能够在人生中完成生命的意义，他就能无忧于死后的问题了。也就是说，宋明理学的一个很重要的价值就是重新强调生命本身的意义，从而否定佛教所说的生命是一种虚幻的、无根的存在的观点。

但是，在后来儒学又开始发生了问题。是什么问题呢？就是明代思想逐渐走向一种自我中心主义，走向一种禅学的思维。当时的儒学的代表是阳明心学，然而阳明心学又通过王龙溪衍化成了"四无论"，什么是四无论呢？阳明在"天泉证道"时提出的"四句教"是"无善无恶心之体，有善有恶意之动，至善至恶是良知，为善去恶是格物"。阳明只承认心之本体是无善无恶的，然而到了他的弟子王畿那里，就把它推向了一个极端，心意知物四者皆是无善无恶，这就容易流于对道德意识的否定。明代儒学所关注的是道德意识重建的问题，但是其重建的结果实际上是走向了一个丧失的状态。所以在这种情况下儒学能不能够成为一个促进社会发展的力量，能不能成为一种使人安身立命的基础，能不能作为维护道德并且改革政治的力量，这些都变成一个很大的问题，方孝孺就是为了争取正统而牺牲自己。这些可能是儒学乃至整个中国文化的危机，而这个危机还延伸到了清代，所以我认为明清整体是儒学的危机时代。

清代的基本特点是闭关，人们不提倡真正的儒学。因此清代发达的是训诂学，它带来的好处就是人们开始走入故纸堆，通过训诂考据来找寻儒学的原始意义，因此我将清代视作儒学的自我整顿期。但从另一个意义上讲，这个时期儒学的基本精神是处在危机状态，因为闭塞在故纸堆中就容易缺乏现实感，所以我认为明清时期是儒学的衰落期。

明末清初四大家（顾炎武、黄宗羲、王夫之、颜元）在失去国家的痛苦中反省，深入地批判了宋明理学与心学的流弊，力图建立一个开放的本体宇宙观与历史哲学及务实的实践哲学。但由于改朝换代，虽开启了崇实绝虚、回归经典、直探义理的学风，却不能扭转清廷基于统治的要求实行的文化政策。在这一文化政策的影响下，清儒遂转向考据与训诂。这也使得儒学不能于痛定思痛之后有一番飞跃发展与更新。相反，乾嘉汉学的流行使得儒学陷于整理典籍编撰考证文献的窠臼之中，不再具有通经致用的气象。

漆：这是第四个阶段了。

成：对。所以只有危机意识才能穿透时代。清代衰落的结果就是鸦片战争，西学进来了，船坚炮利，而我们束手无策。你看看《儒林外史》描述的社会和士人，多么迂腐可笑。

漆：这时的科举考试似乎也在束缚人的思想。

成：所以儒学有时也会让中国人丧失本质精神。元朝灭掉了宋朝，而中国的衰微恰恰是在宋代开始的，而不是在明代。宋太祖很重视文化，很尊敬士人，但他没有强调儒家经典，所以儒学的真正复兴还是靠书院，靠民间的讲学活动。朱熹就是一个典型。但朱熹与政治的关系值得我们思考，朱熹当年两次上书主战，人们都认为他迂腐，实际上他并不迂腐。那时宋朝是有能力北伐打败金国的，孝宗却不敢出兵，到了光宗明宗时期就根本不行了，所以他自己建立一个亭子叫沧浪亭。

漆：宋代的军事实力还是可观的，毕竟有 80 万军队。在中国历史上从经济上讲，宋代达到了顶峰。但民富国却不一定强，国家实力是经济实力加军事实力再加国家意志和政治统治力，而在宋代，后两者都不是很强。宋代虽然有军队，但少数民族已经兴起了，从辽开始，北方就没有安宁过，后来元朝就太强大了。

成：宋代对少数民族政权的政策不对。宋代是人文很盛，但没有有效地运用到现实生活中,所以没有用。当时宋太祖黄袍加身可以打天下的时候,如果他选择先打北方,可能宋朝天下就定了。但是他是先南而后北,这是第一个失策。第二点就是南宋初年,如果高宗没有私心,坚持北伐,而不是把岳飞叫回来,那么打下去没有问题的。

漆:成先生,话说回来,儒学在第五期是怎么发展的?

成:到了清代,中国面临着一个民族存亡的问题,但在清代什么东西能让你恢复自我意识呢?如果完全走西方的路,你能赶上西方吗?你首先将会成为西方的殖民地。鸦片战争、第二次鸦片战争,一连串战争下来,基本上都是败仗。中法战争,清朝好不容易在越南打胜了,还要割地赔款。幸好清朝还有曾国藩、李鸿章这些汉族的开明大臣,他们还有点文化意识。后来的这些清朝大臣做出的决定是什么呢?就是保住皇位,就是天不变地不变,祖宗之法也不能变。所以我认为民族意识的复兴还是从儒家开始,因为儒家有公平意识,就是我们的土地你们怎么能侵占呢?这种意识促使产生了曾国藩这样的大臣,产生了对自己民族的尊严与价值的认同,这太重要了。"戊戌六君子"都是为了儒家的政道和理想人格而杀身成仁,舍生取义,甚至于保皇派也需要宣扬儒家的忠君爱国的思想,这点我觉得不需要加以解释。孙中山强调天下为公,天下大同,具有很强的民族意识,这也受到儒家思想的影响。他自己在檀香山读中学,后来又进医学院,他开始是想成为医生的。但是他觉得天下兴亡,匹夫有责,因而他有强烈的担当意识和忧患意识。我觉得我们现在都快忘记这一点了,这是很重要的。因此我觉得清末是一个觉醒时代,是儒家价值的逐渐反思的时期,孙中山,甚至毛泽东都是受到这种意识的影响而产生的。毛泽东为什么要出来革命呢?也是因为他看到十月革命成功了,俄国找到了解救自己的道路,所以他就思考,中国要自救,该怎么办?应当向苏联学习。所以不只是他,很多人都选择跟着马克思列宁走。其实我觉得,我们之所以最后选择马克思主义,是因为儒家中也有与马克思主义相同的成分。换句话说,两者是相通的。

漆:也就是说,中国共产党选择马克思主义,实际上是和儒家不期而遇。

成:是的。但是我这种说法可能搞马克思主义的人不会同意。

漆:革命是为了实行天下正道,因此有道就不革命,无道就革命,所以从这个方面说,儒家与马克思主义确实有一致之处。当然,当时接受马克思主义还有一个策略问题，就是希望得到苏联支持与帮助。但为什么后来又发生变化了呢？

成：因为中国要自主，要摆脱苏联的控制。但我现在觉得应该肯定中国共产党革命中所蕴含的一种儒家的背景。另外还要说的是，共产党取得这样的成就，为什么今天还要转而肯定儒家？我觉得这里有一个自然的趋势，就是现在儒家和马克思主义应该有一个更好的结合。我们可以讲马克思主义的中国化、儒家化，儒家也可以讲是某种程度的马克思主义化，因为它更强调群众意识、计划意识，更强调经济意识以及集体意识。我们讲儒家化，有些马克思主义者就不太高兴。马克思主义里面有几派，有一派完全同意我的说法。从这个角度看，因为我们现在走在儒家的第五阶段，在这个阶段中马克思主义扮演了很重要的角色。中国的马克思主义不同于西方的马克思主义，也不同于西方的后马克思思潮和新马克思思潮。中国的马克思主义就是有中国特色的马克思主义，也就是有儒家特色的马克思主义。

漆：中国共产党革命成功的经验中有很多是基于儒家传统的因素，例如忠诚于党就和传统因素有关，下级服从上级也与传统文化相关。

成：是的。包括现在经济学上讲诚信的原则也与儒家思想相关。

漆：当时社会理论的流派这么多，为什么很多知识分子选择马克思主义？就是为了救国，和这个不相通的理论他们是不会选择的。实际上我觉得，这与儒家传统士大夫对于国家的责任是密切相关的。新中国成立以后共产党也意识到，要使中华人民共和国和过去的朝代有区别就必须要建立自己的文化。但我们开始时并没有重视传统文化的价值，只是简单地将它视作封建糟粕予以抨击，这就割断了我们与传统的联系。而事实上这一尝试并不成功，所以改革开放之后，我们又回归了传统，这就是意味着传统不能超越。我借成先生的话讲，共产党其实是继承了传统，把马克思主义中国化搞成功了，但又想自觉抛弃传统的东西，以为那是个包袱，结果我们栽了一个大跟头，而且导致道德沦丧，所以我们回过头来还得重拾优秀的传统文化。但我们又不能直接说儒家建国，因而要强调建立中国化马克思主义。什么是中国化马克思主义？其实有很多东西回归了传统，但这个回归不是简单的回归，而是继承发展，但具体怎么继承似乎又是一个问题。

进一步说，成先生，那您认为儒学的第五期发展，其目标究竟是什么？

成：我在山东大学的《文史哲》所发表的文章中曾经提过第五期儒学的发展目标，一共有十个方面。我在这里再重复一下。

1. 在古典儒学与宋明儒学的基础上建立一个创造性的、涵盖天人互动的本体宇宙观与人类生命发展观。

2. 在古典儒学与现代理性哲学与科学基础上建立一个主客分合自如的知识论与动态的知识系统观，包含科学研究、工业技术开发、社会经济发展的网连与互动。

3. 在古典与宋明儒学及当代科学的基础上建立一个理性与人性互动、个人与群体互动的价值观点与价值体系。

4. 在古典儒学及东西方文化的比较基础上，发展及持续地开展一个体用相需、持体致用、利用明体的方法论，亦即上述的"立足整体、针对具体以解决问题"的思考方法论。

5. 综合宋明理学与心学，我们可以把理气心性的作用与关联形成一个知行合一的知识决策论：气感于心、验之于理、反归于性、受之若命、性之命之、以成其行。

6. 在古典儒学与现代伦理学的基础上建立一个整体性的人类伦理学，其重点在统合权利与责任以统合德性与功利，也就是在人与人、社群与社群、族群与族群、国与国、文明与文明的和谐化基础上同时寻求个人潜力的发展与全体社群利益的最大化。

7. 综合历史上四个阶段的儒学发展经验及现代化的要求与西方现代化的得失，建立一个伦理与管理互动的管理机制与体系，同时用之于公共行政与经济企业管理。

8. 综合资本主义与社会主义的发展经验，在第四阶段儒学公羊学的精神与上述新新儒学的价值关于方法论的基础上建立开物成务、兼及创造财富与均平财富的经世利民的经济架构并陪护其发展。

9. 掌握理性的资源、历史的经验、文化的精神、社会的需要，在古典儒家的人文关怀的基础上开展及优化现代民主与法治，创造社会进步与文化发展的大环境与大气候。

10. 面对人类未来与人类政经文发展的需要，基于儒学天下为公、世界大同的理想，积极推动理性与人文的教育，使儒学的价值观、伦理学与方法思考能够做出创造人类万世太平与可持续发展的贡献。

漆：这真可以说是一个宏大的构想，它包含了儒学以及中国文化现代化过程中所可能遇到的几乎所有内容，真可谓包罗万象。我们也很希望儒学能够有这样全面的发展，这才能给当今人类所面临的诸多问题找到一条中国式的解决之路，也才能凸显出中国传统思想的当代价值。谢谢成先生。

五 新儒家的发展分期和未来走向

漆：成先生，现在请您谈谈新儒家，从梁漱溟到牟宗三，一直到您，把新儒家这三期的发展情况给我们说说。比如第一代有什么成就，有什么不足，第二代又有什么成就，有什么不足。到你们第三代又有什么建构、成就，新儒学该怎么进一步发展。

成：第一代新儒家是儒学的觉醒期。

漆：谁是起点？

成：新儒学面临最大危机的时候就是五四运动，当时的很多人，包括胡适之，说要打倒孔家店。那时的文化论战一个是中西文化论战，再就是玄学和科学论战。这些论战体现出当时的时代要求是要科学化，要民主，要西方化，而把儒学看成是一个落后的、封建的、闭塞的文化和价值观，而且认为儒学根本就是虚玄的、不务实的空谈，是应当被打倒的。所以那个时候儒学自身要重新站起来，要说明真相，要引导社会舆论重新给儒学定位。儒学和儒家的制度还不一样，你不能把儒家制度，把过去封建君主的那些意识形态当做儒学。早期的某些国学要抽鸦片，要回到裹小脚，那些东西不是儒学，孔子也不是这样。所以我们要讲儒学真正的文本，要讲它的思想内涵，它的哲学的意味是什么。中国在民国初期已经变得很不哲学了，主流的思想是科学挂帅，还有人拿着科学之名打倒一切，我觉得这一点是很不幸的。所以，第一代儒学要重新说明儒学的真相，我想就是要说明儒学是一个很现实的、做人的道理。儒学是教你该怎么做人，例如做人要讲诚信。这个思潮的影响大不大我不知道，但至少有这种意愿。梁漱溟搞了一个乡村建设，他从根本上看到这些问题。

漆：这体现了儒家经世致用的特点。

成：这可以说提供了儒学在世界上的地位，当然这个判断也不一定正确。在恢复儒学地位的过程中，值得一提的是梁启超的作用。梁启超去欧洲之时正值一战结束，他看到第一次世界大战之后西方的悲惨情景，对西方文化产生了破灭感，要求回到传统文化。但国内却还抱着极大的科学热情，这两者之间并不一致。另外，第一代中，梁漱溟也提出儒学的定位问题，他认为儒学是在西方的科学文明之外有一个属于自己的独特地位。但他说解决人生问题不是靠儒学，而是依赖印度佛学。这体现了他的局限性。

熊十力也是第一代新儒家的重要人物，基本上第二代新儒学的代表人物都奉熊十力为老师，例如牟宗三等都在北大听过课。

漆：贺麟呢？

成：那是后期的。我是先讲狭义的新儒学，第一期就是梁和熊。熊十力从唯识论跳到《周易》，其实他讲的就是《周易》的宇宙论，但这个宇宙论不是那么纯粹，因为他把印度的唯识论引了进来。而且他个人坚信儒学的道理就是讲经等内容。通过熊十力的努力，第一代新儒学就有了一个初步的规模，让大家认识到现在有儒学，有实践的一面，而且也有社会重建的重要意义，这应该说是第一代。广义的第一代新儒家实际上还包括在第一代和第二代之间的方东美先生，也包括冯友兰和贺麟，这三个人哲学上的作用都是更多地建立儒学与世界哲学中的联系。方东美先生是和熊十力差不多的，他讲过一些科学的哲学，涉及的面非常广，印度佛学都有，而且把它提高到很高的层面。在广义的范围内，在大陆冯友兰的作用最大，而在台湾来讲，方东美影响到的就是我和刘述先两个人。第二代新儒家特点就是突出属于自己的学说。

漆：张岱年先生和冯友兰是什么关系？

成：冯友兰的妹妹就是张岱年的夫人。

漆：您说的是亲戚关系，但是他们年龄上应该是师生关系，因为冯友兰是1918年进北大的，1923年到美国留学，而张岱年先生是1926年才上学的，一开始上清华，但是他在清华待了不到半年就转学了。在清华当时要军训，他受不了，转学到北师大了。后来他又回到北大任教了。

成：张岱年应该是第二代。

漆：张岱年的哲学史是四十年代出版的，冯友兰的哲学史是很早的，应该说第一本系统的哲学史是冯友兰写的。

成： 现在这样子，张岱年算广义的第二代。

漆： 儒家伦理要讲辈分的。

成： 师承关系，不能否认这个。

漆： 成先生，你接着说，现在该讲到第二代了。

成： 第二代影响最大的就是牟宗三，他更深入地从哲学上为儒学找寻一个根本的定位。他用佛学判教的办法，认为儒学中最高的就是王学，他的标准就是从康德哲学中提出来的。实际上他也基本上回到了易学之中，认为宇宙是动态的。他不喜欢较为正统的朱熹学说，说宇宙好像是一个对象化的、原则化的东西，他认为朱熹是这样的。他要把这个宇宙看成是动态的宇宙。

漆： 是不是朱熹比较接近西方的基督教的观念？

成： 也不能说接近，可能在他的理论中体现了二元论的说法。因为朱熹要集大成，所以他将人性视作有善有恶的，也就有了义利之辩的对立。从某种程度上讲朱熹犯了一个错误，中国哲学的精华从孔子到张载，再到程颢，最后到阳明，讲究心性动态的生命感，朱子则强调宇宙结构。在这里他更系统地把理学思想说得更完整，但是不是正确是另外一回事，这一点很重要。

漆： 成先生，这两个体系，您更接近哪个？

成： 牟宗三贴近西方哲学，他看到了康德哲学有一个对立的思考，所以他把儒学提升到道德形上学的范畴。当初第一代儒学针对的是科学主义的问题，而我认为唐君毅、牟宗三他们最不能接受的就是马克思主义。他们是把传统跟毛泽东思想对立起来，认为这是一种新的独裁，中国文化就丧失在这里了。他们对抗这个东西。所以第一代新儒家是对抗西方化，而唐、牟等人就是对抗马克思主义。从这个意义上讲，他们是把孙中山的学说加以哲学化，这代表了辛亥革命以后的儒学思想形态的一种重点。

所谓的第三代新儒家就是第二代的学生，实际也不多，连我自己也不是哲学系出身。我们在念大学的时候，哲学系每年只收一两个人。我是1949年底到台湾，到我去美国是1958年，刚好十年。后来我在夏威夷教书，再回到台湾，重建台大哲学系。杜维明比我晚五年，我和刘述先是同学。当时读本科时他在中文系，可能牟宗三教过他。哲学系老教授很多，陈康、方东美、范寿康，还有一个搞康德的，都是大陆来的。只有哲学系主任是台湾人，他是东林大学的，是搞海德格尔的。他讲闽南语和日语，却不会讲国语，这是很有意思的一个状态。不管怎么样，第三代应该说基本上是台湾出来的。他们有什么特点呢？都非常重视中国的传统，这一点我们都看到了。像我应当说是方东美先生非常重要的学生，我也一直以方先生为启蒙老师，跟他关系也最密切。我觉得我应该建立一个阔大的体系，这可能也是受到方东美先生对易学的认识而产生的结果，因为方东美讲的易学也是很新的，他讲广大和谐，完全从《易传》讲出中国原始儒家的精神。

漆：也就是说，方先生的观点那时就对成先生您产生了很大影响。

成：有两个人对我影响很大，除了方先生之外，就是我父亲。我父亲也非常重视中国传统文化，尤为重视《周易》和《尚书》。他曾经在两个大学做讲座教授，一个是政治大学，另一个是师范大学。他是中文系的老师，教授，主讲中国诗和骈体文，但他自己的学术根基是《尚书》与古代政治。他有一本书主要就是强调君父爱民这些思想，这个书应该说很重要，因为中国人一直有对人民的重视，而他非常强调这个东西。他藏书很多，我在家里发现父亲有很多书，商务印书馆、中华书局的书都有。我看得较多的就是易学方面的著作，自此我就开始了对易学和易图的了解。我感觉这个易图是非常玄妙的，有这么多图形让中国人思考，所以我想了解中国的宇宙论。由于我要了解中国的宇宙论，我也就对科学的宇宙论产生了兴趣，所以那时候我找到一本天文学著作。我不仅仔细看书，还自己观察宇宙，还了解星座和古希腊神话，这是一连串的影响。到了大学以后，我受到方东美先生的影响，进一步开阔了眼界，加之我自己的家学以及对易学和天文学的兴趣，再加上我个人的气质也比较重视与天地沟通感觉，很喜欢观察事物，这些都影响了我日后的学术研究。

漆：这就是亚里士多德讲的好奇心，求知欲很强。

成：这是我求学的动力之一。另外一个动力就是搞清楚中国为什么积弱，为什么会遭受列强的侵略，特别是日本的侵略，为什么中国走向一个分裂的状态，所以那时很想了解西方的东西。其实第三代新儒家所体现出来的就是重新认识世界，从根源上认识西方，真正走入西方。前几代都没有做成这个工作，还是隔靴搔痒。在我看来，你若要真正认识西方，必须去西方国家感受，所谓"不入虎穴，焉得虎子"。方先生虽然最后回到国内教书，但他还请我给他买书，他没有和这个传统直接割裂。牟宗三对于20世纪的很多哲学发展并不了解，例如科学哲学的发展他就不很了解，语言哲学的发展他也没有了解。所以我要超越他们，要真正掌握西方的核心，走入西方前沿，重新建立中国哲学，就是这样一个抱负支撑着我进行中国哲学研究的。因此我思想的源头本来就是开放的，是一种灵活的态度，希望能够在这个融合开放的过程中把中国原始精神开阔成《周易》生生不息的精神，并使之成为世界的主流思想之一。

对此我就举几个例子来说明。首先，我念的是西方最艰深的东西——数学和逻辑。他们以为我是搞逻辑的，其实我二分之一的文章是西方文章，二分之一才是中文。我论文讲的是归纳逻辑的一个基础问题，我在里面也证明了一个定理，出版了。其次，我不忘中国。我觉得单东元的精神反省是有道理的，我认为还是要找到人的基本生命动力，他叫原始的善，我把这篇翻译出来了。我一般不太喜欢翻译，那时我却花了很多时间，把《原善》翻译出来。大家以为这是我的论文，其实是我自己要求自己做这个事情。我的确找到了西方思想的一些特点，所以我现在提倡一个说法，用西方逻辑或方法来重建中国哲学或宇宙论。我也跟身边人说，我在学术上讲是中国人，在方法上讲是西方人。这怎么联系起来？比如我提倡中国哲学分析方法的重建。为什么呢？是为了让大家能了解中国哲学，把中国哲学里面过去没有讲出来的话讲出来。既不是接着讲，也不是照着讲，而是翻开讲，展开讲。我说不是接着讲，而是要回到根本，要重新建立根本，我对《周易》的了解也是从这个开始的。当然我对儒家的研究，例如致中和，致良知，以及我对王阳明思想的探索，还有王阳明和朱熹的对比，以及对孟子的研究，这些都始于很早的时期。

在海外讲儒学我是最早的，比杜维明早七八年，因为我父亲是崇尚儒学的人，另外方东美先生也是很儒学化的人。他为人严谨，兴趣开阔，用一句话形容，他是"及之也温，望之也严"的人。方先生不苟言笑，一般人不敢和他接近的。有一次开国际学术研讨会，方东美先生讲完中国哲学的博大精深之后，日本很有名的学者说方东美先生讲得非常好，中国这么和谐，但中国没有痛苦吗？方先生听了很不高兴，认为我们要提倡价值哲学，而这是一种反价值。所以他说你站起来，他很凶地讲，说你坐下，再站起来，教训了他一下。全场震惊。为了那个事情，台湾人记住了方先生，记住了他的正义精神。

我那一年决定要创办中国哲学会，我的初衷是想借此把中国哲学世界化，把中国哲学推广出去，所以我才考虑去办《中国哲学》这个杂志。

刚才讲的那次会议是1969年，随后我花了一两年时间进行筹划。当时我在美国哲学会，有人就说中国没有哲学，只有中国思想史论述，比如哈佛大学讲的是中国思想史。中国的思想都不叫哲学，也不归哲学系管，而是归到亚细亚系和历史系。当时我是在哲学系教哲学的，教了五年哲学，那时杜维明一直在东亚系，哲学系没有教中国哲学的人了，所以我不能不扛这个旗子，我还希望把它变成中国哲学的标志。我第一次到美国哲学会开会，整个全场只有我一个中国人，找不到第二个中国人，那年就要办《中国哲学》杂志，这是一个艰难的过程。我要西方人来支持我，要说服西方人让他们承认中国有哲学。从那时候起到今天已经38年了，我38年如一日没有间断地办杂志。为此，我每年要拿自己的薪水三分之二来支持这个杂志，而且我当时跟出版社说，赔钱是我的事。出版社的人说开始怎么办，至少头三年都会赔本的。我说没有事，我用薪水支持你，你出多少本都可以。直到1982年之后，这个杂志才不赔本，因为1982年之后就不办了。这主要是可能大家对中国哲学没有太大兴趣，所以他说我还给你好了，我说也可以。因为那是一个很大的出版社，所以我的目的是让它们知道中国哲学这个名目。1975年，我又建立国际中国哲学会，那时没有电脑，也没有床头电话，办这个会是要花不少钱的。

1985年我第一次回北京大学，担任客座教授，那个时候我觉得在国内搞中国哲学能产生影响，但关键还是要在国外打下基础，这个工程不做不行。

漆：成先生，您的一大成就就是把"中国哲学"变成了一个大家能接受的学科了。

成：应该说这一点是从我开始的，从国际中国哲学会和《中国哲学》期刊的创办开始的。十年以后，美国哲学会承认中国哲学。过去美国哲学会有古希腊哲学，有法国哲学，还有其他一些哲学，但东方特别是中国哲学是没有的。于是，我就把中国哲学介绍给他们，让他们认可。现在，中国哲学会每年的年会有三次，每两年召开一次大会，今年的大会我必须去，是巴黎高等研究院主持，我要走遍世界。我在国际中国哲学会有很多朋友，都是几十年的朋友，他们都影响到了西方。通过一个杂志或一个学会，我在世界范围内把中国哲学重整了起来。我觉得，我对中国哲学史的贡献就在于重新提高了易学的地位，在方法学跟思想体系上的贡献就是本体诠释学。

漆：还有一个就是中西合璧了。

成：中国哲学走向世界，积极参与到世界哲学的发展。换言之，我是在西方世界中直接推广中国哲学，使之走向现代化和世界化。而在哲学体系上面，我也产生了一种具有创新性的哲学思考。这一点是具有普遍性的，不仅是对中国哲学。本体哲学对西方哲学产生了一种批判性作用，但也会对西方产生一种建设性的影响。在中国哲学这块，我是强调中国哲学的源头问题，我把易学当做中国哲学的根本问题。另外，我还对整个20世纪中国哲学的发展过程进行了思考。

漆：成先生，请您再概括一下您对中国哲学发展的思考和您对第三代新儒家的评价。

成：在儒学推广这一方面，第三代新儒家做了很多工作，而且他们对儒学的宗教性特别关注。刘述先也在国外教过书，后来回到台湾。他在这里面比较保守一点，没有走牟宗三的路。但是他写东西很多，对整个儒学第三代的推广，他可能有比较广泛的影响。

漆：余英时算第三代新儒家吗？

成：是的，他也属于第三代。从年龄上讲，余英时是最大的，第二位是刘述先，第三位是我，第四位是杜维明。但从学科划分来讲的话，直接搞哲学的是我和刘述先。杜维明是中文，他偏向于王阳明或宗教哲学这一块，当然他的接触面很广，所以可以说是影响很广泛。尤其他对大陆学者的帮助，这也造成了他很好的影响。今天他的影响能得到发挥，我觉得也是一件很好的事。

余英时是钱穆的大弟子，我们是在哈佛认识的，他那时已经在写论文了。他中文很好，而且他读书也很多。他是史学家，但是他是很有思想和能力的人。他认为他的老师不是行动家，其实当时是唐君毅和钱穆在一块办兴亚书院，不知道是什么原因，钱穆首先没有参加《中国文化宣言》，其次他也好像不太认同牟宗三或唐君毅的哲学思考，他是史学家。很多史学家也不太认同哲学家，认为哲学是外来品，不像我们对哲学有深刻的认识。他们有晚清史学家的气派，所以试图以史代替哲学。最近他写朱子很有新意，《朱熹的历史世界》就讲政治与儒学之间的关系。所以，也可以说他是新儒家，因为他带动了一个新的史学观念。

漆：我觉得余英时和杜维明的书容易被一般学者接受。

成：所以我不算大众化的人物，杜维明是大众化的人物。搞哲学的人都有这个问题。

漆：您是搞易经和本体论的，易学本身就很难，没有相当抽象能力和哲学意识的人根本听不懂。而本体论又是从西方的东西讲起，也不容易令人接受。

成：总结来说，第三代儒家其实不是一个统一体，而是多元化的。第一代梁漱溟都可以称为哲学家，第二代牟宗三、唐君毅都可以称为哲学家。第三代就不一样，比如杜维明、余英时都是搞史学的。这里面每个人机遇不一样，想法也不一样，所以第三代发挥应该是多元的。

漆：而且都是在海外长大的。

成：都是在海外产生影响的。当然，在海外最久的就是我。

漆：在中国哲学的研究领域，好像还有几位是外国人，请成先生简要介绍一下。

成：这些人都是受我的影响。万历爱慕受我影响，是我的学生，他写的书也不少，而且很出色。拜索在加州念书，他也是第二代，他主要是对朱子学很有兴趣。因为我当时在美国教书，开过几次会，到我会上的有好几位学者，他们都受到我的影响。其中一个是莱姆教授，就是波士顿大学史学院院长，他在美国哲学家里面是很有名的人物，他也受我的一些影响，也可以说是我把他带入中国哲学的门径的。后来我请他来参与中国哲学会，选他为会长，他的确把中国哲学看得很重要，他基本上算是一个神学家。其他还多多少少有一些人，我们算在美国的第一代中国哲学学者，第二代学者中就有很多是美国人，现在出现的是第三代了。他们主要在美国东部，其中有很多出色的人物，比如像杰斯汀，等等。

总的来说，第五阶段的儒学复兴是一个长远的事，从国内的第一代新儒家、大陆和台湾的第二代新儒家到台湾的第三代新儒家走向世界，建立儒学传统，进而影响到西方，这可能是一个重大而深远的历史过程。现在第三代新儒家还有一个特点，就是回到中国产生一种新的学术影响。这方面可能我跟杜维明比较突出，刘述先很少回去，这是一个现象。

第三章 思维模式的比较与哲学的会通

一 中西思维模式的异同

漆：今天要向成先生请教四个问题，主要是关于中西哲学比较与会通方面的内容，它涉及中西哲学在精神气质和整体论方面的差异，中西哲学的认识论和知识论方面的差异以及中西思维方式的区别，这是一个总的框架。它又可以分为四个问题。第一个问题就是中西哲学在本体论方面有何差异，第二个问题是中西哲学在认识论或知识论方面的差异，第三个问题就是中西哲学思维模式的异同，最后就是中西哲学在价值和知识整合方面如何实现融合与会通。关于这些问题想听一下成先生您的观点。因为我们知道，您一直在同时从事中西哲学两方面的研究，应该说对中西哲学的实质、本体论、价值论、知识论，以及思维方式的特点与异同都有独到的体会和精深的研究。

成：你说说有什么主要看法，我才能有针对性地说？

漆：比如说从张之洞那个时候开始，在中国文化遭到西方文化冲击之后，产生了"中体西用"的论调，后来严复他们认为西学有西学的体用。到新文化运动和"五四"以后应该说中国思想界分化出三种流派：西化派特别强调以西方的东西改造中国；新儒家强调自己的本和体，结合西学开创出中国的用；马克思主义也有马克思主义中国化的学派。在这一背景下，他们都对中国文化给出了自己的思考和主张，这是20世纪二三十年代的情况。20世纪80年代以来，中国大陆关于中西文化比较方面也有很多论断，像李泽厚提出的"西体中用"之说。另外，20世纪80年代末期中国流行一种"河殇"的论调，就是中国文化应当完全走向西方的蓝色海洋文明。这显然是对自己文化的不自信，是一种民族文化的虚无主义。到 20 世纪 90 年代随着中国大陆人文精神的论战，大家逐渐认识到了自己文化的价值，认识自己的哲学必须有本有根。这就促使大家回归传统文化，特别是儒家文化。发展到目前可以说悄然兴起一种趋势，无论是研究西方哲学还是中国哲学，或是马克思主义哲学，大家都有回归自己传统的自觉，当然自觉的程度还不一样。这里确实可以看出，中国文化、中国哲学与西方的差异性的确是比较大的，但东西方究竟该怎么认识，大家也有不同的声音。我想在我刚才说的大致背景中，请成先生首先给我们说说中西哲学在精神上或实质上的异同。我特别关心的是，因为成先生讲本体诠释学，而咱们一般认为"本体论"这个词是西方来的，因而中国到底有没有本体论？从本体论开始，到认识论，到价值论，到思维方式，我想请成先生您逐一谈一下这些领域中西哲学各自的特点。

首先是第一个问题。我们经常认为本体论是西方哲学的一个专有术语，那么我们用西方的东西来看中国的思想时，中国到底有没有自己的本体论。假如有的话，和西方的本体论相比，它有什么不同？有哪些特殊的地方？

成：今天这几个问题都非常重要也非常尖锐。在我看来，从目前来看，实际上五四以来大家都已经问过这些问题，但可能一直没有比较明确或固定的，可以令人满意的回答，所以这些问题都还在探索。当然这些问题还不只是在回答得满不满意，而是还在不断发生。这就是说，中西哲学的差异是多层次的，在文化和社会生活当中是不断发生的。我们现在处在一个开放的时代，但我们中国人内部有一种紧张感，自身有各式各样的冲突，所以中国很少介入到和西方的探讨与交流之中，这一点我认为可能是个大问题。

中国自古以来就以天下为己任，但客观地讲，这是以中国文化为中心，是华夏文化中心论的思维。甚至可以说，当时的整个东方世界都是以中国的宇宙经验、生命经验、社会经验和道德经验来构建世界观或者来说明问题。然而，现在我们经历了一个文化危机，因而需要自我意识的觉醒，但这个觉醒还是需要对自我加以反思。值得注意的是，促成这个觉醒的诱因是西方文化，所以西方文化成为中国文化一个最重要的参照对象。这里大家还必须注意的是，因为中国文化内部发生的事件很多，而且外部的冲击还影响了内部的状态，所以如何更客观地、更科学地掌握西方，以及时刻保持对西方的认识，同样是一个巨大的问题。这样的认识状态和心理状态，还需要培植。

另一个问题就是在这种认识过程中往往是缺少一种整体或融通的见解。例如在留学的大趋势下，不同的人有着不同的留学目的地，有人留德，有人留美，有人留法，甚至还有人留苏。那么，这些人所形成的对西方的印象和观感都不太一样，因为西方本身也是非常复杂的，不同的国家差异性也很大。这样一个复杂而动态的、不断变化的西方世界，我们怎么去了解它？这个层次一定要说清楚。在我看来，要了解西方，至少包括对它的文化制度、生活方式、政治经济制度、价值规范以及行为典范的了解。当然，对于西方的文化、社会政治和伦理道德，以及科技的了解最后都要回归到对西方思维方式的认识上。而所谓认识西方的思维方式，就是要知道它是如何掌握外面世界的，这就是你说的知识论的问题。进一步，我们要了解它本身对这个世界有什么样的终极认识或者终极信仰，这就关涉到本体论的问题。我觉得这是一个长远的事情，中国必须要面对。

对西方的了解包含两个方面，一个是强调中西之间的共同性，另一个就是凸显两者的差异性。客观地讲，东西方当然是有同有异，当然这里有一个基本的取向，就是两者的差异可能是更为明显的。随着对西方了解的深入，中国人发现，西方的思想和中国相比，在根源上确实有很大的不同，这就是所谓思维方式的不同。在知识上，中西方的认知的对象与方法也是不同的。过去我们可能强调两者之同，但是现在更偏向于强调两者有重大的差异，这是一个基本的取向。两者之同体现为在很多原点的问题上，中西方是有同样的关切，例如西方人关切世界，关怀生命，关注人类社会，中国也是一样。西方人对人的智慧的发展途径，认识问题的方式以及如何利用智慧解决问题的追求，中国同样是具备的。在这个意义上说，哲学就是中西方有共同的关切点，具有普遍性。但怎么去介绍这个哲学，让人认识这个哲学的内涵，是不同的，这个不同是由于周围的需要或者一种经验上的认识的差异而产生的。也就是说，西方的生活环境需要让他更重视对自然的客观知识，例如对科学的知识，对海洋的知识，对天文的知识，这种知识就会产生一种新的知识体系或知识形态。比如西方的几何学是在埃及产生的，埃及产生几何学是因为尼罗河的泛滥，带来了肥沃的土壤，水退之后如何把这些土壤合理地分配给人们来耕种，这需要一种分配的方法，因此就产生了对于几何学的需要。几何实际上就是追求一种对几何图形的客观认识，以此来建立测量土地时的标准，由此就产生了点、线、面、体的概念。

漆：后来是不是在这个基础上进一步抽象化了？

成：是的，再进一步抽象。因为它掌握了一种更根本的规则，所以就产生公理和定义。

漆：几何学是不是对西方后来的逻辑方法产生影响？

成：是的，几何学影响了逻辑。当然这个逻辑概念来自于一个语言的字根，所涉及的一个是表达，一个是沟通的问题。我们有了一个概念，怎么样把它表达出来，让大家都能够了解？这就涉及概念化的问题，也就是怎么把概念变成语言符号，让大家都能够认识。概念有一个建立的问题，还有一个应用的问题，它应用在一些经验的事例上面。几何学就体现了概念的这一特点。我们主要接触的几何是欧氏几何，欧几里得是古希腊人，不是埃及人，但没有埃及的测量，这个基础就没有了。同样，天文学开始都是托勒密系统，然而人们在观察宇宙，特别是太阳系这些星球的运动的过程中发现了很多问题，这源自于人们开始时的经验假设，就是太阳是转的，地球不动，当然这产生了球面几何的知识。但由于地心说不容易解释行星运行的状态，后来就被日心说取代了。当然，这也是长期观察的结果，如果没有第谷、开普勒、伽利略这些科学家在16世纪的观察，就不可能产生牛顿物理学。早期的科学重点都是观察自然现象，特别是物理现象。

漆：成先生，您之前也谈到《周易》的"观"，这里又说西方的观是在观察经验事物，观察天象。那么，为什么他们的观测产生出一种逻辑化的、分析性的、理性的、科学性的东西，而中国《周易》的观最后却成了符号化的内容，就是六十四卦？中国为什么和西方的逻辑不一样？

成：两者都是观。现在讲的是西方，你可以这样说，它所谓具体实用的方面可能更强，就是看到这个东西就马上会想到是不是我能够用它，这就是它的经验。它为什么会有这样一种心态？我刚才说了，例如埃及，因为它每年都要测量尼罗河的土地，所以要求这个知识务必准确，而且要能够马上用，这就促使几何学的产生，因为需要建立一个量化的标准。比如这块地是一个方形，那块地是一个三角形，那么当我要分地时就涉及一个问题：这两块地是不是面积相等的？要解决这一问题，就需要有相应的方法能够测量这两块土地。因而，西方观察的目的主要是为了指导实践，要能够在测量中得到正确的结果。这就好像我们现在很重视计算机，而计算机的优点主要是能很快而且很正确地告诉你计算结果，可以让你决定如何使用。精确度跟你实际的需要相关，而这种实际的需要跟一个社会中资源的紧张程度密不可分。在西方，不管是古希腊还是埃及，都是人多而资源有限，因此需要分地。中国在古代土地是比较多的，所以中国没有对精确测量的需要。

漆：精确性分析确实很重要，但这是西方的特点。中国人则是要实现人和宇宙万物的相感相通，因为我们认为人和万物一样，都是从本体中产生的，因此《周易》的观是要实现天地人三才的统一，要实现整体性。而西方的观要求分化，我要看出人和天不同，具体的土地、大小、图形的知识要很精确。您看东西方是不是有这样一个差异？

成：刚才我们说到本体知用行的问题。在本体方面，西方在早期社会占主导地位的是宗教信仰，像埃及就是相信太阳神，犹太人在公元前八九世纪就已经有耶和华上帝。从这个意义上讲，它已经有了一个专门的超越性本体，所以对于客观事物只需要关注其有没有用，能控制或不能控制即可。而中国人从一开始就没有一个完全闭塞的宗教体系，中国人认为天地是相通的，这是原始的体验。换言之，中国人一开始就没有把超越跟内在截然分开，而是在整体观察宇宙的过程中体会到一种终极感、美感和乐感。所以他不是把天地的活动当做为人所用的活动，而是当成为人所安顿，能够合一的对象。比如《周易》里面说"与天地合其德，与日月合其明，与四时合其序，与鬼神合其吉凶"，这实际上就是一种宗教。而在西方，宗教和实用很早就分开了，他观察的目的是实用性，这是一种非常具有激励性和主体性的思想。西方宗教很早就已经说了上帝造人，造了人之后再造物，物为人所用。中国并没有这个说法，自然就更不会说人可以凭上帝的命令来控制和利用其他事物，中国就一直是人与天地万物为一体的整体感，这一点没有被破坏过。为什么西方会把天地和人分开呢？因为它上面有一个超越上帝，那么自然就变成对象。中国没有把这两者分开，天地和人是通的，我跟他人之间，万物之间也是通的，万物并不是上帝召来为我所用的，而是处在"天地与我并生，万物与我为一"的结构之中的。中国人强调在这样的统一性中求得一种信仰，不是说在原来的信仰当中去发挥知识的工具性，这点我觉得是很重要的。东西方的这种分野是很早的，它代表了人面对世界时的不同态度。

漆：您刚才所讲的确实是对我们很好的提示，就是说在诸子百家里面，像墨家、名家这些学派，他们的确也有辩论，也分析。按照李约瑟的《中国科学技术史》的分析，中国也有很高、很发达的实用技术，包括算经。它自己也有一套实用性的东西，但这个东西在中国文化中没有占据主流。这是不是和儒家正统的意识有关？是不是由于儒学不重视技术，认为道和术不一样？天道是本，技术是末，有一个本末的关系，而君子求道，小人才求技，追求技术是被轻视的，这导致了中国没有开发出科学知识这一块内容。按照成先生说的，东西方一个是整体性的、是能融通的，一个是具体的、部分的，是分化的。这个解释是一个根源性的解释，但是如果墨家文化成为中国的主流，而不是儒家文化，是不是咱们可以开创科学和技术？

成：中国没有西方的科学，但也有一些具体的实用性科学，中国有些东西的实用性还是很强的。像中医并没有西医那样的理论，它是通过观察与体验方式来建立自己的理论。首先它也会认识到人的五脏，因为它也有解剖这一块，但是它不是很强调五脏的各自功能和它们的关系，这样可能会妨碍它对于组织或一些内在的具体成分的进一步认识。西方最大的一个特点就是对根本元素的追求，也就是元素论，中国并不关注元素，中国是从整体和宏观的层面进行考察，而且关注动态现象。西方的元素论则是在找客观的具体存在，然后认为它是一种不变的对象，所以它不以变化为主要的考察对象。至于变化则是去寻找一个有规律性的东西。它也不是说宇宙只是一堆乱七八糟的元素，而是认为这些元素也是根据一些规则在运行，而且规则是客观的，人类经过长期的观察和实验能够发现。中医在元素论上就没有突破，因为到现在中医也没有说清楚人是由什么组成的，中医中的血、气这些概念都是整体概念。如果从具体上说，血里面有血小板，血液里面还有白细胞，还有很多成分，这需要从元素的角度来解释。进一步讲，这些成分需要从根本性质上加以分析和研究。中国人则是在了解了某种事物的功能和现象之后，再来看能不能从整体关系中找到一些平衡作用，所以对于血液他不管血的成分，只是认为只要我能把它平衡下来就可以了，它是平衡论的。

通过中医的理论我们就可以看出中医和西医的差别，但是东西方观察方法的差异还不只是体现在中医和西医，两者的天文学和数学也有很大的不同。西方的天文学注重星座，注重宇宙的模型和结构，特别注重发现星体的运行规律，这促使开普勒发现行星运动三大定律。此外，伽利略发明了物理学的实验、计算加推论的研究方法，牛顿又发现了万有引力，这一系列知识都需要整合起来成为一个整体，这就是牛顿的经典力学体系。而中国也看到这种现象，但它把天地的运行变化归纳为五行的相生相克。至于中间的规则，西方是从观察现象中找寻一种规定，事实上它是一种自然表达的方式，这个规定是外在的。为什么要规定呢？因为他已经有了上帝创造万物这样一种解释，而支配这一过程的必然是外在的规范，所以从这个意义来看最主要是找出规范或决定现象的关系。

中国人不习惯去寻找具体现象中的规律，当然五行哲学也是讲相生相克，但我们却并不熟悉蕴藏在这种关系中的规则。例如，我们只是知道水火相克，作为现象，水可以灭火，火也可以把水蒸发掉，但由于我们对水与火的本质一直都没有探讨，所以不能从规律的层面解释水火相克的根源。中国的这种知识也不是没有预测性，它同样知道，在相似的情况之下会产生相似的结果，但这也是偏重应用而非理论性的。西方是先把理论知识讲好，建立客观的知识，然后再应用这个知识去解释和说明现象，进而来控制自然，来创造一些技术。它的知识是很精确的，因为它描述自然时采取的是一种数学的模型，是一种计量的方式，所以只要前提满足了，就会产生这样的后件。

不仅是天文学，西方的数学与逻辑也是公理论的结构，也就是说都是开始建立一些公理，然后依照公理建立体系。所以从亚里士多德就开始创造三大定律，三大定律和欧氏几何的基本的公理有异曲同工之妙，即都是始于经验性的事物，都反映了客观事物的一些基本规则。几何是从现实事物的形状着手，来考察抽象的几何图形之间的关系。例如，几何学中有著名的勾股定理 $a^2+b^2=c^2$，对于这条定理，人们首先是通过观察客观事物而发现的，进而就需要从逻辑上给出证明，把这种经验化的规则抽象化成为一种可以证明的思考，这就把经验提升到概念层次，形成了一条定理。

同时，这一过程也是逻辑展开的过程，因为逻辑强调的就是思维的普遍性，也就是要说明我们思维就是这样展开的。逻辑学的基本规则也是来源于对日常经验的抽象，使之表现为人们的思维规律。例如，A 不是 A，这个是矛盾的，所以矛盾律就出现了。A 永远是 A，A 跟 B 之间没有别的东西，排中律也就出现了。逻辑是抽象的，但这个永远都可以应用，所以我可以进一步地说，基础性科学能够产生应用性的技术。

我再强调一遍，中国的思维方式的目的不是为了控制世界，而是用来完成自己，实现自我，达成万物一体。也就是说，中国的知识是为了让我更好地发展我自己作为一个人的独立性和完整性。

漆：成先生的分析非常精彩，把西方为什么走向抽象的理性化之路，进而发展出科学知识，而中国为什么走向一种整体性思维的道路的原因说清楚了。对这一问题，我也有些思考，想向您请教。我觉得从咱们谈的知识论、本体论和中西思维方式的方面看，中西之间的差异性有两点：其一，西方是抽象化的思维方式，中国是意象化的思维方式，也就是会意的，包括中国的文字也是会意的。其二，思维方式的不同所导致的就是两者知识类型的差异：由于抽象化的思维方式要追求知识的客观性，所以非常需要将知识量化，追求普遍的客观知识，这就容易发展成理性化的知识论。中国的意象化思维方式则追求价值的自我实现，而不是人控制自然，这样就提供了人文化或者价值化的关系，它着重思考人在世界中的地位，人和天地怎么相通，这就发展成境界化的知识。这种境界化的知识是中国哲学比较擅长的，因此中国哲学在价值方面发展得比较好。这是我自己的一些粗浅的思考，想向成先生请教。就是想问一下成先生，在思维方式上，您觉得它们两者各自是怎样思考的？

成：我觉得你的思考很不错，但还不是最根源的说法。应该讲，西方抽象化的思维是一种描述，就是说它的抽象为了更好地掌握客观真相，更好地控制自然。西方人为什么要追求抽象？就是为了要有客观性，这样在主客分离之后就能够产生主体对客观事物精确的了解，从这个意义上讲，由于中国不追求控制自然，而是追求一种体验的真实，而体验真实的最高点就是和谐，因此它就会导向一种意向化的思维方式。而且我觉得，说意象还不如改为具象或形象更好一点。如果要和西方相对的话，它是抽象，我们就是具象。中国人不追求控制自然，而是要建立一种人与自然间的感应关系，造成一种愉快的平衡。所谓和谐，其基本内涵就是一种相互感应、彼此呼应的关系，好像是《诗经》里面所说的"彼此合鸣"。中国所追求的就是那种人跟人、人跟物、人跟自然、人跟动物的和谐共鸣的状态，以及由此衍生出的一种感觉。

二 中西方真理观的异同

漆：成先生说得更深刻。下面一个问题就是，有一种说法认为西方哲学更注重理性化的思维，而中国哲学比较看重悟，人要觉悟。您怎么看所谓"西方强调理性，而中国哲学比较注重悟性"的说法？

成：这些观点在我的早期思想中都曾提到，现在已经变成一般的说法。

漆：这个理性和悟性有什么不同？

成：我提了四性说。

漆：请成先生介绍一下这个"四性说"，我们对此还不太了解。

成：一种叫感性，一种叫情性，一种叫理性，一种叫悟性，我当时就这样提出来。

漆：这是在什么框架中提出来的？四者是什么关系？

成：这是基于中国人的心性观念而提出的。我们如何知道心呢？不见天地之心，我怎么知道你有心呢？中国哲学的知识论是开发性的，以前我们也提到，中国的知识是基于体验，基于整体而产生的，这使得怀疑论在中国思想中基本没有存在的空间，因为怀疑只重视部分，只注重一种对于个别事物的观察，而不重视整体，也不重视体验。这样总会有一种隔阂，容易造成一种分化的距离。中国的知识则是基于体验的，也是开放的，所以我们对心有很多认识。什么是心？孟子对于心的解说就同时包含心和情两个方面，比如说"恻隐之心"，恻隐就是一种感觉，是一种情感，《礼记》里面也有喜怒哀乐爱恶欲即"七情"的说法。所以心首先产生了"情性"，它是对情的表达，就是七情。七情是一种自然感情。除此之外，还有一种情叫"事端"，我们叫道德感情，这都是情性。在四性之中，情性是最为具体的。《中庸》也说"喜怒哀乐未发之谓中"，那么喜怒哀乐之情如何会发出来呢？与外面的事物相接触时这些情感就会发生，所以情性是对生活处境的自然感应，这种感应使道德感成为可能。

感性是什么呢？就是我所说的"观感论"中的感，"天地感而万物化生"。这个感是什么意思？它包括感应，还有感动。感是有力量的，它就是心对外面事物的反映；感而后有情，而情就是价值观的基础。因此，感既是知识的来源，又是价值的来源。例如，所谓"观感"首先就意味着眼能看物，而这是对外部世界的一种认识，同时观感还蕴含着对事物的态度，而这又是价值的内容。

感之后知道外部世界的存在，怎么认识这个外部世界呢？就产生理的说法。其实这些概念单独发展很早，在先秦时就有，比如孟子讲礼义实际上就是理。理就是一个秩序，本身包含了一种价值，心之所好就是理，由此可见这个心能知理。而到了朱熹，格物致知，按照《大学》来说的话，他的格物致知主要是在穷理，这样理才能一下子贯通，豁然贯通就叫悟。所以理是对个别事物或整体事物的客观认识，是对它的存在状态的认识，是以感或情为基础来认识客观的事物以及它们关系的一种条理，所以理又称条理。

条理认识之后，对整个条理的一种整体性和根源性的认识就叫做悟。也就是说，一体之理有着最根源性的本，认识这个本就叫做悟。按照朱熹的话说就是"豁然贯通"。我还没有查到最早是谁用悟这个字，悟写出来就是"我之心"，就是我对我的整个心体的掌握。这个心表现出来的世界就是这个样子，这就是真相，因而悟是对于最后真实的把握。

进一步，我认为，中国的所谓"四性"表现的是对真实世界的整体性认识，因而它强调主体与客体要能彼此承认与接受。它始终将认识看成一个相对的部分，强调在认识中主体与客体不能分开。

西方所谓的理性化是什么东西？最早的知识论的典型就是柏拉图的理念论，既超越又客观。这个东西是一个非常抽象的状态，它是对抽象的超越世界的所谓实体的认识，这只能是理的作用。这个理不同于中国的理，它是理性，根源就是逻各斯。逻各斯有几个特点，第一是能表达，第二是能沟通，第三能组合，这个逻各斯是一种使沟通成为可能，从而使知识成为可能的统一性的规定。从宗教的角度来说，新教把它变成了上帝，我们翻译成道，黑格尔就把它当成绝对精神，其实它是逻各斯，是一切事物的最后规定。在中国的思想中，有没有和逻各斯相近的东西呢？似乎不太好找。中国的思想中没有终极化、对象化的绝对实体。朱子只是说穷理，凡事皆有理，理是事物之所以为事物的依据。它没有终极化，终极化就是道，道理两者合起来用时是以道为主，没有道就没有理。太极是道，最后朱子说太极只是一个理，就是说它能够一定程度地体现在个别事物之中，并不是说理是终极的概念。

西方的理性就是指我能够通过一套方法产生系统性的知识，这个知识是最可信的。例如，西方将一套数学化的或数理化的逻辑方法称为"理性主义"。但究竟什么是最后的真实，康德还不知道。但如果要认识这种最后的真实，还是需要把理性超越为智的直觉。中国的悟性背后又关联着直接体验，也可能是超越。超越是来自对事物真相的一种掌握，它是整体的，不是基于对事物分析。而西方的理性其最后的认识结果就是要形成一套数量化、规律化的东西，以便于普遍运用到理性社会里面。

漆：成先生，刚才您对这四个性的阐发十分精彩，而且关于西方逻辑理性的说明也十分到位。这里还有一个问题，也是涉及西方哲学史和中国思想比较的问题。我们知道，古希腊从柏拉图到亚里士多德发展出一套本体论或形而上学，类似的内容在中国人的思想中有没有？也就是说中国人有没有柏拉图意义上的理念论和亚里士多德意义上的形而上学？与此相通的是，后来基督教把本体这一最终的实在给予上帝了，形成了神学。但是近代以来，特别是从笛卡尔到康德的时期，西方人究竟是怎么通过认识主体来把握理念的？因为西方哲学的传统认为人是有限的，加之近代以来的认识论革命，再次说明了人的认知能力的有限性，这就更加凸显了人是不能完全认识理念的。中国的思想里很难发现人和天地不能沟通的论断，我们认为一般人可能把握不到天道，但通过修炼或者特殊有智慧的人，比如通过禅的方式、坐忘的方式都能把握到本体。所以，成先生，请您给我们讲讲为什么中国人没发展出西方式的认识论革命？

成：首先需要明确一点，即中国所翻译的"本体论"在功能上与西方有相似的地方，但中国的本体含义和西方是不一样的。西方的本体论首先应该是对存有的论述，中国的本体论事实上是对本体的一种认识和体验，所以我现在叫本体学。中国对于本体的理解应该是一种学而不是单纯的论，这样才能产生不同于西方的理解方式，达到诠释的目的。翻译成"本体论"是有问题的，为什么呢？因为中国的文化本身是一个完整的整体，但当我们受到了西方的影响之后，就开始拿西方的本体概念来规范中国的本体，这是很不幸的。对本体的重新认识是我特别强调出来的，近代一百多年来没有人探讨过这个问题。

西方的本体究竟是什么东西？就是对象存有论。在科学陈述里面，特别是在古代物理学里面，它就变成物质的东西，在现代里面它就变成量子哲学或量子物理学。它都是存有的,并不反映主体,也就是说跟主体是脱离关系的。唯一的例外是在量子里面发现这么一个状态,因为我们要测量基本粒子的运动,还有它的体积、质量的问题,而我们测量也好,甚至观察也好,我们的主体状态、动作会影响到粒子的状态,也就是说影响到客观世界,这反映出主体跟客体可能不能截然划分。但从另一方面来讲,固然从实践层面我可以认为观察的结果受到主体的干扰,但在理念上我们还是可以认为从一个形而上学的立场来说,这个基本粒子在物理学上还有共同的规律,甚至认为还有一种统一场的存在。这就说明本体学跟存有论的差异,这种差异甚至于也反映在形而上学的概念上面,但形而上学这一概念翻译得比本体论稍微好一点。形而上学的意思是"后物理学",后物理学主要是探讨基本概念代表的对象是什么,也是一种抽象存有论。当然亚里士多德还是认为形式和实质不能脱离,他跟柏拉图还不一样,他是一个实在论的说法,中国则比较接近价值论。《易传》中所谓"形而上谓之道,形而下谓之器",形而上和形而下就是可见与不可见,二者没有截然分开。所以我们不能过于突出精神的重要,你的身体不好和精神有什么关系,这是一个机体,所以形而上和形而下是有机统一的。

漆:中国人叫精气神,都和肉体有关。

成:就是血气,然后又上升作为精神,道教比较重视这个关系。这两个差别在什么地方?按照我们的理解,西方的本体论应该叫做存有论,是对象的存有论。这个存有是独立于我们主体的,不受主体控制的存在,中国则是主客统一论或者说主客体验论。我们在感受万物的时候,甚至可以认为万物也在感受我们,这里就存在着一种感应关系。

漆:事实上咱们说的"天地为之动容"就是这个意思。

成:毛泽东逝世那一天,真可以说"风云为之变色";蒋介石逝世那天也是雷雨交加。所以东汉讲天象,讲灾异,是有一定道理的。

漆:成先生相不相信这个?

成:现在中国人实际上已经经过了一番知识的洗礼,所以不会相信。在感情上可能会信,但理性上不会信了。

漆:1975年成先生您在台湾吗?

成:我1960年就在美国夏威夷教书了,1973年升正教授,1974年我才回台湾去做系主任。我编一个杂志,他们说我好像为大陆宣传。但不管怎么样,你可以看出来,本体上这个差别是很大的。

漆： 的确，在对本体的理解上中西方确实是不一样。

成： 中国的知识跟价值关系很密切，西方则不密切，他们认为知识是中立的，价值是我们主观加上去的。比如你认为这个好，或者不好，那是你个人主观的意见。中国则认为你有这样一种对世界的体验，自然就产生一种知识，这个事情本身就是好的，不可能是坏的。

漆： 成先生，西方还有所谓的事实判断和价值判断的分别，就是认为知识是关于事实的，是客观的，而往往把价值归于主观性。但是中国人认为这两个东西不分，知识和价值是统一的。

成： 因为当时在体验外面世界的时候，中国人已经是有一种一体之感了，他是主客一体论，只有主客一体的话才有感应。当然这不是我们现在说的感应，而是说好像你看到月亮，看到太阳，就感觉到月亮当中有一种犹豫的感觉，在太阳当中就有一种刚健的感觉，甚至朱熹就会把四季看成四种德，比如夏天之德是什么，冬天之德是什么，就可以把元亨利贞结合在一块谈。

漆： 这个西方人恐怕不承认，他们认为咱们有点儿牵强附会，西方哲学好像不太承认咱们这样一套。

成： 承不承认不是重要的，因为这是两个不同文化体系。他不在这个文化体系当中，因而他无法认知这个问题。

漆： 但西方现在不也在讲事实与价值不分吗？因为知识中已经具有规范性。

成： 从严格的知识来讲，知识本身就是具有规范性作用的。比如康德讲的先验范畴，可以用在价值论和行为论上面，本身就是人的行为的基础。所以你不可能说知识不包含着某种价值的选择，像哈贝马斯认为知识本身就代表一种人的利益，一种权力。知识就是权力，它本身可以转化成为价值，或者在使用知识的时候它就是价值？就像我们所说的真善美，真难道不是价值吗？因为这个东西是真的，我就相信它，就追求它。知识也一样，是知识我就信仰它，我就去掌握它，去用它。同样，真理也是一种价值。

漆： 西方人看重真理，他推崇的是真。

成： 有人说只有西方人讲真理，中国人没有真理的概念，这个我是反对的。是不是真理要看落实在什么地方讲。

漆： 中国人怎么表达真理呢？

成：什么是真理？真理代表的是一种最后的真实状态，这是最后的标准。对于真理，有人坚持相应说，认为真理就是对一个真实世界的相应。也就是说，所谓这个概念系统是真的，这句话是真的，是意味着有相应的事物与之关联。我说天下雨这句话是真的，是因为天的确是在下雨，你去看看就知道了。这种相应说是科学最起码的要求，我们起初需要用客观知识与经验去认识外部事物，建立一种初步的观察，来衡量我们的语言是不是与之相符合。另一种对真理的理解是不矛盾即为真。也就是说，所谓真理一定是要把句子合在一起而没有矛盾，即要符合逻辑上的一致原则，这样才叫真。如果你认为你说的话是真的，我认为我的观点也是真的，但我们两个是矛盾的，可能两个就都不真。因为我们两个不可能都真，但我们两个可以都不是真的。黑格尔认为自己基于绝对精神而建立的哲学体系是真的，因为他可以解释所有的现象，而且是一致的。进一步，不仅形式上一致，而且内容上相合。

漆：这样的真理海德格尔是反对的，他不相信。

成：海德格尔之所以反对是因为黑格尔的知识论的关注点是在人身上，他的经验是以人为主。但是他的错误在什么地方？他看不见我的本体诠释学的作用，即没有发现自然间存在的发生层级，也就是说生命的存在以宇宙存在为基础，而心灵的存在又以生命为基础。这一点荀子说得很对，有物才能有气，然后才能有知，才有意。黑格尔所关注的只是人，认为上帝既然造了人这种最高的存在，那么自然界的其他东西都不重要。但是他不知道，从经验事实来看，人能够脱离自然吗？人能脱离物质生活吗？不可能。即便产生了人，人的发展仍然需要物质基础，仍然是在原始的气上展开的。这点是黑格尔最大的错误，他所表现的是认知层次的断绝，所以他的思想是一种很脆弱的观念，这说明他的真理违反科学发展的理念，他没有认识到这一点。

现在说到真理时还有一个观点，认为真理就是这个世界呈现的方式。天下雨这句话是真的，是因为世界已经把下雨这件事呈现出来了，使你把握到了。这个说法其实很接近中国的真了。中国的真是什么东西？我们所谓的真，道就是真，理就是真的，心是真的，人是真的。这都是我们体验的现象，都是我们认识的，所以我在一篇文章中就说明中国的真理论有最丰富的内容。

漆：它有很多层次。

成：很多人讲中国没有真理的概念，比如我的学生就说中国没有真理。如果中国没有真理，那中国怎么生活在世界上呢？这种话是不通的。

漆：中国的真既是宇宙论的、存在论的，也是价值论的，与人的生命相关的，是统一在一起开显出来的，不是简单复合的，因此它有很多层次。

成：它是在同一种逻辑上的展开。

漆：这可以叫做真理的开显论，就是说真理是开显出来的，显现出来的。

三　自由概念的东西互释

漆：成先生，我这里还有最后两个问题。一是请您谈谈东西方对于自由的不同理解。我们知道，自由是西方思想中一个很重要也很核心的概念，那么中国的思想中能和它相对应的，或能和它比较的东西是什么？之所以问这个问题是因为自由在西方的语境中是与真理密切相关的，西方人认为通过真理追求自由，那么相应的，中国人怎么讲这个自由？咱们中国哪个词和它对应？或者是说中国文化是怎么思考西方人思考的自由的？因为西方人很重视自由，还有自由主义的主张，所以我觉得中国人如何看待自由的问题在价值观的会通方面具有很重要的意义。

成：我认为近代西方重视自由也有它的思想根源，因为在古希腊哲学与古希腊的思想传统里并不是没有这个概念，但是没有特别重视，反而更重视正义。以色列这个民族对自由应该有很深的体验，但他没有发展出自由，因为他们认为失去自由是上帝对他们的惩罚，他们有罪，所以他不重视自由。因此，我必须要说，自由是一个现代概念。这个概念是从什么时候开始的呢？我认为这个要分开来说。自由最早起源于英国，比如说英王大量征地，把苏格兰、爱尔兰整个统一了进来，产生一种高度的土地征收和控制，人们无法生存下去，最后开始革命，所以自由在英国本质上就是寻求对王权的限制。

漆：也就是说，西方的自由起初是与争取自身权利密切相关的。

成：对，就是要求个人权利从王权中解放出来。解放出来有什么好处呢？他就可以少交一些税，从而能够得到自己想要的生活方式。自由的一个正面的表达就是权利。因为自由有两种，一种是消极的自由，就是不受干扰；另一种是积极的自由，就是我可以自由地行动。积极的自由就是权利，消极的自由就是不受干扰，免予侵害。所以自由就是逐步从一种被控制的状态下解放出来，最后达到可以积极行动的能力，这也反映出西方追求独立自主的过程，甚至一个民族国家也在这样的过程中形成对自由的深刻体验。比如1776年的美国革命是美国要求从英王的枷锁中冲破出来，1789年法国大革命是法国从路易十六的王权专制里面解放出来。

漆：中国人怎么理解自由呢？

成：中国没法马上理解西方所说的自由，因为中国没有匮乏过自由。孙中山讲三民主义的时候说中国是一盘散沙，不缺少民间的自由。中国人首先生活没有那么多约束，天高皇帝远，你只要该交的税交了，不得罪什么人，生活上可以比较自在的，不太受干扰。他没有受到绝对王权的全面控制，更没有经历过宗教迫害，比如罗马天主教对人们的迫害。它的宗教裁判所就把很多异端烧死了，那个很厉害的。

漆：但有人说中国文化缺少自由，而且现实中好像也是如此。

成：你这个话有语病。中国文化缺少像西方那样的压制，所以没有产生像西方这样的自由概念。你不能说中国文化缺少自由。

漆：我是站在西方的角度谈。

成：西方也不能这样讲，我们一定要很细致地分析这个问题。你这样讲还是不对的。我就说我的看法，西方的自由有一种非常明确的机制，所以密尔的《论自由》中讲自由就是一种我不妨碍别人，别人也不能妨碍我的状态，这就叫做自由，它就成为一种权利了。也就是说，我有一种权利，能做任何事情，但是前提在于不妨碍他人同等的权利，这就是自由的古典意义。当然这个自由也在不断地革新，比如说法国大革命产生了《人权宣言》，加上英国的《大宪章》和美国革命的《独立宣言》，以及后来联合国的《人权宣言》，这四份文件就构成对自由最重要的规定。

自由的内容都是被规定好的，现在这些内容一般都被写入宪法之中，比如信念上要自由，言论要自由，聚会要自由，生命不受约束等等。当然这不包括给你提供工作的义务。有人说我有工作的权利，所以他人有为我提供工作的义务，这个政府没有办法做到。精神上自由，只能是最基本的人权，最主要是行动与言论的自由，即你的言论不能成为压迫你的原因，这是近代西方产生的一个价值观。对中国来说，这个问题并不是那么迫切，因为中国没有西方的宗教迫害和强烈的专制，也没有那样一种人民跟政府激烈对抗的传统，所以中国并不把自由看得很重要。对中国人而言，重要的是平等与和谐，这是我个人的观点。自由人权是西方的观念，平等和谐是中国的主张。中国最讨厌的就是不平等，因为其实中国是等级社会，而不是阶级社会。比如我是个弱者，就要尊重君主，你做学生就要尊重老师。这就像孔子所说，父亲就得像个父亲，儿子就得像个儿子，兄得像兄，弟得像弟，朋友要像朋友，夫妇要有夫妇之道。这是一种价值观念中的平等主义，在这种平等主义下大家才能和谐相处。中国最怕失掉这个东西，这也是中国最值得珍惜的东西。

那么在现代社会中，我们应当怎么办，应当怎样面对这些价值呢？现在的社会也有防备自由被侵犯的需要，这个世界也需要尊敬、平等、和谐。事实上在全球化的语境当中，我们看到人类很可能基于某种需要或者某种技术来限制人的自由，来剥夺人的基本权利。为此，我们就应该重视自由的价值。事实上，自由就是一个国家的宪法所规定的权利，这里面反映的是人的一种需要。因为现在的社会越来越复杂，哪些是责任，哪些是权利，不少人并没有搞得很清楚，因而很容易在不同的情况之下受到压迫。新的压迫包括新的社会制度、新的政治制度、新的经济制度产品的压迫，因此人权与自由作为现代社会的基本价值是很重要的。

可是当我们有了这个自由平等、自由人权的基础，怎么能够达到一种价值的提升、价值关系的建立？如何才能够建立一种相应的、对称的平等？就像在同一个社会里面，不应当存在奴隶跟奴隶主的区别，在国际社会里面也不应该有哪一个国家更伟大，哪一个国家应该做附庸的关系。所以我觉得，在现代社会中，实现自由人权的目的就是为了追求一个平等。因为自由实现了，经济也发展了，但随之而来就造成了一些新的问题，例如贫富不均、贪污腐败等。同时，某些国家太自由了，为了自己的利益不顾及他人的感受，就产生霸权，去压迫别的国家民族，这就不平等了。所以孙中山说得很好，"革命凡四十年，四十年之经验，联合世界以平等民主共同奋斗"，他对平等特别重视。本来从中国古代哲学来讲，所谓天下一家，天下大同，因为平等就要假设自由与自主。

漆：平等的价值已经包含了自由。

成：不用再强调这个自由了。西方一方面强调自由，另一方面搞不平等。

漆：罗尔斯写《正义论》可能也印证了成先生这个说法，自由差不多了，但平等没实现。

成：因为合理的不平等不容易实现，但不合理的平等却随处可见。即便你看上去享受着很多权利，但你会说我空有权利有什么用呢？我能做什么？我根本进不起好的学校，因为它的收费很高。它名义上允许我入学，但高昂的学费却把我挡在门外，这就是空虚的、无意义的自由平等。美国的自由就是空虚的。一个贫困矿区即便有自由，有什么用呢？那里的人连去一个大城市的机票、火车票都买不起，因此他就不可能离开家乡去那样的城市，只能在当地落后的环境中讨生活。落后地区没有钱，学校就永远落后。这一点推广到国家也是一样的，一个穷国永远是穷。所以，平等是现代社会的一个核心价值。

另外，除了强调平等，我们还应当追求和谐。当我们达到一种价值观念中的平等时，我们就可以谈和谐的问题了。不同性质的政权最好还是要和谐相处。

四　中西马的会通与中国哲学的未来发展

漆：今天的最后一个问题是有关于中西马的会通问题，尤其从国内来说，中国哲学、西方哲学和马克思主义哲学这三种主要思潮间一直有很大的张力，有些紧张关系。但是近年来，我认为中西马之间开始产生自觉的会通要求，大家写了很多文章，都在思考如何实现三者的会通。成先生，您认为当今中国哲学怎么才能搭建一个让这三者能够很好地进行对话、进行学习的平台？怎样为中国当代哲学的发展做出自己的贡献？

成：我们要知道，中国哲学自身有非常完整的体系，西方哲学亦有非常完整的体系，而西方哲学跟马克思主义哲学的对立可能是在特定的背景下，特定的流派之间的分歧，比如自由主义与社会主义就对立。但马克思主义哲学跟中国哲学对立，这个好像很难成立。因为马克思主义只是西方于19世纪中期产生的一种社会哲学与政治哲学的流派，当然它也有恩格斯自然辩证法的一些内容，这构成了它的科学观的部分。但总体而言，马克思主义哲学是西方哲学的一个分支流派。中国哲学则是一个长期发展出来的、非常多元也非常丰富的体系，一个关于天地、关系自然、关注人生、关怀生命、关爱社会、关心政治的整体性主张。

如果我们以儒家作为中国哲学的代表性思想，又从政治和伦理这两个方面来分析中西马三者的关系的话，我们可以说，儒家代表和谐主义，西方思想代表自由主义，而马克思主义我觉得则代表了一种社会主义。我觉得三者在本质上并不矛盾，因为自由是一个基本的要求，但自由不能逾越平等与和谐的底线。这意味着，如果自由造成了更多的不平等，那这个自由就是有问题的。同样，过分地要求平等也造成不和谐，从而阻碍社会和经济的发展。

特别值得注意的是儒家的和谐思想，我认为这个和谐还有一种特殊意味，它指的是一种动态的和谐。孔子说"不患寡而患不均"，他没有说不可以追求财富，并认为即便整体的经济水平比较低，但贯彻了平均的要求也不会产生什么问题。但如果社会富裕了却缺乏基本的公平，贫富差距很大，这样就是很危险的。他并不是说不可以富裕，而是说富了还应当有平均，这点要注意。所以儒家的和谐主义追求的是动态和谐，它实际上也包含了马克思的社会主义的一些要求。儒家同样承认人的自由，亦要求人与人之间实现价值上的平等，以达到发挥经济或政治上的和谐为目标，所以儒家是一种整体哲学。我们需要把西方的自由主义看作一个基础，但是要用儒家思想和马克思主义的方法来限制它，对它的目标和主张要进行研究，同时要发展它的内涵。我们应当肯定，西方的人权与自由很重要，实现人权与自由的手段比如说民主，我们也是肯定的。但是，它必须要在儒家重视和谐、重视平等的眼光之下来实现，同时也要重视马克思主义提出的合理的社会分配的重要性。良好的社会分配是达到和谐的前提，也是达到平等的方法。所以从这个意义上讲，我倒认为马克思更是儒家的手段，是儒家之用，体是儒家思想。

漆：儒体马用。

成：对，就是儒体马用，也可以说中体西用。

漆：也有人提过类似的说法。例如，甘阳就提出所谓"儒家社会主义"。他说从意识形态上讲，我们现在搞的是儒家马克思主义，从国家走的发展模式来说，中国模式的道路叫做儒家社会主义共和国。他在《读书》上写了文章《中国道路：三十年和六十年》，就是阐述这个观点。他还提出了所谓"通三统",就是中国目前有三个传统,一个是儒家的和谐文化传统,一个是毛泽东时期追求平等的社会主义传统,第三个是邓小平时代重视改革开放、注重发展市场经济的传统。对于三者的关系,他说儒家的传统是大传统,再加上毛和邓两个小传统,把三个统结合起来,就叫做"通三统"。

成:我不知道甘阳的说法是指什么。

漆:他更侧重于儒学,就是马克思主义和中国文化融合。

成:有些学者认为马克思主义是道,是根本的原则。

漆:对,他们认为应当是马体儒用。把中国文化当做用,把马克思主义当做体。他们认为这样才能维护马克思主义的纯正性。

成:孙正聿是什么看法?

漆:他强调中西马的融合。他认为这些东西都是可以相互借鉴,统一的。他没有用"体用"来说,他个人是坚持马克思主义的。

成:马体中用?

漆:目前国内对马克思主义的理解,包括政治意识形态的理解都还没有达到马克思本身的水平,或者没有马克思的精神,马克思的精神和中国文化也是相通的。

成:这方面也有另外一个问题,就是你说政治、经济跟文化统一问题,如果政治上是马克思主义,经济上是市场经济,再加上儒学,这些内容如何构成统一?

漆:在现实中还没有统一,在学术界也还没有达到共识。

成:所以有人说马克思主义是一种指导原则,这是普遍的说法。但我觉得这个跟我讲儒学为本,马克思主义为用也是可以沟通的。

漆:我觉得马克思主义当然可以作为中国的重要思想资源,要推进马克思主义的中国化,但中国自己的民族文化精神是本,我们可以用它来融合佛学,也可以用它来融合马克思主义,包括其他的各种主义。但中国自身的传统如果丧失了就等于忘了本,丢了本,就意味着丧失了融合任何外来思想的能力,这不仅会窒息中华文化复兴的内在活力,而且也会制约马克思主义中国化的发展创新。

第四章 中国哲学的心性论与生命境界

一 知识的专门化与信仰的困惑

漆：中国大陆现在对现代哲学的了解与过去相比已经有了很大的进展，特别是对研究的问题和研究的方法已经很自觉了。因为改革开放以来中国大陆和国际学术界的交往比较频繁，很多人到欧美国家去学习和讲学，这样就可以了解到西方学界的最新进展。我感觉最近十年，国内的哲学观念有了明显的变革，哲学研究范式和问题意识也发生了转化，即便讨论老的问题时也是采用比较新的方式。我认为，在20世纪80年代与90年代上半期的时候，国内的哲学研究还有很多问题，比如视野不够宽，对西方的了解也不够深入，还是沿用传统的理论范式。2000年之后，无论发表的文章、出版的专著或学术会议上的观点，其中的观念都有了很大的变化。

成：首先就要掌握国内思想界的一些热点、盲点及深处的问题。如果从我累积的经验和持续的观察以及我的哲学眼光来看的话，这个问题一定要彻底地谈出来，要问出来，挖出来。我觉得如果我发现了这些问题，我一定会讲出来的。我现在也在国内的很多杂志上发表文章，但是真正困扰的问题在什么地方，你要找出来。你作为一个青年学者，情绪上的困惑是什么，在思想上的闭塞之处是什么，在精神上的需要又是什么？这三个方面能不能找出你的真切感受？

漆：今天咱们讨论的内容是关于中国哲学的心性论，这与人的生命境界密切相关。这里有个问题，就是中国哲学特别强调知行合一，也就是知识和价值的统一。这意味着我们所研究的东西和自己的生命过程应该是统一的，意味着你所问学的理应是你人生的信条。但现在的情况是什么呢？就是学和道分裂了，多数人只是把学问当做一种知识的研究，当成工具了，并没有落实到生命的信念中，没有变成自己的信仰，我觉得这是个比较严重的问题，不知成先生您怎么看？特别是现在学科分类越来越细了，因而很多人把哲学也就只是当做一种外在的学术在研究，往往他自己并不相信自己的学术。

成：对于这个问题，我是这样看的。知识原来是庄严的，这意味着知识跟行为慢慢有一个分离，也就是说知识分科是一种知识深化或者使知识成为一个真正能够为人掌握的工具的现象，经验的知识化与工具化是一个自然的趋向。这意味着人们要在这个枯燥的环境中求得生存与发展，必须要更好地掌握知识，然后把知识变成技术。所以说技术就是人通过掌握知识进一步掌握自己，相对人的生存目标来说，能够拿这个知识做什么用，以达到其目标。从这个角度讲，相对于人的生命或人生目标来说，知识必然有一种工具化的趋向。

但是生命不能只追求一种工具化的目标，因为人的生命最后需要走向圆满的境界，所以这里就有另外的一种对知识的要求，即认识真相、真理。在进入这个境界之前我们的思想必须要有一种转化，这时的知识要提供行为的方式。只有在这种行为方式中，人才能追求到生命的境界。

现在大陆学术界最主要的问题就是对于知识的层次不清楚。知识由两个层次构成：我们所说的分科的知识，也就是科学知识或知识的科学化，它是围绕一种现实的目标而展开的。现实目标可以有很多的，包括经济目标、政治目标、社会目标，即按照社会规范做社会人或经济人的目标。

第二就是知识有统合作用，其目的在于显现一个真理，这个真理对生命的意义有启发意义。这显然不是一个工具的问题，而是一个启发意识，是为了让人发现生命的意义，或者说我到底是怎样一个存在，我这个存在的内在目的是什么。这一点用中国哲学的话说就是"什么能让我安身立命"。这样，我的生命就能建立起某种形象与信仰，这种信仰不一定是宗教的信仰。它不是落实在现实世界之中的，用冯友兰的话来说不只是为了功利，也不单是为了道德，当然他说的是天地境界，我们也可以说是一种宇宙精神。这种宇宙精神对人生具有一种重大的促进作用，因此这两个层面是分开的。

现在的知识基本上是一个工业化的知识，而现在的人们也把知识工具化了，只是为了达到某种目标，而没有说要使人们的精神得到安顿。这种安顿，表现在孔子那里就是"朝闻道，夕死可矣"。这不是一种工具之说，是一种道的知识。而一旦得闻，我的人生就已经满足了，甚至死而无憾。因而这是一种很内在但又具有极大的体认性的知识。这种知识是中国哲学里面特别强调的，西方也不否定这种知识。但是因为在西方的传统中这样的知识可能是找不到的，所以类似的东西只能诉诸宗教信仰，按照西方宗教的立场，上帝是无所不知的，只有通过信仰上帝人才能得到拯救。

中国自古以来有一个立志的传统，它要求我们在知识之外找到一个最重要的精神目标，从而能提升人格和拯救灵魂，能够把所有的生命困惑都消除掉，使得人达到一种精神上的绝对自由，一种绝对的满足与快乐之境界。例如，孔子说"从心所欲不逾矩"，或者"朝闻道，夕死可矣"。道家则认为，人们可以做到也应当做到"逍遥游"，而这就是与道合一了。到了这个地步，这就不是一般的信仰，而是智慧和信仰的结合。

漆： 您说的这个我能理解，就是传统的儒家与道家确实能形成这样一种人格追求与精神境界。但现代性造成生活世界的断裂，这一点从第一代新儒家就能看出来。像我们之前说的梁漱溟，作为一个儒家他很困惑的问题就是中国的社会和文化的问题。包括牟宗三，您能看出他不像传统的儒家或道家那样很是从容，我觉得这是由于他处在现时代的情势，而这个时代发生了一种生活世界的断裂，他对此要加以弥合，这种内在的矛盾和张力很大。从学术角度看，他们已经很孤苦了，他们想通过自己的学修达成一种安身立命的状态。但我现在更关心的是中国普通人的安身立命的问题，他们并不搞哲学，但他们都在市场经济中打拼、挣钱、消费，现在的问题是很多人都越来越感觉到生命有一种无着落的状态，就是找不到一种根基。

另外，这一点与民族的信仰问题也有关。很多中国人既不想转向西方的宗教和意识形态，但当年孔孟老庄等先哲所追求的境界又感觉太遥远，马克思主义作为一种意识形态似乎也难以成为很多普通人的信仰。正由于缺乏信仰，看起来就好像怎么做都可以，但同时他内在的本性又在呼唤真实的生命信仰，这是当今中国人精神世界的问题。我在学校接触了很多年轻老师，他们感觉一天这么忙，这么累，究竟是为了什么，这些问题也困扰着他们。我觉得这就是现代性造成的信仰危机问题，想听听成先生对这一问题的看法。

成：我想我是了解你说的问题的，就是今天是信仰溃败的时代，是一个人生价值出现空虚化的时代，没有什么东西可以信，没有什么东西可以更有价值。今天的一个小学老师，一个清道夫，一个小贩，或者一个商家，他每天需要重复一种职业性的生活，怎么会觉得生命还有更多的意义？怎么会发现他自己认为心安理得或安身立命的境界呢？但是只要有人能给他一个启发，帮助他看到一个人的高远的境界，或者有人能显示一种典型，可以为他定期进行训导或提醒的话，他还是有可能达到一种较高的境界的。比如在城里做小生意的人，可以通过农家乐的活动，让他享受到乡下的生活，从而盼望一种环境的变换；也可以引导他多参与社区的活动，借此转移生活的注意力，并提升个人的境界。我发现今天那些在意大利、法国或德国的小城市里生活的小资产阶级都生活得很愉快，因为他们有一个定期聚会的场所，有人给他新的精神上的异样感觉。另外，他们也在阳台上种种花，或者参加民间的一些艺术活动。他们不但自己参与，而且彼此欣赏和鼓励；他们也不那么追求名利，而是安于现实的生活，对这个世界有一种信心和乐观。在培养子女时，他们不会因为各种现实的问题和子女产生断裂，而是都达到生活情趣的平衡，而我们现在则没有。我们现在是翻天覆地，这一点从人们参与社区生活中就能很明显地看出来。比如我就遇到有地方一天到晚要改造某个社区，改造一个乡镇，因为乡镇企业或外来的企业要发展，所以大家就圈地，结果把这个积累很久的生活方式破坏掉了，却没有引入一个新的社区环境。这就造成了每个人根本层面上的不安状态，每个人都不知道将有什么事要发生。这就像在"文化大革命"前后，今天一个运动，明天一个运动。大家都不明所以，就是摸着石头过河。当时邓小平说摸着石头过河，的确也是摸着石头过河，不知道里面是什么样的，不知道美苏这些强权会对中国采取什么措施，只能天天防备，过着紧张的生活。有些人向往回到毛泽东时代就是因为那时大家有个共同的目标，而现在群体目标不清晰，只剩下个人的目标。而个人目标往往是飘忽不定的，社会变化往往是造成个人紧张的一个因素，因为社会的变化成了一种压力，每个人都觉得痛苦。

我觉得要解决这个问题，需要一个良好的生活世界，需要让一个社区的生活稳定下来，让良好的氛围建立起来，让生命回到自然的轨道。建立起一个良好的生活节奏，是良好的生活世界中最为重要的方面，梁漱溟也有这个想法。现在文化重建造成太多的冲击和破坏，所以怎么样基于那些走不掉的农民，去建设一个更好的、更适合人居的乡村，这是一个很重要的问题。我在北京看到的变化实在是太大了。我最早到北京是1985年，当时很多土地没有都市化，现在北京包括三环、四环、五环、六环都都市化了。这样一来，你在北京就找不到一块清静而祥和的地方，每个地方都是商业化的，每个地方都是要作为市场或者作为什么目的发展。北京盖了很多大的建筑，包括很多摩天大楼，但这些跟我们的生活距离很远。与北京不同，有一次一个朋友带我到遵义，那里有人养鹿，有人搞农庄，那种感觉就蛮好的。我当时就在想，什么时候我也能有一块土地，建立一个书房，那就感觉十分愉快。南京有个地方叫将军山，我看那个地方蛮好的，不近也不远，而且很安静，那里还有一个湖。但没过多久，那个地方也要圈起来发展了，这就让精神能够寄托的自然环境没有了，所以精神就变成一个游魂，我叫做"精神的浪子"。

改造环境是解决人民精神焦虑的第一个方面，而第二个方面就是要有精神典型。西方信仰一大特点就是它能够找到一个典型的人物，例如耶稣。而我们现在自己的精神典型都逐渐丧失了，比如我们对孔子只是言语上的了解，是通过阅读《论语》来了解，而对孔子真正的行为则了解得太少了，我们需要一种对孔子、对圣贤的真正了解。我们应当思考，有没有办法让我们在生活中感受到古代圣贤的存在和高尚人格。我想，这需要建立更多的讲堂、书院，而我们现在还做得不够，没有很好的文化设施。比如我们可以鼓励建设书院，让人们自由地学习。在港澳台地区有很多书院，不同书院的侧重点是不同的，而且它们经常有大的财团支持，因而能够产生较大的社会作用。我们现在的书院很多都没有稳定的经济支持，在经济挂帅的时代，经济因素常常会影响书院的发展。例如阳明书院，就是一个养心的地方，当然能不能开放或者推广，这是一个值得思考的问题。

我们应当看到，书院的作用在于为经典的传承提供一个稳定的场所，又通过经典来维护人们的情感世界和精神信仰。基督教若没有人去天天读经，以此来维护其宗教传统的话，这种情感世界在现代也很快就会消失掉的，《圣经》是靠有人不断地讲解才传承下来的。过去我对此重视不够，但我现在非常重视中国传统精神的讲堂。我们应当让它能够在社会上立足，不要受到政治和经济的干扰，而是应该以经济和政治作为支持，应该作为长久的精神文化传统加以制度化，成为经常的一种体系。在美国，小孩就知道耶稣的故事，我们也应当让我们的文化传统现代化，变成现代生活的一种形象。若文化传统缺乏这样一个现代化的过程,那么精神典型离我们现代社会就是很遥远的。在这方面,中国要做的事情还有很多。我们的国民的精神素养该如何维系,这是一个很重要的问题。我这里说的是国民,还不是单纯的公民,国民还具有一种对国家的责任。那么,他作为国家中的一个人,要有自己的文化活动空间。我觉得我们应该通过政治和经济的手段来提供这样一个空间,并持续地保护它,这样我们的精神文化传统才能慢慢地得到涵养,进而我们的民族才能和谐起来。

我们过去的"道统之说"太道学气了,应该说是精神文化传统。我们中国当然是有精神文化传统的,我们需要为其提供一个载体,一个可以寄托的制度性的存在方式。佛教有庙宇,道教有道观,儒家没有类似的东西,那怎么办呢?我觉得应该从书院入手,通过书院传承人文经典,提升国民的文化素养。现在很多人已经感觉到精神文化和价值信仰的作用了,比如不少人都期望精神导师来给他讲一些和谐中庸之道,帮助他涵养精神,给他一点光、一点热、一点感动,能够把他的灵性守护住,使他生活更有意义,使之走向光明之路,这样就会达到一种净化。在佛教中这是寺庙的作用,过去这些佛教的东西为什么会流行,就是人们要找寻自己解脱的方式。

作为知识分子,在文化领域我们与其他国民的任务是不同的。我们的任务就是讲哲学、讲传统,就是从学理上阐明我们的文化。如何能做到这一点,其中包含着怎样的哲学根据,又有怎样的内涵?我觉得,心性之学可能是其中很重要的一部分。充分开发中国哲学中的价值,使其能适应当今的时代,并能在一定程度上解决人们的精神困惑,这样中国哲学就会有新的意义,它就能够提供中国现代化过程中所需的精神空间和存在的基本要素。

二 中国哲学心性论的内涵与意义

漆:成先生,刚才您从几个方面谈了信仰的问题,指出了咱们的传统文化怎样才能找到载体并传承下去,包括您提出书院在此过程中起着重要的作用。在我看来,我们中国哲学要重新关注心性理论,重新发挥生命之学，提升人的生命境界，因为当前国民在精神信仰方面、心性修养方面确实普遍存在着一些困惑。在现实生活中我们虽然也引导价值观，但这种引导抵不过现实生活的种种诱惑。在每个人自己的真实生活中，特别是在职场中，他需要上班、挣钱、消费，他自己已经不是按照传统文化的原则生活了，支配他的生活的原则已经是金钱与权力，按马克思的话说就是已经"异化"了，不是以"仁爱"或"慈悲"为原则的。所以我们现在确实应该正本清源，要有一个正确的引导。成先生刚才您谈得很好，我们现在应该从各个方面创造条件，让我们的国民把本民族的伟大精神传统，特别是中国的道的传统、心性的传统接续起来并加以发扬。

我们的讨论将围绕中国哲学的心性论和生命学展开，这方面有四个大的问题。第一个问题就是心性与本体的关系，也就是心与道的关系，因为成先生您的本体诠释学对本体方面有很好的阐发，所以我想请教的是对于本体我们中国哲学是怎么理解的？它与心性的关系又是如何？我们一般把本体称为"道"，也就是说这个道是如何与心性相沟通的，我们心是如何感受到这个道，从而使人的心和道能够相通或者说能够天人合一。换言之，就是作为中国哲学本体的道和人的心性之间是什么样的关系。

第二个问题就是本体与工夫或与修行的关系问题，也就是我们在日用常行之中如何修道，如何实现"道成肉身"？也就是说，我们如何在日常生活中把这个本体显现出来，变成"日用常行"。

第三个问题就是中西哲学在心性论方面有什么样的不同。我注意到成先生您曾经重点讨论了中国哲学的八个主要范畴，就是天、道、性、命、理、气、心、性。您说先秦时期谈得比较多的是天、道、性、命，而宋明时代则侧重于理、气、心、性。所以这里我想也请您基于中国哲学史谈一下心性的问题，并说明一下中西哲学在心性论上有什么不同。

最后一个问题就是中国人的心性论和生命境界的关系，也就是说我们今天怎么样才能建立一种生命的学问，通过修身养性提升自己。您的本体诠释学是如何开辟出生命的学问，从而让人能够提升人的生命境界的呢？

成：我在本体学的概念里面已经思考过这些问题。我最近一直在思考宇宙的整个发展过程，也就是宇宙创化论，其中也体现了这些问题，这跟我提到的"易学创化哲学"有关。我们要了解宇宙本身是处在一个发展过程当中，我们作为一个人，从懵懂、无知的境界中逐渐产生人的意识，而这个意识的作用就在于让人看到这个世界是什么样子。人看到的这个世界跟其他动物看到的是不一样的,因为他看得很全面,并且他能够动态而持续地看,这是与我观看的体验或者和观的哲学密切相关的。也就是说,我们是有一种观的认识。

除此之外我们还讲过,从精神上讲,人类看到一个东西之后会产生一种感受,这种感受是直接的,因而还不是思维的问题,但他最后肯定要落实到思维。人是一个复杂的生命体,从他出生到成长的过程中,他的生命的内涵逐渐变得丰富起来,也就是说他逐步地能感受到世界的存在,感受到生命的意识和生命需要追求的目标。他也能产生一种价值观,同时又能够有一种对世界自然的感受和价值判断。对每个人来说,这些都是在群体生活中实现的,所以人的生命发展还是需要在社会中实现人的心性结构。更准确地说,最后他还是得从经验出发,通过内在意识的自我反思,思考我跟世界的关系是什么,世界跟我的关系又是什么。我喜欢张若虚的《春江花月夜》,想到他描写的唐代那种精神。其实这首诗很有哲学意味,特别是其中的两句,就是"江畔何人初见月?江月何年初照人?"人见到月或者月亮照到人,这两者实际上是一回事。当你能够知道你自己是一个人的时候,才是真正能觉察到月亮照到人的时候;假如在人还没觉得自己是人的时候,月亮照的并不是人。也就是说,只有当人已经能够看到月亮的时候,月亮才真正地照到人的身上,或者说月亮照到人或人看到月亮是同时发生的。

但这一思考并没有解决最为根本的问题,就是人跟世界的关系问题,也就是思想和宇宙的关系,这需要经过长期的观察与思考,同时这也产生很多其他与之相关的问题。比如从逻辑上讲,有思想就会产生二元论,就是人们会意识到我有意识,而我的意识不等于外在世界的存在和物质的存在,所以客观的存在和主观的存在,或者说外部世界的存在和内在心灵的存在是两回事。心灵世界是一个复杂的概念,最开始是意识,进而在意识中产生一种特殊的能力,使得我不但能看到外面的世界,还能有一种感知,并产生一种喜欢或者不喜欢的情感。可能还会产生一种因感而生的欲求,它符合内在的生活需要,即这是自然给我的,同时这个东西给我的感觉很好,而且是我生活所需,所以我要把它据为己有。所有这些都标志着人已经成为人,换言之,这是一种自我存在的描述。

由此,我们就会自然地意识到,人的存在包含两个维度,一种是精神存在,它是通过心灵而体现出来的;另一种是物质的存在,是以生命体现的。早期的古希腊人对这种情况可能就已经有所了解了，这样就产生对精神主体的追问，以及对终极实体的追问，这就推动他们设想到有一个神或者上帝存在，而物质世界就是实现这个精神世界的一个工具。这种二元论的思考，是人在观与感过程中产生的一种选择。

中国却绝对不是二元论的。在中国哲学中，我们所感觉到的我的意识、情感、感觉、欲望、目标以及价值，这些都是和自然密切相关的，是由自然引发的，也是自然发生的。也就是说，心灵在宇宙之中，宇宙也在心理之中，或者说心灵是宇宙一个更高层次的显现，所以中国的心灵和宇宙不是互相分离的。严格地讲，在中国哲学中没有所谓的内外之分，没有精神与物质的对立。心灵与宇宙的关系包含三个层次：首先，宇宙启发心灵，构成心灵产生的原始因；其次，心理被看成是宇宙持续作用的一种结果；最后，心灵还具有一种宇宙意义，即人的信心就是完成宇宙给我的使命，让我更好地表达宇宙或者成就宇宙可能要成就的一些价值。因此我必须更多地了解宇宙，同时也要了解自己的心性，更进一步了解心性所寄托的宇宙情怀。所以，古代所说的天人合一是一个动态的过程，是天与人不断在体验、观看、感受的过程中实现的一种状态。这样一种认识最后所力图达到的是一种平衡，即达到一种对于完整性的追求，力图在一种更稳定的思考中找到某种认识。

中国哲学的一个基本特点就是认识到人的意识和宇宙之间存在着一种密切的关系，意识到人的心性在宇宙中的作用和地位，也意识到心性和宇宙的发展是同时并进或相互依赖的过程，从而使人能够追求一个最完善的，被称为合一、合明的境界。从这个意义上讲，道就是本体。对于本体我们已经解释过了，就是具有根源的东西，它的过程就是道，道是本体的持续发展。心性就是宇宙持续发展过程中的一个成就，它既是宇宙的一部分，同时它自身亦具有宇宙性。这意味着，宇宙与人是同一的，宇宙是什么我就是什么，同样，我是什么宇宙就是什么，所以陆象山才能说"宇宙即吾心，吾心即宇宙"。哲学就是要找到我自己的根源和本体，然后成就它，所谓"诚之者，人之道也"。这里体现的是一种真实的价值，即我将成就本体作为我行为的一个基础，这样才能够无愧于我心。也就是说，证道是一个人最终的目标，你的生命不仅要实现物质生活上的目标，更要达成心灵的满足，即所谓"心安就能理得"，这也就是《易传》里说的"穷理尽性以至于命"。穷理尽性就是把我能做到的都做到，因为这是宇宙给我的使命，例如我尽了我做人的责任，我就很满足了。在现实上假如我能养家糊口，能传宗接代，能够奉养双亲，教育子女，就能实现一种满足。这个认识当然和西方基督教的认识并不完全一样，但二者在效果上具有一致性，都能产生一种精神上的作用。

从这个意义上讲，我们可以得出一个重要的结论，就是我为什么强调观感的重要，因为它与心的作用密切相关。心按照荀子所说可以"知道"，按庄子的话说则是"心通于道"。道统一于易，体现在我和天地之间的一种内在动态关系，就是心通于道。但是从人的角度说，心能知道，心能通道，这就意味着我能看到这个宇宙，能感受到这个宇宙。也就是说，我们能够观察到或感觉到道体的存在，而其目的在于行道。因而我们要思考的是，有了这个知和通的感受之后，我在行为上能不能真正符合道体，符合宇宙的价值要求，我怎么确定这个价值？这个问题在中国不管是儒家还是道家都要解决的，就是你说的工夫问题。

漆：谢谢成先生，您的解说刚好承继了我下一个问题，就是道或本体怎么落实在人身上？您说这需要工夫，那么我们又当如何通过工夫的修行让自己变成有道？也就是本体和工夫是什么关系？

成：第二个问题，通过工夫怎么实现道？这个很显然，从认识论来说，就是"道也者，不可须臾离也"。也就是说，当你要行道的时候，你首先应该知晓"道"这个概念。很多修炼其实是对道体进一步的深刻认识，并使这个认识成为我生活中的一部分，成为我行动的内容。但现实中我们往往形成的是与事物相分离的对象化的知识，科学就是最为典型的例子。它就是不管我自己怎么样，只追求这个世界怎么样。我认为科学也是一种修持，当然是很特殊的修持，它排除自己主观的意愿，完全客观化了。在科学看来，如何认识天地之道，就在于我如何求得客观的知识，形成科学化的解释。这也是启蒙思想自然观的一个核心，就是追求我怎么能准确地认识客观世界，找寻客观的规律，进而形成一种客观的知识，让我能够按照我的知识，以我的目标转化成技术，以达到一个实现我个人目标的作用。这就好像庄子说的我种田就想到种田需要什么条件，例如需要水，因而我就要掌握水的属性。水是由高往下流的，所以我要做一个送水机，把水从低处弄到高处的田里面，以达到我种田的目标，而这又需要一种对机械的认识。这一过程同样是一种工夫，我觉得不能否认这一点。

我们现在所说的工夫往往都是从道德意义、宗教意义甚至形而上学意义去讲的，但是我们在说到那些意义之前，首先要承认这种实用性的工夫。因为从内在观点来说的话，这个技术性工夫就不是不重要的：若你还没有获得客观性知识，就不能转化为具体的道德行为。王阳明曾说，子女怎么对父母尽孝呢？就是天气冷时自然知道给父母暖被、暖席，天气热的时候就给父母凉席。为什么会有这样的行为呢？因为我自己有具体的体验，凉的时候我自然会把它弄暖，这是自然的知行合一。某一种行的要求有体验，就产生行，就告诉你价值和你的经验是联系在一块的。但在很多类似的情况中，我不一定有这种体验，另外我也不一定从我自身中能够马上找到行的最好的方式。比如今天我们要去孝顺父母，我们可以问什么是真正孝顺父母的最好方式，是不是只需要暖席和温席？也许他需要解决医疗上的问题。例如他有某种疾病，你得知道怎么给他医这个病，这就需要你去找医生或者学习医学知识。没有医学知识，你如何去知道这个病。即便是割股疗亲也需要假设割这个股就会好，但并不是所有病都可以这样治疗的，所以知和行之间就产生了距离。在实践当中，有效的行需要一个有效的知，有效的知和有效的行之间可以有一种过程。而且求知不能是一个人的活动，而是一个群体性的行为，因为知识是否真实，要经过集体的检验。换言之，只有能够通过集体认可的知识，才能作为一种有效的知识而达到一种习惯，一种目标，这一点在我看来也是一种外在的、知识的工夫。

我们通常所说的工夫是一种内在工夫，就是心性工夫。内在工夫的重点在什么地方？在于使心性能够维持对本体的高度体验能力和通过体验而对所获得的价值的坚持。我们知道，心是不可捉摸的，来无影去无踪的，按照孔子的话说就是"不知所向"。心具有动态性和灵感，它的内涵是很丰富的，与思、感、观均相通。它可能发生的作用也是多种多样的，向善的方面发展它会成为善性，向恶的方面也可能成为恶性。

另外，心是不容易掌握的，所谓心猿意马，这就使得人们往往对善的现象不能坚持，无法守死善道，而对那些坏的东西往往不能拒绝或者容易受到诱惑。比如梁惠王要追求生活的享受，他就忘记与民同乐，这往往会使人走向自私和褊狭。此外，心还可能缺少一种正直的判断，它的确具有理性的意识，但是若这种理性意识没有发挥出来的话，我们的判断往往会出现错误。孔子对这点很重视，他要求人要毋意、毋必、毋故、毋我，就是因为我们常常会陷入一种情绪不宁的状态，或者一种偏见和顽固之中，进而产生一种独我主义。我们所说的偏见也就是荀子说的各种"蔽",这就说明心有蔽于天、蔽于人的可能。

所谓"人心惟危,道心惟微",并不是说人有两个心,而是说一个心可以陷入危险的决定,但也可能走入一种正确的决定。我想在这个意义上,内在的工夫在维护这个心本身的自主性和清明性上有很大作用,这就是荀子说的"大清明"。它是一种合理性,一种判断能力,一种意志的自由。而我们要锻炼这个东西,要维持这个东西,就需要一种坚强的意志,这样才能够产生道德,才能产生一种高尚的人生境界。这样才能使生命有价值,才能够使得生命之花盛开,也才能有一种高瞻远瞩的目光和一种坚定的信念。这样的人能够忠诚,能够不屈不挠,能够对父母尽孝,对国家尽忠。从个人的角度讲,要维持这种能力依靠的就是修养,就是工夫,工夫之目的在于维护心的自由。

漆: 那么心与性有什么差别?

成: 人能够修己而存道,才能抵抗很多的诱惑,形成一种无形存在的力量。这个力量是什么?既是心,又是性。从某种意义上说,"吾善养吾浩然之气",这个气既是内在的,又是与外在相应的,所以孟子看到这个宇宙就是充满生意的,不会陷入自我闭塞。这是一种开放的心情,使人们能够产生对生命的敏感,获得一种人格上的关怀。通过这样一套修养过程,冯友兰的天地境界自然就能实现,这是我自己的体验,这叫做存道。

有了这样一个契机,有这样一种心性的修养,这样的人在任何情况下都能作出自己的判断,能够凭借自己的良知、良能行事立身。在孟子那里,良知良能是本来就可以有的,工夫就在于对良知、良能不断地加以挖掘并作用于日常生活中,使人们在行为上无所亏欠,这就是存道。你现在想问的是心和性的最大含义吗?

漆: 成先生,我想问的是它们之间的联系,为什么中国文化中经常讲修身养性?又为什么强调知性知天?心和性之间有什么差异?

成: 这个也可以稍微做些说明。从观感的眼光或反思的角度来看,我们可以看到天地之间万物丛生,看到物以类聚,人以群分,你看到这个外面的世界都是由不同类型的存在组成的。当我们能够知道事物的不同之处是什么的时候,我们就能体会到心性。性就是一种事物存在的根本原则,它是一种类的差别原则,同此类者同此性也。因而,我们可以用性来解释类的差别,这点在西方也是一样。亚里士多德的存在学说认为每一种事物的存在都有一种所谓的实质存在，而每一种实质存在都有各自的本性，这也是我们定义物的基础。比如我们看到一匹马，马和牛不同在什么地方。这种不同不只是形状的不同，是类的不同。这个类的不同有一个基础，就是在发生学上或者内在结构上使它不同的东西，这个我们就叫性，所以这个性是一种在结构跟发生意义上的区划原则。当然，从宇宙论来说，这个宇宙本来就是道体通过阴阳的分化而产生的万物并生之为世界的过程。而要使这个万物并生的世界成为可能，必然有一个原则能够产生性。这个性是最初的原始的因素的集结，把它作为一整体，才能成为一种可以使万物存在的东西的世界。这个东西产生了性，但是性应该说是一个动态的、整体的东西，但也是一个混化、差别的原则，它有内在的含义。这就可以解释一个事物为什么既可以有稳定的发展，又能保持原来的形状与作用，这就叫做性。

万物都有性，但不是万物都有心，心是在性的基础上面产生的。性与命相关，按照中国的说法就是性之所以为性者是命，命就是在最原始的阶段上的差别。在阴阳交感的情况下，这个东西变成了马，那个东西变成了牛，或者这些元素各自成为不同的元素。这些决定中有一种内在的原则，从物理学上可以阐述，从生物学上也可以阐述为原始决定原则，这就叫做天命。

漆：命决定了性，在性的基础上又产生了心。特别是孟子讲到尽心、知性、知天。包括《中庸》讲的"天命之谓性，率性之谓道，修道之谓教"，这么讲下来就从命讲到性了。

成：对于这些内容的说明，我的著作中都有。我其实讲得很清楚，就是自然最原始的决定即命产生了性，而由性产生了心。不是每个物种都能产生心，只有在人当中产生心。有些动物具有一种内在的感觉或知觉的功能，甚至情绪的功能，从一定程度上我们可以认为这就是心。但心发展到最高程度还是人的心，所以我们说的心基本上是讲人心。人性一定是由人心达到，我们说人性的目标就是产生人心，人心的发生就是显示人性。性是有内容的，因为性可以解释人的好的动向，也可以解释坏的动向，所以这个性就是孟子所说"万物皆备于我"。

我们中国的传统尤为强调天性，孔孟尤其如此。所谓天性，是一种对天人关系的表达，是自然的表达，也是一种自觉的形象，还是善的开端，但是这并不意味着人性不会在某种情况之下走向一种不正常的状态。孟子说的人性善是正常的，是大多数的情况之下，是不受过多外界影响之时的情况。为了说明人性善，他举了一个最有名的例子，就是"乍见孺子入井"。一个人突然看到一个小孩要掉到井里，他的性的第一反应、最直接的反应是要救这个孩子，这是良知的当下呈现。而良知发展到什么程度，要看人的禀赋以及后天的努力，但至少人人都有这样一个本能，就是看见孩子入井之时要去救他。我们都能够认识到什么是危险，并且都能在危险情况下向那个孩子施救。其实我们对动物态度也是一样，当我们看到一个动物走到悬崖边要掉下去的时候，虽然我们可能不会去救它，但是我们还是觉得它掉下去让人感觉心惊肉跳，于心不忍。看到牛或羊要被宰割的时候，就有一种恻隐之心，这就是所谓的人性。

人性代表什么呢？代表万物一体，大家都是生命，而在生命同源、生命同感的情况下，我们能够产生一种同情共感。对人而言，这就叫善。人有这个善，在人心不失掉的情况下，这个人就可以推己及人以及万物，这是儒家对生命的最深刻的体验。但由于我们的心常常不定，所以人需要一定的修养工夫，要不断寻找心里的善端。所谓尽心就是这个意思，就是看你有没有真正把心里的各种可能性都考虑到，最后看你的心指向哪一方面。某些东西我知道，还有一些东西我没有看到，所以我到底尽心没有。如果你没有尽心，你说某些事情我做不到，那么请你再多想想看，还有没有其他路子可走？孟子说"尽其心，知其性"也，就是你通过尽心可以知道你的能力之所在，你的方向之所在，你的生命价值之所在，你不尽心是看不到这一切的。我知道我有心，但有人并不知道自己有心。一个人不会说他自己是狗，他知道自己不是狗，不是马，但不知道自己究竟是什么，所以我们可以说他还是不知性的，不知道自己到底是什么。只有当你尽心之后，才能知道有性，知道性在深处与万物是一体的，而这样的性就是人的本体。

漆：这个本性和本体是不是也有点类似关系？

成：本性就是本体，本性是更形象的、更广泛的概念。我们说宇宙的本体就是人的本性，所以宇宙的本体就是人的本体。人的本体呈现为人的本性，人的本性又体现为人的本心，人的本心又可以体现在人的本意，这样一以贯之。一个人如果能够由本体而依此把握到本性、本心到本意，那么这个人就可以称为是真实的人。

漆：成先生，我觉得您对中国哲学的心、性与本体和工夫的关系说得十分清楚。

成：我有新的思考。我在这里面对工夫的意思说得很多。

三 心性的中西差别

漆：我下一个问题是关于中西哲学比较方面的，即为什么中国哲学这么看重心、性的概念？中国哲学这种心性论和西方哲学的本体论或认识论有什么差别？进而我想向您请教的是中国的这种心性论对西方哲学将会带来什么启发？

成：的确，对这个问题我之前也提到过，就是西方的心性理论有外在化或对象化的倾向，即就任何存在的事物，特别是对生命而言，西方人认为它有一种客观的、实质存在的原因。例如，在古希腊亚里士多德就有"四因说"，即形式因、质料因、动力因和目的因。首先是形式因，即具体事物的形式是什么？其次是质料因，也就是它是由什么做成的。质料要通过观察世界来了解，所以就要认识组成物质世界的各种元素。而对于形式而言，一个事物具有这样的形体、形式，当然是受到很多外在因素影响的，也有其客观的定律在其中，但最主要的则是它有一种客观的存在规律跟发展完成的规律，这就是事物存在的目的，而事物达成目的的过程本身就是推动事物变化的动力。因此，说明一个事物的形式就离不开所谓的动力因和目的因。换言之，一个事物往往有一个动力在推动它的变化与发展，而这个动力又往往是由于一种物质性的或形式性的内在要求。比如说之所以一个橡树的种子要发展成橡树，是因为它其中有物质成分和形式的需要。动力还有一个来源，就是目的，就是它要达到什么目标，例如它要成为橡树。这些因素组成了一般事物存在的现象。

当西方人以这样的模式来观察人类之时，他们就认为人的本质是一种实体，就是说它也是客观存在。既然是客观存在就必须要从客观的角度认识，就是要用外在的工夫认识。

漆：那么他们是不是把心性对象化了？

成：完全对象化。心跟性当然有关系，但也不能将其简单地看成是认知的对象。它究竟是什么，我们也要观察它，但这和观察事物是不一样的，否则就会把心性变得非常局限，成为认知科学的一个重要部分。同时，西方的看法又使得心性变得很形象化了，因为把心看成是一个实体，所以对心的认识就是一种对实体的认识。这个实体的内涵是什么呢？这不是一种发生论的认识，而是消除论的认识，消除发生和存在条件。在西方人看来，心就是一种能够思想的能力，它强调心的理性功能。我们是把心包含在性之中，所谓"心统性情"，心里面有情，因境而生。西方人认为情是一种身体状态的反应，是生命实体受到外界刺激的反应，这完全是把情看成是一种为客观事物所决定的对象。中国的心性具有内在的创化能力，它本身不是就外在世界存在的方式来了解，来决定的。中国的心性问题与天地一体，这里有它独特的创化功能在里面，所以它具有一种主体性。这种主体性不是主观性，它具有一种自由变化的能力或实现自我的能力。但在西方，心性就变成了一种客观存在，成了一种认知对象，这个对象当然有一定功能，这就是 18 世纪以来的功能性心理学。像培根认为心有三大功能：一个是推理，一个是记忆，一个是想象，这三个都强调认知的能力。他为什么强调认知能力呢？因为当时最大的学问就在于认知外面的世界。心的另一个方面的内涵是涉及欲念，而这完全是生理上的作用和机能。所谓情感就是模糊的欲望，它也是属于身体机能。心是认知能力，性就是身体上的气质，这两个东西要分开。有多种因素导致了西方人选择了这种认知性的路向，包括宗教上的原因以及科学上的原因。这种认知路向使得西方人将心性对象化，把它抽象化为认知的技能，成为一种二元分离的存在。

在这种情况下，西方对人性就没有太大的兴趣。人性论在西方不是一个问题，因为他们没有整体感，人性就是身体和理性之间的一种矛盾斗争。这始于柏拉图对心的了解，他认为心是理性，而性受身体的影响，就是欲望，情感则介于欲望和理性之间，可能它更偏向于身体。从经验上来讲我们的情绪的确受外界影响很大，比如愤怒、恐惧这些情绪都受到外界的影响，所以他认为这些还是一种身体上的状态，一种表现。只有我们心灵的理性可以独立在欲望或情感之外，但在实践当中我们不能作出正确的判断，不能有正确的认识，不能思考，不能推理，这是因为受到了身体和欲望的影响。所以他的真理就是通过控制我们的欲望，压制我们的情感来达到一种理性心灵的认知能力，这个模型就是一个基本模型。总的来说，西方的心性结构有一个古典模型，一个现代模型。古典模型就是从柏拉图到亚里士多德，它是把心性看成一个生命体的存在，有两部分，二元化，一部分就是物质的，属于欲望性的，生理性的；另外一种就是精神性的，理性的。这两个为什么结合在一起，并没有说明，并没有一种宇宙论的说明。他们更没有意识到"生而后有知，知而后有义"，生理性的欲望与精神性的理性是同一种本体现象在不同层次上的表现。

漆：成先生，刚才您对西方的心性论做了一些分析，而就我自己学习西方哲学的感受是，西方没有把心性这一概念放到本体论的高度上，而是认为这是一个派生的东西。另外，我也认为他们是将心性对象化了，把它变成人类认识主体的一个客观的认识对象，我们要去认识它。包括近代的笛卡尔都强调"我思故我在"，就把心当成思考认知的能力，笛卡尔更强调一种理性的作用，认为这是最高的东西。因此，对于心物关系，笛卡尔提出心物二元论，他认为心有心的本体，物有物的本体，二者是相分离的。洛克在讲到性的时候也认为，事物有第一性质、第二性质，这也是从物理学、科学化的角度理解性。他考虑人的时候同样是把人科学化、对象化了，从自然科学的角度去理解人性。基督教在考虑人性的时候，则是认为人有原始的罪性，人一出生就是堕落，因而它们把欲望理解为人的罪恶，人性就是罪恶性，罪恶需要神性的救赎。总的来看，西方对人的心性持一种负面的、客观化的、对象化的观点，体现了一种自然科学式的认识态度。这显然不同于成先生从本体诠释学中推衍出来的心就是本体，就是道，人心和天道相统一的主张。就像您刚才说的从本体到本性再到本心的过程，我觉得这是一条非常中国化的思路，而且是在中国哲学里面把心性提到与本体、道相并立的地位中，可谓卓有见地。

我在这里想说一个很有意思的现象，就是社会学家费孝通，他发表了一篇文章《拓展传统社会学研究的理论视界》，是谈中国社会学研究范式和问题意识的。他说中国社会学以后的发展重建应当研究"心性"等中国文化和心理，因为中国文化注重心性，要说明中国社会就得说明人心，而这方面现在国内的社会学界还不太注重。西方社会学的实证研究都从结构、功能、现象着手，他们深入不到中国人的人心，也就深入不到中国人的文化。他提出要研究人心、人性等中国特色的文化，这是中国社会学的一种心性自觉。

成：这是一种自觉，因为心性本身就是中国哲学的重要组成部分，它有宇宙论和本体论的基础。我讲到西方古代对心性的认识并没有宇宙论的基础，它只是客观地去认识心性，因而所谓的心性是一种不可见的实体，它不是一种完全的理论。例如，亚里士多德或者柏拉图认为，人的灵魂里面有欲望，有情感，有理性，那么他的灵魂是不是也是另外一种实体，这个并没有回答。他们就是把人的存在看作是客观事物存在的一个类型，它具有某些特殊的功能。所谓心性，心代表理性，这个性是跟欲望连在一块的，这样两者之间就是一种冲突关系，就是心要控制性，性要反抗心的控制。显然，这里面就蕴藏着一种内在矛盾。刚才我们说西方对于心性的理解有古代与现代两种范式，古代的是以柏拉图和亚里士多德为典型，而现代的模式就是以笛卡尔作为标准。笛卡尔认为心跟物，心跟身是两个不同的实体，一个有空间性，一个没有空间性，所以这两个是永远不相交的。这是因为他没有把心和性联系起来，因而就造成了事实上的心性分离，身心分离，没有身心为整体性的概念就没有一个心理概念，没有一个发展概念也没有心理概念。心和性连接不起来，心是一个概念，性是另一个概念，心性就是从一个整体概念发展到另一个整体概念的发生概念，而没有心性动态一体发展的空间。尤其在现代，心和性截然二分以后，心可以说就找不到了。我曾在1965年编了一本书，是由夏威夷大学出版的。这个书当时销路很好，里面有两篇文章是我写的，其他都是别人写的，很值得翻译。我的其中一篇文章就是探讨心性统一论的问题，所以我很早就注意到这个问题。

　　我再说两个典型，一个就是基督教。犹太人跟古希腊人还不一样，古希腊人还是把心性，把人的身体和欲望、情感、理性连在一起，认为灵魂是存在的。但是基督教是来自于犹太人对心性的认识，而后者认为身体的需要很重要。人永远是信仰上帝，接受上帝的，上帝就叫人们信仰它，对此人不能有异议。另外，人不可能像上帝一样全知全能，因而人类永远不可能变成神。神为什么不能让人成为神呢？因为神不想。那么神怎么会突然想到要生一个儿子呢？从这就很滑稽了，而且其原因我们也不是很清楚。当然是上帝创造了人，因而作为被造物，人类是不可能达到全知全能，所以他就会受到撒旦引诱而偷吃禁果。人吃了禁果就有了知识，所以基督教原罪是因为追求自由，这违背了上帝的一种意志。从这个意义上讲，心性是什么？心性是非常麻烦的东西，基督教在中世纪所谓人的理性最后要战胜感性。但是理性还有一个方面就是理智，是对上帝的一种自觉认识。人能不能认识上帝呢？应当讲是很难的。但人类一定要对上帝有信心，以信克知，先信后知。你只要信仰上帝，勤加修养，拒绝身体的引诱，就可以得到拯救。因此，在基督教中，心性的内涵在于怎么用信仰的心来战胜肉体欲望。

另一个典型是启蒙时代之后产生的新状态，就是我们从物质科学的角度去了解心，像今天的认知科学就是采取这样一种路径。它是通过客观地观察和实验来掌握人的推理能力与认知能力，以及情感的反应能力和欲望的发生状态，这样就把人完全看成是一个实在存在的形体，实际上也是去找寻它的客观规则。这就是要把人变成一个机械，至少是试图用机械的原理说明人，甚至把人和机械重新组合在一起，创造一种机器人。这些在中国哲学是不能想象的，因为中国强调人对宇宙的创化力和自主性，这是最重要的、内在的东西，所以我们可以通过修持达到一种最高的境界，一种神圣的天地之境。显然，这两个区别很大。当然今天西方的科学主义不一定接受基督教所谓二元分离，他们讲的是物质一元论，认为心就是大脑的机能，所以他并不承认心或者心性具有一种重要的作用。

但是这样的科学现在也处在一种迷茫的状态之中，就是人不完全是被决定的，是一种机器。相反，人对事物的心理状态或者想象能力对身体中的疾病能产生一种重大的影响。有人认为要治疗癌症还须用一些心性、意念及意向疗法，这似乎又意味着在医学应用上又需要承认心理的作用，但心理和心性也不一样。心理是随着心灵的作用在实际脑神经上产生的一种刺激，其发生的原因还在探讨之中。

这一点其中包含着中西医的不同。西医一定要通过客观认识来了解人的生命现象，思考怎么能够用物质性的认识方式来判断和处理人体的疾病。中医则认为人有一种自我复原或自我调整的功能，所以在心平气和，自己能掌握自己的心性的情况下，一个人能够延年益寿，甚至可以对治疗疾病有所帮助。显然，这是两套不同的医学传统。但今天西医也开始了解中医了，包括对针灸的认识，这是否意味着西方也要接受中国这一套医学理论呢？

心性学的衰落还造成了一种严重的问题，就是道德危机愈演愈烈。当初中国人通过修养来体证本体，从而能找寻到道德的基础和依据。但今天大家已经把心性看成是一种物质，是一种可见的或可以控制的存在，那么道德的基础何在，这在今天也是一个挑战。这个挑战其实就是你希望知道的到底是什么，实际上我们现在已经没有制约了，也没有自主了。因而道德是不是就是一种功利主义和实用主义的措施。这些问题都是很严重的,值得我们深思。

漆：接着我谈一下国内学界关于心性方面的看法。国内有学者提出西方人在心这方面发展得较慢,注重心智即理智,把它变成认知理性,而中国人更加注重心灵。这是中国社科院哲学所的赵汀阳先生的观点,他是李泽厚的弟子。我要说的是他讲关于心智和心性来区别中国与西方。西方的心灵哲学的一种倾向是走向了科学的实证主义,就是通过医学、技术分析将心灵客观化,把心包括灵魂弄出来。还有一种倾向就是像印度那样走向神秘的心灵体验。我感觉儒家对心性的理解是比较综合的,而且比较中庸。准确地说,就是把它当做创化的本体性的东西,即所谓的"为天地立心"。另外,我认为目前中国的心性论和心性哲学,对今后新的世界哲学的形成有意义。

更准确地说,它对西方哲学有纠偏作用,因为后者在这方面思考还是不够成熟。我觉得中国心性学在以后各种哲学交融和会通的时候会发挥重大的作用,因为在这方面咱们思考了几千年,有非常丰富的知识和智慧。我们在看西方哲学时有一个印象,就是他没有把心性作为一个本原性的东西,都是看成派生性的,而且这个东西在他哲学体系中也不占重要地位,他没有专门的心性论。但对中国哲学而言,无论是儒释道,心性论都是一项重点。佛家讲究明心见性,道家也有类似的主张,儒家就更是讲修身养性,但在西方哲学,这就不是一个重要问题,没有形成一个连续的东西。我觉得从这个意义来说,中国哲学恐怕以后对西方哲学也会起到重要的启发作用,当然中国哲学的心性论可能也会吸收西方的实验、医学或者生命科学、认知科学的方法,使其进一步逻辑化。我们对于心性说了几千年,到底说没说清楚,不好说。我有一个感觉,之所以如此,就是因为我们更多的是感悟和体验,而缺乏逻辑说明。就像咱们前面谈到的工夫,实际上就是通过我的生命体验能感觉到心性的过程,但这其中更多的是一些不可言说的东西。然而,一旦进入哲学领域就必须清晰化,还要明确地表达出来,不能不言说,也不能简单地说我心性很高,我已经贯通天道了,这样就变成了一种神秘主义。所以中国哲学的心性如何表述才能更清晰,更逻辑化,使大家更容易掌握。我觉得这是不是也是一个趋势?

成：对这两方面的问题我分别谈一下。西方是否进一步接受中国的心性哲学,我觉得到目前为止还没有看出来这样的趋向。因为中国的心性论有本体性的基础，它是从作为宇宙根源的本体出发，由此产生一种源源不断的创生作用，并进而产生道德自主性。它是一种作用于实践的能力，也是一种通过心性塑造人格的模型，所以它可以引导人成为圣贤或者塑造一个艺术家的心灵与才性，也可以跟所谓的心连在一块，产生各种不同的人格典型。从这个方面来说，中国是体用一贯的，从本体学到心性论再到道德实践，一直到生活实践，整个过程是一体而下的。

在近代西方尤其是认知科学发展之后，心就是一种认知的概念，心灵则被当做认知对象，所以所谓的心灵哲学基本上是比较狭隘的，主要是讨论我们怎么认知一个存在的对象，我们怎么形成对事物的概念，或者我们能不能认知外面的事物，心灵哲学成为一种认知学或知识论的重要部分，所以心灵哲学不会涉及意志自由这些问题。包括现在心理学谈的时候也是从本能、动机或者欲望、学习能力、习惯反应、条件反应和所谓的理性思考、推理这些方面来说。所以，它比较倾向于认知论，而非一种本体的体验。它不是一种工夫论，不是一种通过自我修持而达到实践的作用。所以，东西方关于人性的理解是两条路径，中国的心性论并不是在认知科学里解说，而是另辟蹊径，着力于道德实践与人格的内容。在这一方面，中国心性论能够产生重大作用。中国讲心性，也是属于热烈化的体验。你说是神秘体验，也不能说不对。从孔子到孟子一直到荀子，也不是说从来没有神秘性。

漆：成先生，现在的问题在于怎么把得道表达出来，我们显然不能简单地说"我通过修炼已经悟道了"，如何证明呢？

成：要去了解本体，就要掌握一种绝对的、主体性的自由，这样就可以不受外界的影响，而坚持自己的选择，进而坚持认为正确的行为。这个坚持产生出一种能力，比如我这个行为代表一种内在的真理，代表体验人生而产生的一种智慧，这种真理和智慧通过行为表现于外，这就是所谓的工夫。工夫不是说你要去达到一种神秘的境界，黄宗羲说工夫即本体，工夫就是你掌握了自己发展的方向，坚定自己发展的意向，并有一种充分的信念去实现，去完成这种意向，而不受外面人的指引。工夫是人真实自身的表现，不受任何外界影响，是一种澄明的人生。它是一种真实的，又是很自我明白的人生，这就是所谓一种道德行为或者自我实现，因而它就不会为人力所诱，不会为名所累，也不会追求一种简单的快乐，而是一种一心向道的依恋之情，它促使人在行为上逐渐完成或实现自身的目标，了其心愿，逐其心智，以达到自我的完成或实现而死而无憾。显然，这是一种合乎道德的生活，更是一种生命意义的实现。

实际上，现代化社会中很少能产生典型，特别是精神人格的典型。你想想，从小学到中学，学业压力很大，而到了大学以后，学科门类的细化就意味着当你选择某个专业时，你已经被行业化了。你总是在从事着各式各样的竞争，或者是科学研究，一步一步成为知名教授；或者投身商海，逐渐成为一个大企业的主管或经理，或者你自己创业成功，在市场里面占有一席之地。我们现在整个的生涯规划就是这样子，里面并没有完成自我意愿的要求，这就使得中国人活得很痛苦。西方人有一个好处就是还有基督教，教堂和牧师可以提醒他注意自身的精神世界，他可以信仰上帝。其实现在在西方社会也有很多人已经不信教了，但同时也还是有很多人相信宗教。这部分人士很固定，就是所谓中产阶级人士，例如律师、工程师、医生和教师等。他们有固定收入，也在一定程度上尽量追求职业上的提升，而其职业生涯中同时具有一种宗教精神的寄托和信仰的寄托。我们中国人大多数是不信教的，我们遵从的是我们的内心，是我们的良心善性。我们相信我们自己做的事情是符合天地良心，是符合宇宙道理，在这个合乎宇宙道理、天地良心的行为之中有一种自我实现、自我完成的感觉。但现在这个东西对我们而言已经比较遥远了，所以我说现在我们缺少能够维护精神生活的东西。这套东西是我们需要马上建立的，需要把它恢复起来。我们要通过理解来坚定一种信念，而不是脱离理解坚定信念，不能盲信。宗教是权威性的，你要信就不要怀疑我，而中国的哲学和心性论则不同。在中国现代化过程中，我们要从理解传统出发，重新认识和建立起对于精神的信心。

四　中国心性论的重建

漆：成先生，今天还有一个问题，就是心性论的哲学跟我们目前的生命和社会发展的关系是怎样的？因为既然心性论是中国哲学的核心内容，那么中国哲学的重建自然会涉及心性论的重建。但心性学或心性论的重建遇到了一系列的问题，例如我们前面已经涉及的，西方与中国对人心、人性的不同理解。西方受到基督教原罪思想的影响，就将人性设定为自私的，容易堕落的，那么在制度设计上它就强调对于人性的约束。而中国的人性论，尤其是自孟子而来的儒家正统观点对人性理解得比较正面，肯定人性本善，我们主要通过心性的修行把人心的灵明之善发挥出来，从而使人可以通天地之神明。这种差异是不是也说明我们对于心性的理解也是以自身的文化背景为前提，我这个文化的基本观点是怎样的，就在很大程度上影响了我对心性的基本判断。

与此相关，对于心性的理解会涉及很多教育和政治制度的设计。比如我们治国理念的核心究竟是以以德治国为主还是以依法治国为主？我们的教育的意图是开发他本身的灵明还是从外部改造他的性格？按照我自己的理解，心性论是各种哲学前提性的预设。我要做一个事情，需要一个前提性的预设，一个基础。比如我说人性善，这个断言本身其实并不重要，重要的是我通过人性善这个观点最后要推出我对人的看法，我要给出的东西。同样，人性恶以及人性不善不恶都是如此。我感觉心性这个东西是人的一个基本预设，它与文化、心理和制度的预设都密切相关。那么，我想请教一下成先生，在当下的时代里，我们要重建中国的心性哲学，将会遇到哪些问题？它可能对于我们今天每个人的信仰、生命，以及社会制度会产生什么影响？

成：这个问题，我感觉你问得还不是特别清晰。因为你感觉人们对于心性的不同理解是由文化决定的，它所带来的一种对人的存在的前提判断。这个说法是否恰当，我觉得还不好说。因为中国文化的类型产生了中国心性论的假设，同样，西方的文化没有产生心性论的这种假设，所以就没有心性论，他们产生了基于认知科学或理性二元、心性二元论（的假设），这是你的一个理解。如果这样的话，我们要去重建什么东西呢？

漆：就是重建心性论。因为在中国哲学中心性论是很重要的内容，所以中国哲学复兴必然包含心性论的重建。

成：中国哲学的重建，当然包含着对于心性论的重建。然而，心性的前提是文化，因此归根结底这是我们对自身文化的重建。从对中国哲学的整体认识来看，我认为，首先，不同的人类文明在其起始阶段有不同的侧重与倾向。对中国来说，我认为它是在一个广阔的经验观察的基础上或者一个深刻的体验基础上，就是观感论的基础之上，产生出一种本体意识，由这种本体意识产生后来的文化。

文化是基于人对宇宙的认识或自我的认识所形成的一种自我展开方式，当然这里涉及的内容还有很多。我们所说的物质文明是跟我们生活的环境密切相关的，我们中华文明形成的是以牛和羊为标志的农耕文化，而非以狗和马为标志的狩猎文化。当然这是我的说辞，但我觉得这种说法还是有一定的描述性和生动性的。我是从中国人的生存方式的角度来思考人与世界的关系。和其他文明类似，中华文明在最开始的阶段也应该是一个围绕着狩猎而展开的，依赖马跟狗的文化。然而，中华文明的发展却逐步脱离了狩猎，走入了农耕时代，因此羊和牛在中华文明中的地位得到了提升，其中牛的地位更为突出。伏羲首先发现了羊，这促使中国人发展畜牧业，并逐步走向定居。进而，牛耕的使用又使得中国的农业发展水平越发得以提高，因而牛和羊就替代了狗和马的地位。所以文化还是植根于人的心灵，一只狗、一只猫或者一匹马，它能有什么文化？到现在我们没有看出来。

漆：但不同的动物间还是有区别的，至少有的动物习惯于单独行动，有的则适应群体生活。狼可以说是后者的代表，它们在分配猎物时也是有规则的。

成：但是它还是没有文化。人可以建造居所，可以烹饪出美好的食物，能够发明车船以辅助其行动。人能自觉地穿衣服御寒，狗不给它穿衣服，它会穿衣服吗？很明显，人是可以自觉地、能动地克服自然的障碍，而文化就是要立足于这种能动性，它是基于人们的观感以及随之而来的知识而产生的，它也直接影响到人们对心性的了解。所以，文化也是一种本体层面上的存在，主要说明人跟动物不一样。由于文化具有人性的素质，所以我们如果要真正把心性恢复起来的话，就要看到它具有的文化创发能力，看到它所创造出来的文化具有很高的美感和稳定性，这和纯粹基于科学或基于上帝这种信仰创造的文化还不一样。基于科学创造的文化，其典型就是大城市，其特点就在于同质性。也就是说，在一个大城市中，人们的生活就是一个样。所以我们需要把中国人原始的宇宙观以及与之而来的心性观、价值观和生命观透出来，来超越现今的都市文明。不然的话，你就是模仿西方的科学文化，可能就无法彰显传统。当然，这没有什么不可以，问题在于这种科学文明对人类精神有什么好处，对中国发展有什么好处。

我们的技术与科学都很强了，我们火箭、太空船搞得很好了，我们高楼大厦、高速铁路都已经建立起来了，但我们在精神文明上面还是很空虚。西方人可以信仰上帝，兴建教堂，我们既然不做类似的事情，那我们应当干什么呢？我们的精神在何处才能安放呢？人要自主地创化自己的生命，并对自己的生命负责任，求得自己生命的满足和实现。要实现这一切，我们是不是也要提供一个适宜的环境来创造一种和自身生命意义相适应的文化阵地呢？所谓心性哲学不是一个单纯的假说，它有着很强的现实意义，它反映的是我们在物质文明很发达的今天对于人的真实生命力图有一个深刻而本真的认识这样一种追求，它可以使我们的生活具有一定的深度和内涵，具备稳定的情调和美感。现在的关键在于我们如何实现这样的心性哲学，这是我们必须要去思考的问题。我们已经有了这么多的资源，这么多的财富，那么我们要创造一个怎样的理想文化？在古代的文化传统的基础上，我们自己的精神能否传承下来，并创造出适应新时代的文化，从而为后代留下一个值得追求的精神寄托。说实话，我真的不认为中国人能够改造现代的都市文明，使它更符合中国的美感。

漆： 我谈一下我自己的看法。我觉得心性是人的本质规定，心性论是中国哲学的一个核心成分，它是道德哲学、政治哲学以及宗教思想的一个基础，中国不同的哲学系统中都有对心性问题的思考。例如佛教认为人性中有佛性的成分，但是人性后来被痴迷了、污染了，佛性也就丧失了，它对于心性的理解对后世的影响也很大。我觉得儒家的心性论能够促使中国人向善，能够不断进步，特别是通过自我管理和自我教育提升个人的修养水平，这是儒家的道德哲学和心性哲学的真正意义。从这个角度讲，我认为在今天重建心性哲学确实是一个非常重要的任务。

在前面我提到不同的文化类型都有一个预设，但这个预设是一开始就是如此呢，还是在后来发展过程中逐步系统化的？所以我想向您请教，中国哲学中有不同的心性论流派，他们的理论预设究竟是由何而来？我觉得可能是利益分配不同所致。

换句话说，在孟子的时代，关于人性有五六种不同的说法，我觉得不同的说法都是基于他们的基本理论，都与其最终的目的相关，都是根据目的而预先设定的。因此，这个预设本身是一种先验性的说法。那么，我们是不是应该根据现在的国际国内的形势改革调整一下对人性的说法，以弘扬一种适当的价值？

成： 有一点我首先要说明。从理论上讲，心性论根据的是对本体的认识而非某种预设，因为我们无法预知我们要达到的目标。我们都知道每个行为都有一个动机，它基于某种目标。但是你没有一个确切的理由说这个目标一定能达到，或者最后所达到的就是你要达到的目标，所以不可能有一个已经有的、清楚的预设目标或者对这个目标已经有充分的认识，来决定我做哪个事情。我觉得心性本身是基于本体学对人的认识，而并不是因为要有某种预设目标才发挥出来的，我必须要说明这一点。包括我们以前说的几种不同的心性在价值上的假设，它也是一种认知，所以这点我想不能用预设来说明。你说我们预设中国若要富强，就要相信荀子，但相信荀子也不见得就达到富强的结果。你说我要使中国人在世界上成为一个道德领袖，我们是不是就应该采用孟子的观点，这样说是不对的。

漆：成先生，那您怎么看我们在革命的时候强调马克思主义斗争哲学？现在人们都强调和谐社会。

成：这里体现的是一种本体与策略的关系，马克思主义应该说还是一种西方信仰。刚才我们说了半天，东西方的区别就是人伦和理性的区别。什么是理性，理性就是以认知的方式认识一个目标，然后采取合理的方法达到这个目标，这就是现代性的一个重要标志，即合理性。把心性当做一个理性的化身，这完全是西方的观点。在管理学里面，我们会想好自己的目标，因为我们已经假设目标会实现。同时，我们需要用目标来引导我们的行为。但这些目标都是一些具体的东西，如果你要实现的是一个价值目标，则情况便有很大不同。你如何去认识它呢？怎么确定什么是好的目标？终极的目标是什么？

现在我们强调和谐社会，而中国传统哲学讲的和谐是天地"一阴一阳之谓道"，这是基于我们的体验，是一种生命的平衡状态，这样我们才觉得和谐是好的。西方不一定这样理解，它们可能会希望以认知的手段去认识终极目标，比如基督教要求人们信仰上帝，而亚当·斯密则认为自由市场决定财富，决定生活品质的提升。现在很多人追求感官上的特别享受，他觉得感官世界就是他的目标。因此，他所笃信的是人要竞争，因为我有目标，我要享受人生，社会才能进步，没有个人利益的话社会就不能前进了。这个价值观，实际上就是现在社会的基本情况。由此，他对于心性的看法我们也就很清楚了，就是一种物质主义的态度，没有什么可选择了。

既然是物质主义，是肯定人们追求自身的利益，那么就有人认为人的本性是自私的。自私是坏还是好呢？从正统儒家的观点看当然是不好的。孟子说人性应该向善，而不是向恶。与此相反，现在的社会就是追求竞争，就是一种完全的利己主义。但是，我们为了追求自己的利益，产生了多少矛盾？以前网上还有一个消息说一个儿子在日本读了五年书，要回国了，因为他的母亲过去每个月赚七千块人民币，要给他很多钱，而现在因为通货膨胀，可能他母亲没有这么多钱给他了，他回来后对母亲很不满。母亲说我没有钱了，如果我还像过去那样给你很多钱，我就需要去借。他很不满意，就拿了一个水果刀，要杀死母亲，母亲的胃和肝都被他戳破了，幸好母亲没有丧命。她说我还是不希望我儿子被判刑，但我不想再见到他了。她儿子在牢里面却说当时就是觉得母亲不对，为什么不给我钱？现在很多子女就是因为钱的问题，过去拿了父母的钱，后来父母不再给他了，子女便怪罪父母，说为什么他们不是有钱的人，吵到后来就动刀动手，把父母杀掉。这是多么危险的情况。

所以我认为，我们还是应当从生命体验和本体体验的角度讲心性论，这是我个人的说法。人的价值来源于自己的生命体验，当我们看到宇宙之大，万物之多，我们就会感受到我们追求的目标不应该只是功利性的，我们应当追求一种有着高度的人情味或友爱精神的世界，要追求和谐共生、和谐并存的世界。这个目标一说出来，我们就已经有了性善论的基础了。人性不是由理性来决定，而是在我们传统的精神里面已经具有了和谐共生的境界，这样才能从正面肯定性善论。从孔子的角度来说，就是要"不患寡而患不均，不患贫而患不安"。我稍微穷一点不怕，因为我心安，我要求和谐。换句话说，一家人可能很穷，但我们是心安理得的，现在就是不行了。现在我们连父子的关系都要打破，就是因为一部分人追求富裕，甚至奢侈的社会目标，这是一种功利社会的目标。这点可能是一个社会趋向，但是从本体体验上看，我觉得这是无法接受的。就是说在某种程度上我们缺少了对自己的反省，缺少了对良知的认知，也缺少了对本体精神的了解。所以，我们要多反思生命，多认知我们的历史处境，多认知普遍人性的真实内涵。这方面需要强调的是我们的价值取向究竟是什么，而不是说现在我们要预设某一个目标。即便预设目标，我们也不能违反最基本的人性与心性。我们可以要求国强民富，我们也可以要求人们的自由与平等，甚至我们也要求民主，但这些都不能违背基本的人性原则，就是人的相互尊重和彼此关怀。但在人的发展状态之中，这种基本的人性往往被掩盖，被忘记。儿子在头脑不发昏的时候，他能说动刀杀掉母亲是应该的吗？他杀了母亲以后没有后悔吗？

漆：这是异化，因为过于工具理性化的社会会使人异化。

成：对，的确是异化。就是你为外在目的所吸引，从而丧失了对生命原则的价值感受，这样产生的后果就很危险。当然我们也可能说儒家安贫乐道的主张在现今这样一个社会中好像也不太对，别人都在竞争，你自己不强怎么办，这样也不能满足生命的需求。所以我们现在也不能只是回到孔子那样安贫乐道的境界，但我们对人性，对于基本的对他人、对万物的关爱是需要的。我们借助科学与知识也好，借助现代技术也好，用西方某些概念帮助我们获得富裕的物质生活，并取得一种自由平等的社会价值，这些都是应该的。但我们在进行这一切活动时都不能忘记人性的根本是什么，那个根本的东西是我们中国人所相信的人性价值，就是彼此关怀。

漆：现在很多人不考虑人性了，认为人性就是自私的，所以他们考虑的就是利益的最大化。可以说 20 世纪 80 年代以来，中国最深刻的变化就是中国价值观的变化，现在所有人实际上内心当中都认为人性是理性的。尤其是政治学、经济学这些学科，它们的基本观点完全是西方式的。

成：所以你要强调我的这方面的观点，我这是从本体学而来的，因为这是根本的人性的体验。虽然我是一个少数，不是每个儒家都这样提，但我这个体验从理论角度讲是有意义的。

漆：您这可以叫本体儒学。因为返回到本，这个返到本，我理解就是建立一个很好的基础，从理论上建立基础，建立什么基础呢？为整个人心的向善，社会改良，整个人类文明的进步，确立了一个人的本心、本体，这都是一个非常好的思想。下一次咱们要讲的本体伦理学也是在这个基础上建立的。

成：本体儒学一个基本的要素就是本体伦理学。

漆：下一章我们就是要谈这一点，另外还要谈本体管理学，后者主要涉及制度这一块。

成：我早就思考这个问题了。这个要指出来，很重要，现代人能为这个社会做什么，整个中国哲学发展的方向是什么，都和这一点有关系。

第五章　本体学的伦理学与管理哲学

一　本体理性：体用兼备，由体及用

漆：今天我们要讨论的是本体学的伦理学与管理哲学。此前我们主要是讨论成先生对中国哲学的本体学、本体诠释学以及心性论的观点，这属于中国哲学本和体的东西。现在我们将由本体的层面进入到用的层面，就是本体知用行的用的层面，即扩展到伦理学和管理哲学的层面。成先生在伦理学与管理学方面都有独到的建树，创建了自己的本体伦理学体系和管理哲学体系。而在我看来，伦理学的目的是规范人们的行为，管理学则是引导外部社会更有序、更有效率地发展。因而，今天的讨论围绕这些方面主要有四个问题：

第一个问题就是您为什么要从此前的本体学和本体诠释学扩展到本体伦理学以及本体管理学？换言之，您是怎么做到由体到用的？

第二个问题是您的本体伦理学对中国传统的伦理学和西方的伦理学来说有什么实在的推进或者有什么样的独到创新的地方？换句话说，就是本体伦理学对于中国传统的伦理学和西方伦理学来说有什么新意？

第三个问题是您基于什么样的考虑提出管理哲学？跟当前我们的管理学，包括一般的管理哲学相比，您的管理哲学主要原则、理念是什么？创新之处何在？

第四个问题是您的本体伦理学和本体管理学有什么内在关系？二者如何能统一起来？以及本体管理学和本体伦理学对我们现在推进中国模式下的现代化有什么样的意义？进一步，因为很多人都在讨论能否建立一个全球性的普世伦理。对这个问题，您怎么看？您的本体伦理学对建立普世伦理会有什么启发？这对我们中国今天构建和谐社会，乃至我们提出的"和谐世界"的理念会起到怎样的作用？

成：我们一直在谈本体，而在我看来，从中国人对世界的观察经验以及对自身的生命体验的角度来说，本体就包含在如何对人，如何对己和如何对物的态度之中。人是一个活动的存在，它不可能只是去沉思外部世界，沉思的目的不仅是要达到我们对这个世界的认识，而且更重要的是形成一个价值观，在此基础上产生行为规范，以此为依据来指导人的行动，以实现个人的价值。换言之，本体是关于人的存在的整体思维或认识的方式，而本体的宇宙也是对整个宇宙的认识，它不排除变化与发展的现象，所以才能看到宇宙的生生不息。由于这个宇宙是一个动态的存在和发展的过程，而存在于其中的人能够观察、感受和反思宇宙的存在，因而宇宙的运动必定会带动人的运动。人之所以成为人就是因为他是一个活的、能动性的存在，具有一种创化的功能。所谓"穷则变，变则通，通则久"，是因为人们在日常生活中会遭受到种种困难，如何解决这些困难，这就需要对本体的认知。所以本之中就有体的思想，本通过体而存在，而体则体现在人之为人的自觉意识之中，这种自觉通过观感成为一种整体的，对事物真相的认识。这种认识进而再产生一种对个别事物的认识，同时也产生对自己的认识。也就是说，观通过反思变成感，感中不仅产生对事物的认识，而且还有一种评价，因为它代表一种人的主观情绪的反思。人的心性就在这个反思之中，当然还有情的认识和反应。这是对世界之存在状态的反应，这是很重要的。也就是说，人要活动，要有一种有目的的存在。也许我应该这样说，本体的存在是一个开阔的、发展的过程，同时这个过程也有内在的目标，这个内在的目标是需要人去提炼和掌握的，人去掌握宇宙目标同时也是掌握他自己的目标。

为什么人的历史和人类文明会走向不同的传统？任何文明传统都包含了某种人的活动，包括宗教、艺术以及社会伦理的活动。从这点来说，人是个小宇宙，而这个小宇宙是不断活动的，所以这是一个由本到体，由体到质的发展过程。这里我和传统说的不太一样，传统一般说用，而用就包含在质当中，因为人的用离不开质。用还代表目的性、价值性与规范性，这三者有非常重要的内涵，是有所为的目的，用就包括达到的价值或感受需要的一种目标，而达成用的整体过程才叫做本体的创化作用，它从存在中创化出新的、有价值的、有目标的存在，这是哲学要思考的核心问题。

我认为，还应该把所谓"本体自身论"摆进去。自身论包括五个部分，即观、感、思、学、行。首先，我们从大观天下，观天下之变的过程出发，从中发展出一个感，以感受变化中的价值，亦感受人的存在意义，这样的意义与价值是通过情感或欲望的方式表达出来的。同时，感和观是知识的来源，知识一定是有所感、有所观产生的结果。如果我们用人的整体经验来解释感知，那就产生一种理智。感知与理智反映人存在的内在性以及心性活动的内涵，这个心性活动一般表达为情感，它在目的方面，在价值方面发挥作用。自身的另一种活动就是思想，《易传》中有"君子思不出其位"的说法，这个思字说明君子在看到外面的世界后要考虑他要做什么。君子要观察世界也要反思世界，先去感受，感受了世界之后要知道自己该做什么，这需要知的作用。知是一个复杂的概念，它有感的成分，感再促进一种知，产生一种情绪的反应，也就是注重价值的需要或者对客观事物的认识。在知和观感当中产生对象跟主体的分别，主体是基于某些内在的需要或目标来认知这个世界，而知提供了人达到目标的前提条件。以上讨论从古典儒家的角度看是一个模糊的过程，主体跟客体应该模糊到能够相互感应，相互一致。这种一致是主体跟客体在认识上的一致，例如我的概念，我的感觉跟时间能一致。只有达成了才能产生活的概念，这样才能产生一种对世界的正确认识，这个就是学。学就是达成目标跟行为的相应与一致，这样的话，你才能够真正去做，去实行，去达到目标。这个行的目标是什么？是要改变现状，要满足、要实现人的一种创造能力。所以我用观、感、思、学、行五点来描述本体自身。

近代哲学，特别是哲学诠释学，例如伽达默尔就特别强调知识本身有本体的基础与价值目标，这可能是追寻海德格尔的思想。所以我们不要单独去看知识，而是要通过对知识的自觉，甚至通过我们的意识了解到一个人的行为的重要。因为人的存在是一个本体的存在，需要达到一个本体的完美，这个达到是一个逐步实现、逐步发展的过程，也是一个变化与转换的过程，从这个意义上讲就产生了所谓行的问题。

在这里我想把用跟行分开。在我的价值诠释里面，用是导向科学技术的发展，行是导向道德伦理的建设。但我们必须要承认，传统的用是很广的。《中庸》所谓"日用平常即道"，这里的用就有很多含义，后来熊十力也提出一个用的概念，所以用在儒学里面，特别在新儒学里是非常普遍的，而且非常重要。所谓"开物成务"，就是要基于对物的了解，建立一个有价值的世界，这就叫做用。所以用还是偏向于对世界的了解，产生知识，进而以它为基础来建立这个世界，来解决世界或人类的生活世界中的一些问题，比如粮食问题。人类的文明进步的一个标志就是从狩猎社会走向农业社会，而在农业社会中你必须要知道粮食该如何耕种。例如在中国，你就得知道稻米要怎么耕种。中国的黄帝，他就教人耕种和纺织，而这种衣食住行方面的文明开发就是用，今天的科学技术发展也是反映了我们对物质世界的了解不断深入。所以我们不能否定这个用，这是很重要的，尤其是涉及群体生活而不是个人生活之时更是如此。

在人的群体生活当中，本体之用是非常重要的，所以科学发展是非常重要的。孙中山说物尽其用，就是指开发出科学技术的世界，以解决物质匮乏的问题，这涉及群体生活的改变。需要强调的是，人是群体化的生物，人的存在不可能是个别的存在。在我看来，人是存在于本体的发展当中，人的存在必须要阴阳的配合，所以他是一种以群体的生活为基础的存在，它必须有整体环境作为背景才能很好地生存下去。因而，人的存在一定是跟环境有关系，跟生命的整体发展有关系的。在解决人类群体性的问题的过程中，就产生了文明。对于人而言，只有解决群体的问题才能解决个人的问题，在物质文明这一块尤其是如此。只有你解决了群体问题，个人问题才能解决，光解决个人问题是没有用的。你个人吃得很饱，但很多人都在挨饿，你也无法生存下去，所以你还要改善普遍的环境。人类通过观感思学行达到对事物的客观认识，这是科学发展之道。在这个意义上我们可以形成一个更好的物质环境，从而改善人的生活，使人的生活品质不断提升和发展。

另外，从行的角度，就是说人跟人的关系来说，而不是就群体的人对物质环境来说，就产生了对于伦理学的需要。科学需要群体的一种合作，一种共同探讨，因为所有的知识都需要有普遍性，要建立对物质环境的认识必须要以群体经验作为基础。单纯从个人的角度说，个人事物的满足首先需要面对群体，我认为这是伦理学的基础。伦理学从精神上讲应该假设一个文明社会的前景，它必须要面对人跟人之间如何相处的问题，即怎么对待人，人怎样才能组织起来，怎样才能建立关系的问题，甚至他要考虑到怎么对待自己。这是行，而不是用。因为人不只是一个行为而已，人是各种行为的综合体，是一个在时间与空间中延伸的存在，所以人必须要考虑到他自己作为人的一种整体性。

从这个角度来看，人需要认识世界，利用各种知识来改造社会，满足人的需要。在人对本体的思考中，人跟环境也是分不开的，人跟人是不能分开的，把他延伸出去，也会产生一种对环境的伦理问题，因此这个用最后也会变成一个行的问题。我认为，对物我们谈用，对人我们要谈行。当我们对人对己的行建立起来之后，最后还要发现我们对环境，对整个世界的其他生物或者对宇宙本身也有一个行的问题。反过来说，我们也可以利用知识发展宇宙技术，来满足我们的需要，这是用。另外，这个用也可能用来组织社会，来组织群体，这就是经济学的发展。经济学是用，是用人；环境学则是在用环境，用物。伦理学是在研究如何协调人的关系与秩序，管理学则是研究如何最高效地利用人和物，所以这里是有区别的。管理学偏向的还是用这一块，伦理学是偏向行这一块。

漆：成先生，我把您前面所讲的内容概括一下。我感觉成先生刚才谈了一个很重要的问题，就是对人的理解应从人的本体性存在出发。因为人是一个本体性、整体性、创生性的存在，他跟周围的环境也是一体。理解人这样一种存在需要一个适当的架构，这就是本体学的架构。据此，我首先想问的是我们该如何把握您的本体知用行的观点论呢？我们有一个本体宇宙学，来说明这宇宙怎么演化，同时还有我们对这个宇宙的感知，就是您在《周易》里面谈到的本体诠释学。今天您又说明了人的观感思学行的本体自身论。我觉得这里有一个学问就是本体的知识学，因为您特别强调我们怎么认知，怎么去建立一个认知理性，认知是一个获得真的过程。但是人的本体理性不光具有认知理性，还有道德理性和审美理性，以及有关环境的生态理性，还包括人的宗教信仰和价值理性。因此，受到您刚才的启发，我就认为，人是本体性的存在，而我们建立的学问是本体的学问，本体的学问进一步分类的话有本体宇宙学、本体认识学和本体诠释学，还有本体伦理学、本体管理学、本体美学，进一步发展还有本体的生态学和环境学、本体的价值学。从这样一个意义上讲，我觉得成先生这样一个架构确实把本体知用行结合了起来。人就是本体性的存在，所以人有认知理性、审美理性、环境理性、管理理性、信仰理性、价值理性，这样就有了这些相应的学科，而这样人们就能有一个非常整体性的学科体系。这就是我们要从本体学或本体诠释学走向本体伦理学和本体管理学的原因。

成：我的意思是通过不同方式来说清楚人的本体性，这样或许能够更具有启发性，当然这是比较困难的。现在通过你的这样一个提示，我们也可以这样说，我们从本体的观感、反思和学习中产生了我所谓的本体理性。本体理性就是本体知识学的基础，我的目标是了解世界，认识世界的各种可能性。认识世界有两个方面，我的本体理性一方面是用来掌握对世界的知识，来作为一种工具达到目标，这就是工具理性。当然，本体理性还应该把康德涵盖进去，因为康德具有三个可能性，一个是理论理性，还有一个就是实践理性，另外一个是判断力。我认为这是把康德倒过来讲，当我们了解康德很清楚的时候，我们会发现，他的第三批判是一种本体理性，我说的本体理性相当于康德所说的判断力批判，即批判判断力，但是他没有把根源说出来。他只是说人可以自由判断，而且这不是为了某种功利的目标，也不是为了某种特殊的需求，就是一种直接对事物的判断，而这种感知事物的判断就是美感。假如我们进一步延伸的话，对存在价值的判断，还有因为价值产生的一种可能实现价值的那种规范的判断，这些都是由本体理性而产生的判断。在这个本体理性的判断里面产生对世界的认识，这是理论理性，然后又产生对世界理论认识之后的一种应用，叫工具理性。接下来要做什么，我觉得应该叫做价值理性或者说道德理性，人类就有这三种理性。

漆：本体理性批判。

成：对，因为我最近在研究康德的书。

漆：成先生，我们今天主要讨论本体知用行或者观感思学行的本体学架构或者本体学体系。您前面谈到从人的本体理性扩展到观感思学行的理解框架，所以我觉得如果您单纯地谈本体伦理学和本体管理学，似乎无法阐明本体学的体系。成先生，您看咱们能不能把这次讨论变成一个对基于本体学的本体知用行框架体系的探讨，因为上次我们只提到了本体诠释学，没怎么展开。

成：这个很好。

漆：要不然单纯地谈本体伦理学和本体管理学，好像不够涵盖您想表达的内容，因为还有本体美学以及本体生态学。另外您讲到开物成务和厚德利生，包括张载讲的人物一体的关系，人和环境的一体关系，这些内容通过您的本体理性以及人的本体性的论述都能够整合起来。当然您也可以谈谈本体管理学和本体伦理学，但我后面还有一些章节专门讨论本体美学，所以在此我们还不如从总体上先谈一下本体学的架构体系。

成：很好。本来我在 2008 年和 2009 年暑假在华东师大讲了 17 讲，就叫"本体学与本体诠释学"。因为那时我注意到对本体诠释学，国内总是有人不太了解线索，不知道本体学是从哪里讲起，对本体的概念总是抓不住，所以我就提出一个本体学的概念。那个稿件是华东师大他们帮我初步整理的，其中就有这样的说法，我把本体学和本体论区分开。本体论是西方的一种对于存在的固定的对象性的思考，是存有论，但这个存有论和中国说的本体论并不能够完全对接。但由于事实上我们是弱势文化，而西方是主流文化，因而我们对本体概念的理解往往就陷入西方陷阱里去了。这就导致 20 世纪中国讲的本体论都是西方的存有论范式下的本体论，而把中国自己本体的生命力和线索割断了。这样很不好，因为我们连本体是什么意思都不知道，就更谈不上讲出中国本体思想的特点了。所以我就提出来，我们讲本体的时候要注意它和西方是不一样的，不要被西方的概念所束缚。我最近一年来特别强调发展论和发生论意义上的本体学，因为本体学是发展的东西，是要在人的现实生活中实现的，所以应该是不断跟世界交往的理论。这应该是学的过程，强调过程性，是开放的。

漆：成先生，受您的启发，我觉得咱们这次访谈的整体的主题都应当做一定的改动，叫做"本体学与当代中国哲学的重建"，而不要简单地说"探索中国哲学的发展道路"。实际上，两者没有根本的对立，更准确地说，前者是对后者的一个深化与发展。因为后者是一个比较大众化的而缺乏核心的提法，我们并不知道中国哲学的未来发展将何去何从，而实际上您已经给我们指明了道路，就是重建中国的本体传统。我感觉您这里的灵魂就是本体学，那么我们应该探讨本体学与中国哲学的重建或发展道路，这样的话我们就达到了访谈您的真正目的，即听听您的关于重建中国哲学的看法。那么很显然，您的看法是立足于本体学，是告诉我们，重建中国哲学的出路就在于摆脱西方存有论性质的本体论，而建立中国以《周易》为根基，注重过程性和创生性，注重与人的真实生命相一致的本体学体系。

成：我还要说一下，这里很重要的一点是中国的本体学不仅与西方相区别，还有拯救西方本体论的意味。因为传统西方的形上学，在其发展过程中已经与人的真实生命非常疏离了，而且它也与对宇宙的实际观察和认识相隔离，也就是与宇宙论脱节了。西方传统的形上学体系所使用的还是亚里士多德的本质范畴，那个范畴完全是抽象的，当然也许它认为是普遍的。这套范畴的目的是要把形上学变成一个存在的逻辑体系，因而它是一个非常静态、对象化的思辨模式。实际上黑格尔已经不满意这个东西了，而在康德那里本质范畴已经转化为知识范畴了，换言之已经完成认识论转向了。因此，真正的传统本体论还保存在所谓学院派的哲学里面，就是保持在天主教神学里面，成为上帝和神灵的存在方式。本体到黑格尔那里已经主体化，成了精神哲学。而根据我对西方哲学的了解，本体在胡塞尔这里又逻辑化，我认为这一过程并不是很成功。这样的本体可以作为一个概念系统的建立，但是跟生活是完全脱离关系的，所以才有海德格尔的存在主义。它是一个积极的反映，是一种反思和反动，他的本体叫做"本体的现象学"，他已经有生活意义在其中。他的思想中有对于存在的感知，所以是存在的现象学。现在我是要提出，现象学是基于本体发展出来的。现象的基础还是本体学的，本体也能导向对现象学新发展的理解。

漆：成先生，您把现象作为本体的内在环境，纳入您的体系里面了，所以第一步就是描述现象。

成：是的，那篇文章里说了四个步骤。

漆：成先生，我想问您一个问题，就是您说西方本体论是窒息生命的、隔绝生命的，像亚里士多德建立了十个范畴，就是静态的、死的知识，就让这个世界没有活力了，不是人生命的创生过程。还有西方的神学，基督教神学只是为了证明神性的存在方式，这跟人没有关系，因为人不能成为神。后来西方有了认识论革命，从笛卡尔、康德一直到海德格尔，就是在拒斥西方传统的本体。黑格尔是在挽救西方传统的本体，他有一种本体意识了，但是他弄出了一个绝对精神，跟人又脱离了，因而他没有整体生命运动过程的辩证法。所以成先生特别强调中国式的，从本体学出发的和谐化的辩证法，这种辩证法能拯救冲突、矛盾、对立。成先生，你的体是本体学，用就是你的和谐化辩证法，就是本体辩证法。我觉得咱们这么一讨论下去，你整个更加完善了，更加有新意了。说实话，我感觉到成先生的价值在以前的访谈中还有点发挥不够，当然不是您发挥不够，是我没问出来。我提个问题，您可能说四十分钟或半小时。如果您有一个思路，我们可能直接写出来，还是一个描述性的，这样可能对大家更有启发。

成：我接受。事实上我也是这样一个思索的过程，本质也是这样子的。因为我要把中国传统的东西变成一个适应现代人的思考，目的就在于一方面彰显中国人能跟宇宙、跟生命密切配合的经验，另一方面也是拿它来和西方的架构做一对比，在这个过程中显示出西方苍白的、有问题的地方。

漆： 成先生，您说得很对。我觉得您的本体学有一个很勇敢的担当，就是在当前世界学术界还是以西学为主，西方的哲学还是一个"霸权"，而我们中国哲学包括其他地区的哲学还处于弱势地位、边缘地位的情况下，您提出了本体学，我感觉是对目前不合理的学术格局的一种抗争，也是替中国哲学争取话语权。当然您此举的意图肯定不是狭隘的中国文化本位主义，而是为了顺应全球化背景下世界哲学的重建的要求，我个人非常佩服成先生敢于挑战西方哲学的学术霸权的理论勇气。

同时我们也知道，您此举又非简单的意气用事，因为您这个本体学是从《周易》开始，囊括儒释道的整体性的文化生命，这样的体系对西方的本体论趋势是个重大挑战。对于西方哲学，我们首先是要对话沟通，在这个过程中要让它心悦诚服地承认自己的不足。随着时间的推移，通过不断的思想交流，西方人就会认识到中国文化的价值。我觉得成先生采取的是中国哲学里面独特的进入方式，当然还可能有其他的进入方式。以后我们可以设想过了多年之后随着中国文化的发展、学术的进步及世界交流的更加平等化，成先生您所做的本体学的重建价值才能够真正地体现出来。现在可能西方人还不理解，也不一定那么重视。

成： 最近我也涉及这个问题，就是西方对于中国思想文化传统的了解，比如对《易经》的了解。事实上那天我跟一个德国教授讨论了关于《易经》的问题，因为我一直在强调《易经》的重要性，所以影响了大家都在讲这个问题。我的目的是强调《易经》是中国文化的源头活水，因而他们要了解中国，就必须了解《易经》，但不是用西方的方法了解。因为事实上他们用了那么多钱，在德国的很多地方进行《周易》的研究，我觉得成果并不是很明显。但是我现在要讲的一点，就是这位教授的看法。他批评黑格尔，说黑格尔也没有真正了解中国的《易经》，实际上确实是如此。黑格尔认为中国的《易经》只是一个形式，跟人没有关系，用于计算，这是他绝对错误的了解。《易经》本身是一个诠释的学问，具有内在的本体性，现在大家只看到它的外表，而没有看到内在的使它成为《易经》的可能性因素，就是使它获得占卜能力的这种可能性。包括中国人也很少有人了解，因为涉及本体知用行的问题，而很多人只看到用，例如只看到占卜的作用。而为什么能进行？要回答这一问题你还要透视发展的存在。

漆：按照中国哲学的说法，叫体用不二，如果看到用之后遮蔽了体，就需要把体揭示出来。

成：因为用是通过现象，就是你说的象而展开的，而不是任何人都能把握这个象。也就是说，不是任何人都可以解卦，对那个现象的解释是要有透视性的。所以我谈到本体的问题，因为本体就是使这个象得以存在的根源，它决定了象的整体观感，而这个整体观感则使当前出现的象具备了一种意义。我抓到这个意义就能说明这个象，就证明我对这个象有所理解，有所认识。如果我只是单独看这个象，没有考虑到对人的意义，那就纯粹变成对科学知识的追求。但是我现在仍然可以追求它，我要跟人的目标结合在一起，这就是知识，就是占卜的意义。占卜的目标就是要行，我怎么改变世界，我怎么改变我自己。

漆：用《周易》的话就是"顺乎天而应乎人"，它所追求的是天人如何沟通。

成：这是人成为人的要求。我认为可能对西方来说，所谓的古希腊自然主义时代，就是前苏格拉底时期，那时的代表是自然哲学。自然哲学之前可能还有一个时期，就是人类怎么去解决问题的那个问题的提出的时期，所以应该有一个"前前苏格拉底时代"。所以我们应该是回到更早的时代。

漆：这就是思想的原始出发点，好像海德格尔有个词叫"始源性"。

成：是的。但是因为海德格尔不了解中国，所以他只能到古希腊追求，到古希腊也只是真正源始开始之后的源始，而不是真正的源始。我们要讲的是可以引起争议的内容。

漆：您认为这样的内容是在《易经》里面？

成：对。这是本体学的内容，而其他的东西还属于现象学，所以这是非常重要的把握。那位德国教授所讲的第二个角度就是批评黑格尔继承了西方传统思想中的逻辑中心主义，但是他对中国不了解。他认为哲学在西方只是逻辑中心主义，西方传统哲学被认为是逻辑中心论的陈述，他认为应当有一个哲学是非逻辑中心论的。对中国人他也不了解，所以他认为中国没有古希腊意义上的哲学，也就是说中国没有哲学，但这是不符合逻辑的推论。我不知道中国的思想是不是西方意义的哲学，但我不能简单地说中国没有哲学,我认为,一个人批评了黑格尔,再批评了德里达,然后彰显本体学存在的起点,作为现象学的一个基础,这样就更有意义了。

漆: 成先生在孤军奋战,而且现在逐渐产生很多影响。

成: 人可以相信一个超越性的上帝,也可以选择走向内在超越的自我发展之路,这意味着人不一定一开始就选择信仰上帝。西方哲学好像一开始就把人的命运决定成如此,而中国人跟基督教还是有很大的差异。天人合一也是一个根本性的选择,而且这个路径根源性更强,本体性也更强。因为在原始的社会中,天、地、人三者本身就是一体的。

漆: 成先生,我再请教一个问题。我觉得刚才我们说了很多本体学的分支学科,我感觉其中最主要的是您的本体宇宙学、本体诠释学和本体辩证法,我觉得这三部分是您的基础性的思想,后来的本体伦理学、本体管理学、环境学、美学都是在这个基础上生发出来的。本体宇宙学是您根据易学的本体论发展而来,因为《周易》已经有了一个基本观点,需要您再进一步学理化,而本体诠释学作为整个框架的核心东西也已经提出来了。我觉得本体宇宙学是本体的本体学,本体诠释学相当于本体的认知学或认识学,就是知识论,本体辩证法是日用常行之道。刚才您十分强调"本体知用行"模式的中国式和谐辩证法,特别是《周易》的辩证法思想,认为它是弥纶天地的,强调天人的生成。

我觉得成先生您强调的是观感论,而您可以把观感论进一步发展成本体观感法或本体观感论。为什么这么说呢?西方人也强调观,但他缺少感,所以他就只是讲世界观,而这实际上就是德里达批评海德格尔和他此前的形而上学的那套东西。他说西方是"视觉隐喻文化",强调用眼睛去观,当然海德格尔晚期也强调听,聆听神性的召唤,就是听觉。但我觉得成先生从《周易》发展出来的观感是全方位的,而且是天人相互生成的。这种基于本体学的观感学由于肯定人跟宇宙万物是内在一体的关系,所以要求人调动自身的一切感官来感受这个世界。在它看来,人来自自然生命,最后又回归于自然生命,这是天与人、人与自然的整体性、一体性的内在和谐关系。所以我觉得成先生的观感还可以进一步发展成本体观感学,而这应是您的方法论里很核心的内容。因为您的观感说是从《周易》的本体哲学中阐发出来的,它是一种本体的观感。

成: 本体学的观感事实上是存在的,这是一种普遍而又有包含性的认识,它并不是说已经产生确切的观察立场。它只是一个观点,只是从观来了解世界，这样你才能够看到这个世界的各种变化。

漆：这个时候人跟动物一样吗？

成：这个时候怎么能跟动物一样？任何一个动物能看到整个世界吗？看不到。即便是猴子这样的高等动物，它也只能看到一部分，也不会对外面的世界有一种特殊的兴趣。野狼只是看到它的猎物和天敌，其他的事物它不会看到，更不会看到天地运行，万物的生长变化。我这里的观具有本体学的色彩，它指的是观察并发现整个世界的变化，因而我们只有对世界问题与现象完全不曾遗漏的观察，然后才能产生对世界发展真相的认识，才能理出"一阴一阳之谓道"的说法，而这样的观显然只有人类才能做到。因为道是广大无外的，它不可能只被限制在一个点上，否则一旦我有了某种观点或某种语言的概念，我们就把它限制掉了。所以，我们的观是一种与世界的开放性的、整体性的交流。八卦里面有八种象，但这八种象只是世界运行变化的代表而已，而真正能够描述这个宇宙的变化模式就是一阴一阳之谓道。因为宇宙中有阴阳两种基本元素和作用，而阴阳又能互相转化，这说明我们现在的这个世界是从那个层层相应的阴阳交互、交往作用之中得出，是一个阴阳大化的体系。在这个体系中再寻找宇宙结构与过程，就产生了宇宙学。

二　宇宙创化的模式与过程

漆：您刚才说的观想实际上涉及本体学里很核心的方法。人何以能观想？因为人具有本体性，人的心直通宇宙之道，那个宇宙的本性在人身上就是通过心表现出来的，所以人的心能包举宇内，放眼天下。心不是具体的存在，但它能和具体境遇连在一起，这也是中国哲学体用一源思想的体现。这样的心只有人类才能具有，动物是不可能有的。成先生说动物可能能看到一部分世界，就是与其生存本能直接相关的部分，而人为什么能胸怀天下，把整个宇宙包含于自身中，就是因为人的心是宇宙本体之心，是本体性的心。

这里就涉及人何以能观宇宙的问题。借用佛教的一心开二门的说法，我觉得西方的心开出了心智门，开出的就是逻辑化的知识。中国当然也有相应的内容。但显然中国不是特别强调心的这个含义，中国不仅有心智，还有心灵。这样的话，它特别强调人是天地之灵明，所以它要求人能为天地立心，为生民立命，为往圣继绝学，为万世开太平。

那么，这里可能涉及一个更为深入的问题，就是人这样的能够体会到本体的心，究竟是从何而来的？就是说，宇宙的创化作用是怎样一步一步塑造了这样一种灵明之心的？

成：对于宇宙创化过程，我提了四个发展阶段。宇宙是从一个最原始的量子世界开始，这个量子世界是一个纯粹的能量的世界。现在我们的世界里面还有量子世界不断发生的作用，例如辐射等。很多物质变化还在进行中，但这个变化逐步地形成了一种秩序，因为它在阴阳相互交织的过程中产生了一种张力，进而产生了一种更深刻、更稳定的存在，就是物质世界。物质世界同样不可能停止演化，而它的不断变化，在达成某个阶段时就产生了生物世界。在极为远古的时代，地球上并没有生物，那么海洋与大地中的生物是怎样出现的呢？

漆：这就是生命世界。

成：对。而在生命世界出现之后的若干年才会衍生出真正的心灵世界，这个心灵世界是人类出现的一大标志。但是我们现在要反过来思考，低等动物有没有心灵？应当说，它没有像人那样的心灵。因为我们人类的心灵能够使我们对这个世界产生一个深刻的了解，所以我们是世界中的一个有效的发展，我们有一种有效的历史展开。同时，我们对世界的了解也多少反映出宇宙本身的一些存在。

漆：成先生，对于刚才您说的存有的进化论，我有一个问题。我看过霍金的《时间简史》，大陆也出版了他的著作。他对生命演化过程的解释让我觉得西方的思想有一个致命的问题，就是总是带有一种还原论的思维，这可能跟他们的宗教也有关系，一定要找到原点或起点。西方的宗教我们都很熟悉，它为了寻找整个宇宙的起点，最后只能找到了上帝那里去。上帝是创世者，之前是没有这个世界的，所以物理学也要找起点。霍金跟梵蒂冈的教皇有一个对话，教皇说起点就是上帝，这一点就不要考虑了。至于起点产生之后的物理世界，物理学家可以研究。但是从中国的大化流行的角度来看，我们不能说世界有一个起点，从那开始创世了，以宇宙大爆炸等等这样的问题。我觉得这个世界很难说清，我们能知道的是这个可见的世界有一个历史，因而我们就总想给宇宙找到一个起点，但恰恰宇宙是没有起点的。西方思想现在提出宇宙大爆炸的假说，我认为这是西方封闭化的结果，也就是说他们还是要采用还原论的思维模式。我觉得成先生从本体学的角度说，世界是有本体生命的，生命是生生不息的，它无所谓什么时候开始。也就是说，世界是无始无终，你要是找到一个起点的话那就很麻烦，那起点之前是什么？就没有办法解释了。

成：中国和它们的不同之处在于，我们也有可称为起点或原点的东西，但我们的起点或原点是一个动态的概念。比如说我们说太极，太极之前是什么呢？其实它的基础，也就是使它成为起点的是无极，不是说还有另外一个东西，它已经是一种无限的。

漆：成先生，请您解释解释，这个无极与太极的关系是怎样的？它们究竟是不是同一个东西？

成：如果从"一阴一阳之谓道"的角度来说，太极的发展就存在着所谓"阴阳的张力"。阴阳的张力是一种技术性的力量，这种技术性发展是一种相辅相成、对立又相存的方式，它也是一种差异化、多元化的发展模式。阴阳两者一方面相互整合，另一方面又彼此差异化，两者进行一种开放的组合，所以不是说有某一种决定性的存在方式，而是说有很多种可能，让它自身去实现。也就是说，并没有一个超越的外在的东西规定和限制太极，这样它才能够自化自成。宇宙就是在太极中不断地发展演化，逐渐形成一个更好的、更开放的宇宙。当然在这一过程中也会有一些阻力或困难，但也必须透过它的生命力来实现、来解决，最后发展到人这个阶段。而且人也不是只有我们这种人，最近已经有科学研究证明的确有外星人，可见宇宙演化到生命这个层次同样是有多样化特性的，在这个程度也有很多新的生命形式出现。

漆：多元化的原则？

成：是的。外星人也要找我们这些地球人，并跟我们建立关系，我们也要跟他们建立关系，最后建立一种星球之间的关系。当然，我们现在还没有解决全球化内部的多元关系，这种关系最终也必然要建立，这就是宇宙内部的创造性展开过程。人类是其中的一个中心，人在这方面是自由的。但西方人已经假设有一个万能的上帝，这个万能的上帝最大的毛病在什么地方？在于你无法真正了解这个上帝，上帝存不存在，如何存在，都是很大的问题。我们只能就我们经验来说，宇宙在发展，发展有一个起点，这个起点也就是在有无之间的起点，它从无到有，自有到无，又变成有，是这样一种辩证的关系。所以阴阳的概念有两个解释，一个是同时存在，阴阳都有相配合的景象，配合才能产生所谓生物；另一个，阴阳也是一个时间过程中的概念。什么是时间呢？时间是一种纵向的阴阳。

漆：这是一个从隐藏到开显的过程。

成：它有可能再回到潜在，在循环中产生一种创生作用。

漆：成先生的思路非常好。我们熟悉空间上的阴阳，但是在时间上的阴阳，这是一种颇具新意的提法，就是它有隐藏的像种子一样的潜在生命，最后生长成熟而开显出来。潜在的是阴，开显的就是阳，空间的阴阳学确实是中国人很独特的智慧。

成：而且这个东西要透过呈现，透入到生命和人类的心理之中，这样才能更好地体现宇宙的生命力。这个生命力通过人实现，但人又有可能毁坏阴阳已有的架构，所以我们要改善和提升人，这一点真的很重要。不是说有一个上帝把宇宙的一切都已经规范好了。

漆：那就变成决定论了。

成：对，这样的观点有两个困难：第一个就是决定论，第二个就是上帝成了跟随人的脚步行动的了。我们过去说的上帝是人的投影，到现在为止也没有任何论证可以说明上帝存在，都是把人的存在加以扩大。这是不合理的。

漆：从您的本体学来说，上帝就是人的本体性从大生命角度的一种反映，是西方人在没法说明的时候创造出的人格化的东西，其实上帝曲折地表达了人的本体性生命的存在。

成：西方人把上帝理想化、完全美化，也是为了说明这个世界。但上帝是怎么决定这个世界的？这变成了一个问题，好像我们宇宙被一种神秘的力量所左右，这就使得我们很难把握自身，也很难评价自己，因而导致我们丧失了意义。我们应当认识自己的责任，而不是把一切都让上帝做。

漆：其实很多的文化现在都需要重新判教。如果用您的本体学判教的话，我们也应该承认基督教的贡献，但它的贡献在于曲折地反映了人的本体性生命，就是说人的本体被交付到一个外在超越的人格神那里去了。佛教讲涅槃清静的本性或真如本性，其实这就是您说的人的生命本性。道家强调"道法自然"，那个道也就是您所说的本体性。儒家讲"天命之谓性"，这个天命就是自然生命或者宇宙生命。所以我觉得站在本体学的角度去评判各种宗教，无论是儒释道还是基督教，都会产生一种文化的重新会通和创新的可能性。

三　整体化的本体伦理学

漆：现在咱们回到对本体伦理学和本体管理学的讨论，如果有时间的话，我还想请您再简单谈一下本体美学。首先，我们想听一下成先生您是怎么思考本体伦理学的？为什么要用本体学眼光看伦理？

成：可以说本体的基本内涵就是要实现一种充实的存在价值，而实现价值必须要有知识作为基础，知识对世界的认识跟人对自身价值的了解是分不开的。因为在我的架构里面，由存在产生价值，由价值产生规范，因为我怎么适应这个价值就是规范，由规范才能达到目标。

漆：那个价值就是本体伦理学，规范就是您的管理学吗？

成：你可以这样说。我刚刚说的就是我们基于用和行进行一个整体的分析，用是对物、对环境的，是发挥知识的；行是对人的，对自我的。由于有本体的基础，所以用也可以有一种行的意义在，行也可以有一种用的意义在。

漆："不离日用常行外"，这首诗把用和行放在一起了，因为不离日用，所以才能常行。

成：对，所以整个生活之道都在日用平常之中，《中庸》中就说道"君子之道费而隐。夫妇之愚，可以与知焉，及其至也，虽圣人亦有所不知焉；夫妇之不肖，可以能行焉，及其至也，虽圣人亦有所不能焉。"就是说，道体往简单了说，是匹夫也都容易知道的，但往深了说，对生命的真谛可能圣人也无法知晓，因为这是一种最深刻的本体体验。所以我解释《中庸》是在本体上面找到一个过犹不及，又不是不及的那种和谐状态，这就体现一种创化、开拓的作用，这也就是价值的实现，它同样是人类本性的实现，是宇宙本体的实现。

那么人如何实现这一点呢？因为人存在还是有一个个体、形体的差异，人有男女之分也就体现了所谓阴阳之道，所以夫妇之道是非常重要的关系。同样，这个生生不息之道还体现在父子的关系上面，这也是很重要的一种关系，由此而生兄弟之道，再展开还有朋友之道，或者君臣之道。

这些是不同种类的群体生活，是综合了家庭与个人相互关系产生的一种权利结构，它也是在实现一种价值，所以政治本身是伦理的延伸。

那么如何产生更好的伦理？通过我的研究，我发现不管是中国的伦理学史或西方的伦理学史都有一个共同点，就是人类任何伦理开始都是德性伦理。这个德性伦理是发展人的本体性，是实现人成为人的一个基本要求，这个要求是在与某个人的关系里得到检验的。比如儒家就是彰显了人的一种本体性，它认为我们要从对人的感觉与感受上面了解人，了解他人的感也就了解了我自身的感受，所以我应当从反思的角度，通过"人同此心，心同此理"的方式来了解人类的感受。因此，儒家认为所谓的"絜矩之道"就是"己所不欲，勿施于人"，设身处地感受到对方的感受。我自己不愿意做的事情，不能强加给别人。进一步，我希冀的东西同样应当提供给别人，当然这是另外一回事情。别人的东西如何能给我，基本条件就是我们不能产生矛盾冲突，而是要产生一种相应的关系，从而使得我与对方相互激励，相互促进以实现共同目标。也就是说，人类存在的生命形态与价值内涵都是相似的，甚至是有一致性的，这是伦理的基础。能够体会到这一点并成就之，那就是"德"，德就是有德于天地。《易传》中所谓"天地之大德曰生"，这里强调生之德和群体生命存在，它又是完成我自己个体的一种要求。这就是为什么儒家把人看得那么重，因为在人之中体现了两种普遍性：一者用简单化说就是我关心别人，我不伤害别人，我也不希望别人伤害我；再者就是我希望能完成我自己，因为这是本体的需要。

人的同情共感最深刻地体现在亲戚之间，特别是儿女与父母之间的那种至深之情。为什么你会觉得一个小孩子当他受到伤害后会哭？因为你直接感受到本体的基本原则。人与人的形体相似，内容也相似，这一点体现在所有生命体中。动物也是一样，一个动物看到另一个同种的假的动物，它也跟后者亲近，这一点过去没有特别提出来。由于形体相似内容就相似，因而我就可以大致知道我现在可能不喜欢的几种人，我会知道你想什么，因为我们一样。形体稍微差一点，也可以类比推理，比如怎么知道狗不高兴了，因为很多地方它与我们的反应也相近，我们高兴也会跳来跳去，所以我们知道狗这样跳来跳去肯定是快乐。庄子说怎么知道鱼是很快乐的呢？就是游的那种姿态，在这种姿态中就有一个欢乐的东西在里面，以此能体现出鱼之快乐。所以，使得天地万物能够成为一体也是推广出去的人心,这是很自然的。

但同时我们还要考虑到另一个原则,就是差异化、区别化、个性化及个体化的原则。为什么会产生这样的原则呢?就是因为每个人的处境不同。每个人应该趋向最好的处境,或者应该对他的行为有一种负责任的态度,这在于他是否对人产生好的作用。因为通过这一点我们可以看得出来,他究竟是害人还是不害人,这是一个义的原则。义是差异原则,仁是同一原则,所以孔孟之道基本就是仁义。讲仁义礼智信,礼是维护同,智是如何恰当地实现差异,信是对于上述原则的坚定贯彻与持守,所以说儒家基本框架就是仁义礼智信。

但是在我的伦理学里面,我还加上两个东西,要实现仁,首先你的内心要有一种本体认识,一种自我认识,这就是"诚"。所谓"诚者,天之道也",天之道就是我感觉我本体是存在的;"诚之者,人之道也",我怎么对待别人,这叫做诚恳。如果你按照诚的要求去做,你就能够真切地感受到你自己,进而又能够切实感受到他人,就产生一种对世界的真切认识。通过观感,你会察觉到别人怎么样,别人在做什么,这是一个什么处境,那是一个什么待遇,这就叫做"自诚明",我因为诚而能明。假如我从观感了解这个事件,我也知道我需要回归我自己的本体,这叫做"自明诚"。这就是德性伦理最基本的一种说法,而这个德性伦理也是儒家发展的最完善的部分。其基本原则是什么?就是人应当在社会当中成为他自己。他要能够掌握人跟人一种基本的行为规范,能够成己成人。

在西方也是一样。西方开始也是伦理哲学,比如说古希腊有苏格拉底,苏格拉底也是找寻自己是什么,德性是什么。他能感觉到他是怎样一种存在,所以他能知道自己,知道自己实际上就是不但知道自己是什么,而且知道应该做什么,能够做什么。

漆:就是找到那个善。

成:对。我若要成为我自己,成就我自己,我就要考虑我该怎么对待别人。从人类文明产生至今,伦理学其实已经成为一种习惯性的存在方式。它基于人的感性存在基础,而当对人的感性存在的理性认识较为清醒的时候,就发展出了伦理学。所以伦理学是对理念形成的一种知识环境的认识,这种认识可以成为行为的基础。至少柏拉图就开始讲"德"的问题,他们说的德就是与之相处的功能,所以他用了一个古希腊词,我们翻译成"卓越"好像体现不出其本意,但事实上这是一种"功能"。也就是说，它能够使人在社会里相处得很好，能够达成一种身心愉快的幸福状态。古希腊的伦理学所追求的是人的功能和目的的发展，它认为人具有一个目标，例如善或是美德，而人生活的目的在于实现这个目标。古希腊的德性伦理并没有谈到本体的问题，所以亚里士多德的德性伦理学强调人应当在社会上发挥的功能，就是成就那些德性。这个德性是一个人在习惯中，在教育中学习而得的，它成为一种人格的表达，其中尤其重视正义的概念，重视公平和团结。亚里士多德的德性没有特别提到在基督教伦理中十分重要的诚实，但在他看来，正义很重要，同时人要有节制。

另外，古希腊伦理最重要的概念是智慧，就是要选择一个正确方式以达到我自己的生活目标和幸福目标。此外，这里面还有一个德性就是勇气，我们对很多事情要勇敢面对，要敢于进行实践。这四个德性是基于一种人生目标所形成的，但是它对人的本性、本体并没有认识，这一点跟儒家不一样。儒家要思考自己的本性，要掌握仁的动态存在和变化的能力，因而儒者要不断地学习，去修身、修持，以找寻他的本体。《大学》里说得很清楚，"自天子以至于庶民，壹是皆以修身为本"。

漆：这就是为何《大学》会提出"八条目"的原因。

成：是的。那么修身以什么为本呢？"八条目"中特别提出要"诚意正心"，而诚意正心又需要认识外部世界，所以要格物致知。后者相当于我提出的"观"，诚意正心相当于我的"感"，这都是一体的。观感知用行，这在儒家里面已经有所表达了。儒家还不只是《大学》这样说，孔子晚年很重视对《易》的思考，求其德义，就是求天地宇宙中的基本道理，所以才产生像《中庸》这样一种说法。另外，儒家还有尽性，尽己之性以尽人之性，尽人之性以尽物之性，这都是本体学的东西，然后才能参赞天地化育。这里有一个拓生的过程，存在着内在本体性，更准确地说是内在本体性展开的过程。古希腊伦理是没有这个东西的，它是往前看，要在社会中实现伦理的要求。这两种伦理学体现了伦理学的不同发展方向：本体伦理学是以本体为基础产生德性的一种行为方式，而古希腊的伦理是基于一种对社会的认识，它追求人在社会中能达到的幸福，这并非人的根本。这并不是说亚里士多德没有与中国相类似的提法，他也有永恒宇宙的观念，但他并不清楚知性和道德怎么建立关系，因而他还是强调知性，所以他就趋向于科学探讨。他的科学探讨集中在用的层面，在行的层面则无法展开。

漆：西方哲学或者说西方伦理学从苏格拉底开始认为"知识就是美德"，就有一种倾向，把德性归为求知，这跟咱们所说的真正的德性还是不太一样的。

成：我们不把知识与德性直接等同，因而我们并不认为，没有知识的人是和我们异质的他者，我们还是希望能转化他们，而不像西方人直接从知识层面就规定了人的差异。比如古希腊人跟罗马人认为野蛮人只是会说话的牲口，因而根本不需要尊重他们，纳粹也认为犹太人和斯拉夫人是劣等民族。而中国人对待所谓的夷狄的态度是很宽和的，只要它有了文明——无论这个文明是自己的还是学习中国的，就同样尊重它，而不是把自己和他者当成两种不同的人。这是我们基于对本体的理解而形成的观念，也是中国的开放性的具体表现。

漆：也就是说，西方的德性是分化的，也是知识化的，这样很难产生真正的道德。而中国的德性具有整体性和创化性，是一种立足于本体的真正的德性。成先生的本体伦理学就是如此。

成：对。我注意到一个很重要的现象，可以说从来没有其他人注意到，就是在中国的从《周易》开始的儒家伦理价值中，德性伦理学永远是主要内容。而西方不一样，西方德性伦理最后导致了基督教的超越性伦理，也就是上帝伦理或神性伦理。神性伦理要求通过神，通过上帝来规范人们的行为，其具体的方式即演说和传道。换言之，神性伦理是通过使徒保罗和彼得，用上帝的眼光来要求和约束人。它没有本体的基础，因为最后它只能找出一个超越性上帝作为它的归宿。文艺复兴以后，上帝的基础没了，因而就产生了另外一个转化，就是康德的责任伦理，或者义务伦理。这个责任伦理要脱离上帝，要求人们自己对自己的行为负责任。在我看来，责任伦理其实来源于中国，是通过莱布尼茨等人传入的。中国思想在17世纪和18世纪对整个西方的影响很大，它使得西方人找到了自主原则，就是不依赖上帝，而从自身中寻找伦理的依据，自己为自己负责。人基于自己的实用性来规范一个既普遍又必然的道德规律，这样可能就产生所谓的普遍理性的基础，这个基础在于实用理性，但实用理性的基础是本体理性。康德没有讲这个，但基础可能和儒家有共通的地方，所以儒家比较喜欢康德伦理。但是这个因为没有本体的基础，所以马上就变成功利主义的伦理。

19世纪以后，随着工业革命的兴起，又产生了很多问题，就是过于推崇利己主义,将道德简单地视作"最大多数人的最大幸福",这是很庸俗的。这说明工业伦理没有进行基于本体的整合,所以它就把责任推翻掉了,责任伦理则是把哲学简化了,变成人的伦理。由于工业伦理讲的是多数人或最大多数人的幸福,最后产生一种所谓人权革命,要求人权伦理,权利伦理。而中国的伦理学是本体伦理学,它突出整体,里面既有责任,又有权利,还有结果。我认为,中国伦理学的出发点是德性,德性完成的方式是通过你的责任,你有责任就相应地具有权利。我们在德性的基础上面实现责任,来体现这个权利,然后在这个基础上再来谈它的结果,就是功利。因而中国的伦理学是先义后利,这是中国德性论的基础和本体之所在。这个本体跟德性在实践当中同时实现责任和权利,然后利用知性而达到功利。这是针对功利主义伦理学的,所以我叫做整体伦理学。本体伦理学是从根本讲,从基础讲,整体伦理学是从体系讲。所以中国的德,经过本体诠释,它既是责任,又是德性,其实也是权利。

漆: 其实叫本体伦理学好。

成: 本体伦理学也是整体伦理学。

四 本体管理学的内涵、原则与应用

漆: 成先生,您刚才已经把中西方伦理学的根本差异,以及您的本体伦理学的基本原则和整体性特点给我们说得很清楚了。下面请您再介绍一下您的整体管理学或本体管理学,以及管理哲学。我有这么一个提议,就是说您现在给我们说一些有启发性的东西,等我回国之后,我想把您原来的论文及著作中的相关思想与您这次所谈论的内容做一较为全面的整理。所以您在此不必讲得很全面,只需要谈几个原则性的东西或者一些最新的思考。

成: 好的。伦理跟管理之间的关系,过去我们没有说得很清楚,我做了一个最起码的界定,我把伦理当做一个内在关联,当做一种自我管理。

漆: 所以伦理也是一种文化管理。

成: 是的。伦理是内在的管理,管理是外在的伦理;伦理是对自己的管理,管理是对群体的伦理。这些在我的书上都说得很清楚了。过去讲管理学不去考虑如何去计划一些目标来达到一个价值的建立，不考虑到一种外在的关系，也不考虑怎样通过一种策略和方案来达到你的目标。而我认为，管理要考虑到这些组织因素，实现对知识的认识的创新，从而适应并掌握环境，以实现个人的自我价值。显然，这属于伦理学，这也是创造了一个个别伦理实现的基础。管理学可以基于整体的需要，可以有政治管理、企业管理、环境管理以及经济管理等等。管理学并不是只就一个合同来说的，是就各种不同的组织活动来说的。组织是很需要的，不只是为了经济目标我们需要组织，为政治目标的实现，我们同样需要组织。在经济方面，像亚当·斯密所说，如果没有自然市场的规则，你怎么能够促进经济的发展？同样，在权利领域，没有一个对权利的整体性把握，你怎么能够消除人和人之间的矛盾和冲突？霍布斯这样讲，墨家和荀子也这样讲。就是说，在人类社会早期，你若不能形成一个整体，弥合个体间的矛盾，天下就永远会陷入战争之中、冲突之中。因此，个体间需要组织起来，不仅需要政治组织，亦需要经济组织。在现代经济领域，成立公司是经济发展的基本要求，现代经济基本上是契约经济。所以我讲的管理是在群体性的伦理需要的基础上建立起来的。我的管理有一个伦理的目标，伦理则有一个管理的方法，这样伦理才能够更好地、因时因地因事地发挥它的作用。同时，管理也不是一种机械性的活动，像早期工业革命时期的那种机械主义，把人和环境都简单地变成工具。管理不应该只是工具化的一种组织，而是应该有一种目标性的、价值性的追求，这样管理才能产生一种动力和一种激励作用。

　　传统中国并没有西方意义上的管理概念，但具有管理的事实。中国历史中的政治哲学就是一种管理哲学，其中尤其以儒家哲学为代表。儒家的"为君之道"、"为政之道"就是一种管理哲学。儒家对于君主个人品格的强调实际上就符合我所说的伦理性管理的特点。它强调为政在己，所谓"子帅以正，孰敢不正"，所谓"政者正也"。按照儒家的理解，像尧舜那样理想的君主是一个完美道德的表率，受到人民的爱护。同样，他也爱护人民，关心大众福利的发展，就像天生育万物而又抚养万物一样，现实社会中的统治者必须以此为目标来修养自身，去不断地努力。因此，现实的管理活动的成败就主要取决于管理者自身修养水平的高低。通过自我修养，政治管理者在实际的管理活动中才能做到大公无私，顺应万物，因事施理，因时而变，正确处理君主与大臣之间，君主与百姓之间，乃至于不同的国家之间的关系，从而发挥出不同的人的积极性和主动性，通过大家的齐心协力把国家的事情一同办好。对于广大的老百姓，儒家则是要求统治者要能够"庶之、富之、教之"，不仅使其安居乐业，而且要在文化上成就他们，最后达成人文化成的作用。显然，这可以说是一种典型的伦理管理哲学。

儒家的伦理管理哲学的基本信条是"仁义礼智信"五伦，对此，我们可以从金木水火土这五行的角度加以说明。

1. "信"的作用可以用"土"加以说明。"土"具有包容性，是一切事物生息繁衍的根脉。而具有人道思想的领导者，能够对下属产生足够的吸引力、亲和力，建立起相互依赖的关系。儒家特别强调"人无信不立"，统治者要取信于民，必须具有仁义礼智的品德。而信正包含了其他四德，就像土包含了其他四种功能一样。

2. "义"的功能可以用"金"加以说明。金具有控制性。管理者要实现对组织的控制，就要做到处事恰当，名实相符，这就是"义"，就是一种正名主义。而儒家"正名说"的内涵就是"五伦"，五伦是一种社会组织，一种合乎人性的组织，从个人到社会，个体性与群体性结合在一起，从内在的人性结构到外在的社会组织，并发展出各种制度。

3. "智"的功能可以用"水"加以说明。水具有开拓性。为政者要安定百姓，使得人民过上丰衣足食的生活，就不得不考虑开发自然资源和社会资源，以及处理环境和人口问题，而这些都需要通过智慧的安排。所谓"智"就是要想得周到，能够掌握外界的变化，具有充分的知识。这里特别要指出，不像有些人的误解，其实孔子十分重视对外界事物的认知。所谓"智者不惑"是因为他具有知识，而不仅仅是主观的信念。"智"就是要体现为知识，并运用知识来解决生活上的问题。"智"体现了水的特点，"子在川上曰：逝者如斯夫！"水变化不拘，而"智"则是对世界变化的把握。

4. "仁"的功能可以用"木"加以说明。木作为植物，它具有生长变化的要求，从而具有一种特殊的创造性。人的道德修养，最终要体现在充分发挥自己，实现自我创造。要做到这一点，当然也需要别人的鼓励和爱护，并形成一个有利于创造的环境，这就是领导者的作用。所谓"己欲立则立人，己欲达则达人"，其最终目标就是让下属能够自我实现。所谓"仁者"必须帮助他人，促成他人的成长与进步，这需要教化的作用。

5. "礼"的功能可以用"火"加以说明。火具有凝聚性，而"礼"不仅是外在的利益，更是具有美感的行为规划。"礼"教人如何做人与做事，它具有高度的社会性，从而使得每个人都能各安其位，同时都感觉到集体的温暖，以加强凝聚力。与"礼"相关的还有"乐"的概念，二者的作用方式不同。按照《乐记》的说法"乐统同，礼辨异"，乐有和谐人心，调节人的性情的作用。礼乐结合，是善与美的统一，更加容易感动人心，这就是所谓"其乐融融"的意思。这样有助于调动每个人的积极性，让大家齐心协力把工作做好。

　　综上所述，"五行"的特征使得它可以用来说明儒家的管理思想。反过来说，透过五行我们也可以看出，传统儒家的管理哲学是以伦理为管理的工具，来达到管理的目的。当然，这与现代的管理学不完全一致。现代人由于社会的组织不一样，工业化、专业化、目标多元化日益明显，因而管理学成为一门独立的学科。但是不可否认的是，儒家的管理思想在今天仍然具有作用。伦理作为一种价值因素，对于管理有一种提升作用，这种提升作用即便是在现代管理活动中也是不可忽视的。由于中国人具有传统文化的伦理精神，所以我们可以把伦理与管理相结合，发展出一套具有中国特色的现代管理模式。

　　漆：成先生，您刚才介绍了在东方伦理学中，伦理与管理的密切关系，并指出了儒家五种基本德行与五行之间的关系。那么我想进一步问一下的是，您如何立足于中国传统文化来建构您自己的管理学体系呢？也就是说，我们都知道您在管理学上提出了著名的"C理论"。虽然您对"C理论"已经做了很多分析，可是在此我们还是希望您能再简要介绍一下。

　　成：管理的功能事实上主要在于创造，所以我用C代表，因为很多以C开头的英文单词都从不同的侧面说明了管理的特质。C有几个意思：一者就是要创造一个文明，它代表创造力的发挥；一者代表一种组织的方式；还有一者是代表权力的集中和分散。除此之外，C还代表儒家对人的关怀，所以其中包含儒家的作用。但C的实现需要组织起来。

　　我们现在体现在管理上的功能是什么，管理怎么去实现，要考虑到一些个别的因素，一种内涵。我现在在管理学方面有着和过去不一样的看法，我认为这是对管理学的修订。过去讲的管理学就是西方讲的管理学，比如说制订计划，进行领导，然后就是用人。计划、组织、用人、领导、控制，西方的管理学教科书就讲这些内容。但我在1979年写了一篇文章，认为这个架构可能不太适合于人的发展。

我认为,一个好的管理体系由决策、控制、变化、创造和协调这五个方面构成。首先,我们先说决策。决策与计划不同。假如是计划经济的计划,那谁在执行呢?另一个问题是这个计划可能只是单纯的一个计划,能不能实行那是一个问题。应该说,计划只是一个良好的意愿或预计,真要执行还要根据现实条件,我管它叫做决策。我们应该把计划和决策分开,单独强调一下决策。其次,我认为单独讲控制也不好,因为我们虽然可以控制很多人的因素、物的因素,以及钱的因素,但实际上对于人来说的话,调动人的主动性靠的不是控制,而是激励。所以我强调沟通和调和、协调。物可以控制,人应当协调,否则将人控制到某个程度,积极性就没有了,生产力也无法发挥。人不等于物,要协调就是让他主动发挥作用,所以我讲了七个功能,相比于西方传统的管理学的要素,我加了两点。经过一段发展,我觉得要把这个功能体现出来。后来我把它归纳为以决策为中心,我要做什么包含在决策里面,这个决策叫C1。这个C1就是开始这个事件,它代表有一个整体的决策,我叫做认识这个世界,也就是我要考虑好这个事件是怎么回事。第二个就是具体的行为,需要组织,C2是组织。组织也分两个,一阴一阳,一个是我要有一个整体的规划,谁来执行呢?执行人是主宰,这个人可以是总经理或者一个总统。决策的机构我把它当作董事会,也可以当作是人代会。第三个,我这个做出来了,代表人民做了这些东西,实际上还需要人民大众来做决定,来检验这个东西,这个东西实际上就是市场。市场的重要作用是使人们能够相互了解,然后合作、竞争,从而使人们能够进步,只有这样你才能够创造新的文化。这就是C3。这是一个变化的过程。接下来是C4,C4有两个,一个就是改变、改革现有的体制与制度;一个是创新,在面临新的问题时加以解决,两者都是一种创造。最后就是C5,C5是什么呢?能够产生一种让人民可享受的成果,达到一种化境,就是带来人的一种生活的改进、福利的增进,这是一种沟通,也是一种协调。人类通过管理学实现的最大的进展就是加强人和人的沟通,当我们再发生问题时,能够再回到决策。我觉得最有趣的是什么?就是这个管理体系正好印证了中国的五行之说:决策是土,管理是金,市场是水,创新和改变是木,最后所实现的生活的改进与福利的增加就是火,它是一种生生不息的状态。而最有意思的就是在我这个体系当中是土生金、金生水、水生木、木生火,火又回来了。

具体地说,"土"在五行中居于中心地位,故我们用 Centrality（C1）来表示,是核心,也就是决策。它不仅强调目标性,而且还强调动源性。既是目标又是动源。

"金"具有控制性,英文即为 Control（C2）,从系统论来讲,这是一种控制体系,在一定的动力推动之下,能够把人组织起来,把事情办好。

"水"具有变化性,可谓无所不适。同样,万物也是变动不居,而我们要知道并适应这种变化,进而控制这种变化,这就是 Change（C3）。

"木"具有创造性,英文是 Creativity（C4）,广义的创造性就是能够产生新的境界、新的事物、新的产品,其中也包含了不断改良、不断改进的过程。

"火"具有协调性,英文是 Coordination（C5）,协调是目标也是方法,人与人、人与事之间的有效的沟通与协调是任何组织存在与发展的必要条件。

由于五行的规范性和抽象性,它包含和容纳西方管理精华的潜力是很大的。例如,有关决策战略理论可以包含在 C1 之中,有关行政领导的理论可以包含在 C2 中,有关市场策略的理论可以包含在 C3 之中,有关生产技术的理论可以包含在 C4 之中,有关人事管理的理论可以包含在 C5 之中。

除此之外,我还将《周易》与禅学纳入到我的管理体系中构成另外两个 C。"易"具有融合与转化的功能,英文即为 Comprehension（C6）。金、木、水、火、土,相生相克,儒、道、法、兵、墨,互补互用,而管理中的各种功能,不论是决策、领导、生产、行销或人事,皆应融合运作,否则不足以成事。

"禅"具有超越与切入的功能,应为 Cessation（C7）。管理是一个不断提升的过程,由手的管理,到脑的管理,再到心的管理。由于心的活动面广,难免被迷惘、偏执所蒙蔽,这就需要管理者有一种超越、净化的能力,以保持内心清明纯净的境界,掌握人心及自己的心,并且在千变万化的环境中,保持超然洒脱的心态,把握时机,适时切入,最终达到真善美的目标。易与禅的引入,使得 C 理论由 5C 发展为了 7C,这就构成了 C 理论的完整体系。

漆：这种管理学真是合乎天道。

成：我这个本体学的展开与阴阳密切相关,所以是本体管理学。我以这个作为基础来容纳中国的历史传统，构建了 C 理论管理模型。在我的模型中，前五个方面分别对应道、法、兵、墨、儒五家的思想。

1. 在我看来，有关决策的内容可视作与道家密切相关。道家强调的道，即整体，包罗万象，千变万化。它本身不具形象，然而无所不包，为万物之根源，但不局限于一点，又包容一切。而人对于道的理解则需要跳出个人狭隘的时空观，升华到全体，考虑到环境。而决策一定要从更大的层次与范围去考虑，并衡量每一种不同层次间的互动关系。因而，如果按照道的要求来进行决策，则决策自然周延、客观而准确。

另外，道家强调"生而不有，为而不宰，长而不持，功成而弗居"，这也是决策者应有的品质，即决策和行政管理分开。这样，决策者才能保持心灵的清明、开朗，深刻体察万物的变迁。

2. 有关直接领导的过程则和法家相关。决策需要领导来落实，而高效的领导依赖主客观两方面的条件：主观条件为领导者的权威，权威靠公正客观的判断、言出必行、依法办事的魄力与推动的决心来建立。客观条件则是制度性的，它包括严谨的规范制度，层次分明、功能明确的组织。因此，优秀的领导者应具备公而无私、赏罚分明、刚正不阿、知人善任等特质，而这些特质必须依赖良好的制度才能发挥。

这些特点与法家的传统是一致的。法家的精神就是要求廉明公正的组织规范与平等客观的标准。因而法家强调赏罚分明、执法如山、知人善任的精神，对领导管理是十分重要的。唯有如此，领导者的权威才能建立，被领导者也才会对领导有信心。所以，法是"权"的来源，也是"信"的基础，唯有健全合理的制度，才能为企业组织带来凝聚力与稳定性，使得组织能茁壮成长。

为使"法"贯彻有效，领导（执法）时亦须考虑到"势"与"术"，运用组织及环境因素，往往可以强化领导者的权威，使得法制有效运行，这就是法家所谓的"造势"。

3. 变化的内容与兵家相关。经济世界是充满变数的。各个时代有不同的需求与观念，原有财富及权力资源分配不均，再加上科技的发展、人口的增加及其他政治文化因素，都使得经济世界充满变数。因此，权变的观念，对企业的行销尤其重要。而权变不只是因应变化，不为其湮没，更重要的是如何借变化扩大自己，掌握变化，化危机为转机。而兵家恰恰是重视权变。

《孙子兵法》中的权变哲学包括四个步骤：①永立于不败之地；②知己知彼，百战不殆；③决胜于千里之外；④善战者不战，不战而屈人之兵。首先，兵家强调永立于不败之地，就是先巩固自己，基于一个最高理想，以一套完整的管理体制，强化内部组织与机能，并掌握大小环境。

其次，就是要知己知彼。所谓"知己"是在未与对手接触之前，即展开内部自我考察、教育训练及改善内部管理制度，以强化本身的竞争能力。"知彼"的含义更为广泛，不仅要知道对手是谁，了解对方的条件、能力与策略，更要广泛收集信息，认清大环境的种种变化因素、资源限制与游戏规则。只有尽可能详细地搜集对手的资料，再配合自身的能力，善加规划应对，一旦短兵相接，才有较大的胜算。

一旦"知"得彻底，便可以使用兵家的第三个策略"决胜于千里之外"，以策略控制主导力量，先声夺人，进而令对方自行妥协，做到不战而屈人之兵。

以上就是兵家的权变思想，它有利于商家积极地面对变化，主动地控制它而为自己服务。

4. 在生产方面的思想与墨家相关。我们知道，现代管理最大的功能在于发展新科技，创造新产品，提高生产力，墨家为此提供了一个完整的哲学基础。墨子重视组织与领导、制度与纪律、手段与方法，目的在于创造新的事物。墨子本身出身于劳工阶级，重视生产制造和团队建设，强调劳动实践。

团队的建构须有共同的信仰，这与墨子"天志"的思想相关。上天的志向就构成了整个团体共同追求的信仰本身。

建构团队的目的在于生产、竞争，同时也是为了追求知识与科学。对于科技的发展，墨子主张向前看，他本人也很重视各种研究。因而我们可以说，墨子是中国古代管理中创造哲学和创造思想的第一人。但他不但强调创造，也重视组织的群策群力。他主张功利，但也强调人与人之间亲和团结。他认为，唯有如此，组织才能持久存在。这无疑是一种理想的生产管理模式。

5. 有关协调人事的思想与儒家相关。儒家哲学对于管理的重要性不言而喻，两汉之后的行政哲学几乎都以儒家为主。儒家管理以教化为主，重礼乐，人事制度及君臣之道，上下之分，由内而外阶段性发展，多种德性的建立及社会伦理的发挥。儒家的"仁"是基于对人的关怀所产生的一种亲和力与沟通能力，可以让别人与自己相互接纳，易于沟通。"义"是一种公平的原则，宁可人负我，不可我负人，如此才能获得别人的支持。"礼"是自我节制，尊重别人，以使人与人之间能够相互尊重与肯定。"智"是一种技巧而艺术的处事态度，不能为达目的而不择手段。"信"即对自己的言行负责，公私分明，如此才能建立权威，产生凝聚力。

任何一个企业家都应该知道，人是企业的根本。儒家哲学用于人事协调、沟通、人力资源的发挥及企业文化、团队精神的建立，对企业而言，这无疑是一种固本的工作。而儒家强调仁爱，主张人性本善，可以受到感化，因此主张人世间的协调应本着"以己之心度他人之心"的原则。实际上，只要持之以恒地去做，这种协调哲学的效果是非常显著的。

漆：成先生，我觉得您刚才谈到的可以说是 C 理论的基本原则和要素，那么这些基于中国哲学智慧的要素究竟在实践当中是如何运用的，有关这些问题您能不能再给我们谈谈。

成：在我看来，C 理论在实际中的运用就表现为理性管理与人性管理的结合。前者可以说是西方管理学的基本特征，它强调把理性运用于管理之中，而西方的理性乃是在"人性"之外的内容，它构成了形而上学与理论体系至高无上的系统。理性要求它所理解的人性必须服从于科学的支配，而所谓的理性管理也就是纯粹依靠科学知识与技术控制的管理模式，而人在这样的管理中同物一样被平等地当做管理控制的客体。因此，理性管理具有抽象性、客观性、机械性、二元性以及独断性。

与理性管理相反，"人性管理"认识到人与人性是一个复杂的、多种功能的混合体，它包含了理性的功能，但又不仅仅局限于理性的功能。人具有直觉、想象、记忆、情感等多种功能，每一种功能都扮演着不同的角色而不能加以外在的控制。因此，人性管理认为，我们绝不能简单地把人当作管理的客体，而要把人当作管理的主体，充分考虑并积极发挥人的各种官能和功能在管理中的积极作用。因此，人性管理具有具体性、主观性、有机性、整体性、相对性。

而 C 理论是把理性管理与人性管理相结合的方式，因此它能够结合两者的优点，因而同样具有五个方面的特点。

1. 它是抽象性与具体性的统一。也就是说，它能够在抽象性的思维中渗入具体性的思维，让具体性来中和并修正抽象性；同样，我们也可以在具体性思维中渗入抽象性，让抽象性中和并修正具体性，从而将这两者结合。这种结合性的管理既注重统计数字，掌握理性模型的建构，又能够注重事实，从而使得管理既有宏观性，又能应对具体情况。

2. 它是客观性与主观性的统一。C 理论还注重客观与主观的合一，就是使得客观性主观化，主观性客观化，二者形成动态的统一。客观性认为所有事物都是独立存在的客观实体，强调对事物进行解析。这是必要的，但容易使人忽视事物之间的联系。而这种联系，这种非因果律式的内容则需要管理者的主观因素才能发现。因此，在管理中，这种主客观统一的思维方式和行为方式，既可以使管理有相应的组织架构和规章制度，又可以使被管理者的个人潜力得到充分发挥。

3. 它是机械性与有机性的统一。机械性显然与客观性直接相关，更可以看成是抽象观察事物的一个结果。它把世界看成是一个被永恒法则支配的客观系统，没有任何变化，只有一定组织结构、等级秩序和外部的机械运动。显然，以这样一套系统描述充满运动变化的、动态的管理环境是不够的。因此，我们还要引入有机性，注重不同事物、不同部门之间的联系以及由此产生的变化。这样才能适应管理过程的权变特点。

4. 它是二元性与整体性的结合，二元性主要指向价值方面。理性为抽象的、客观的、机械性的思维所主导，它指向事实方面，而价值并非理性的对象，因而有一个非理性的思维来主导对价值的认知，这就造成了理性与直觉的分野。而这样的二元主义造成的恶果就是既无法把握事物的整体，更无法适应事物的变化。因此，我们需要引入整体性，它不是像理性管理那样把理性从人性的各种功能中特别抽出来，而是把人性当做一个整体。之所以要这样做，直接原因是因为人类的预感、知觉、灵感等心理活动，对于管理的影响是不可忽视的，但更重要的是，有机整体性的思维方式往往更加符合"理性化"的要求。因此，只要我们打破理性和非理性的截然分野，我们的评价态度就会变得更加灵活和开放，也就有潜在的可能去发现和发展更好的价值观念。这正是理性和非理性、二元性和整体性相互结合的最终目的。

5. 它是绝对性与相对性的统一。绝对性表现为一种"老板主义"，也就是整个管理的结构是单线性的、唯一的，管理的力量是来自于一级接一级的管理者梯队。在这个梯队的顶点是"老板"，他在预测和决策的基础上不断发号施令但却不考虑下层的反馈。这种管理的确造就了很多成功的企业，但在今天社会越发开放，交往越发复杂，经济越来越市场化和社会化的时候，理性主义的管理模式的问题就日益暴露，它需要 C 理论的重视人性的补充。这可以使得它更为重视与下属的互动，更容易听从下属的意见。

以上的五个特征，归结起来就是要求将理性管理与人性管理结合起来。因为理性本身就是人性的一部分，两者天然是一致的，因而我们应该使得理性服务人性，而非过分地强调理性而破坏人性的整全。这样，我们的管理才能既有严格的准则和规范，又能灵活地因应市场的变化，从而达到良好的管理效果。

漆：成先生，今天我们已经谈了三个小时了，今天更多的收获不仅在于您谈的具体要点，更在于您所提出的本体学的框架。从本体学到本体管理学，我切实地看到了您的本体哲学是怎样由体达用的。

第六章　中西文化的宗教与信仰

一　宗教及其与信仰的关系

漆： 成先生，今天我们讨论信仰与宗教的问题，以及中西哲学关于信仰与宗教的对话及其超越。我看到了您和其他学者有关文明冲突与文化对话的讨论。

成： 这是一个精神性探讨。

漆： 有一种说法认为中国儒家是非宗教，但是它又发挥着宗教的功能。我的看法就是这一观点涉及宗教观，什么是宗教的看法。如果局限于西方基督教的说法，那可能其他的一些民族的确是没有宗教思想。但问题在于基督教只是宗教的一种，它不能把它自己的宗教形态作为判断宗教的绝对标准。从这个意义上来说，中国文化特别是儒家有自己的宗教精神，或者说它是一种中国式的宗教。它具有宗教性，对民众有教化作用。从这个意义上我认为每个民族都有自己的宗教和宗教精神，只不过应该以非常宽广的视野看宗教。

这就相当于中国哲学和西方哲学的关系一样，因为哲学是一个复数。如果拿西方形而上学的东西来看，中国可能就真没有那种西方意义上的哲学。但问题在于比较的出发点是什么？在这一点上西方经常是错误的，它拿自己的哲学观或宗教观看待其他民族的文化或宗教，所以经常有问题。由此我想到的是应该肯定中国文化里面，特别是儒家思想中有独特的宗教精神，这样才有在今天展开不同文化之间的哲学和宗教对话的可能性，同时这样也扩展了对于哲学和宗教的看法。特别是如果我们从本体学的角度来理解的话，我认为每个文化有所本，也有它的体，从本和体的角度去看宗教我觉得就能更加清晰地说明一个文化的源头、本原和精神。我所关注的是一个民族文化深层次的本原和精神，也就是从本体精神的角度阐发宗教的内涵，这样我们才可以在不同的宗教间进行平等的对话，也才能有助于人类走向一种文明更加广阔的前景，加深我们对文明的理解和交融。而现今各种宗教之间的矛盾，归根结底还是由于互不理解，由于众神不和，造成这个情况的根源在于我们今天的眼光比较狭隘，对哲学观、宗教观的看法没有上升到本体学的高度。今天的第一个问题就是想请成先生谈谈您是怎么理解宗教，中国文化有没有宗教，儒家作为中国主流文化，它跟宗教有什么关系，它有没有自己的宗教精神？

成：我很同意你所说的宗教的概念具有广泛内涵的说法，特别强调的就是宗教不能融入某个特殊的环境。宗教强调排他性，它的基本内涵是信仰，信仰是一个终极的价值。每一个具体的信仰都有特殊的内涵和历史，信仰必须要投入其中，然后才能得到人生的满足或精神寄托。因此，个别的宗教往往就是只看到自己信仰的东西，其他终极的信仰由于不具有它的特性，所以它往往就以它自己的信仰来界定宗教。基于此种认识，它一定会排除其他宗教。如果这样的话，那我们也可以说，我们的儒学是真信仰，是值得信任的，其他的文化系统都是假的，是不值得信任的。但事实上，每个民族都有其信仰，它们的内容既有相似之处，也有相异之处。以基督教来说，它与伊斯兰教和犹太教可谓同宗同源，因而是有很多相似性的，当然它们也有很大的差异。从这个意义上讲，基督教是不是也应该承认伊斯兰教或犹太教的信仰呢？所以基督教也不能否定更为广义的信仰，这个信仰可以允许不同信仰方式、行为方式和生活方式的存在。

从历史看，一种信仰可以有多元的分化，可以因为人类不同的族群而在多地发展，所以我觉得对于宗教我们应该从多元结构来看。某些族群可能他们有一种终极价值的信仰，从这个意义上讲是不是也可以说是一种宗教？所以我们应该把宗教看成是一个族群对所认定的终极价值的信仰，至于不同族群的终极价值是不是同一个或具有同等价值，那是另外一个问题。这个终极价值可以表现为一个具有对象性和超越性的上帝，也可以不以超越性对象为诉求，而是以某种智慧，某种自我对生命的了解，或者从一个族群的文化历史中发展出的一套宇宙生命观和历史观作为它的终极信仰，这些并不是根本的问题。在后者的终极信仰中照样能发展出繁荣的文化，甚至于决定一个民族未来的方向。在这个意义上讲，我认为我们对宗教应该有一个很广义的理解，最广义的理解就是说不要以某种固定的对象、固定的行为方式或某种固定的制度、固定的组织形态作为宗教的标准，而是从哲学的角度观察一个族群，发现其确实具有一种终极信仰，进而研究这个信仰维持、传播和发展的方式，这是我们宗教研究的题中应有之义。也许有些信仰有很好的内容，但没有很好的制度，或者能够作为这个信仰的载体的那个制度或形式发生了改变，是不是这个信仰就不是宗教信仰或者丧失了一种终极价值的意义呢？显然不是这样的。我们抽象地说，任何一个信仰只要具有一种终极价值，我觉得就是宗教的来源。

"宗教"这个词的含义就是统之有宗，触之有源，就是"天命之谓性，率性之谓道"，就是一种修持，一种传承，并通过教学相长的方式和修行的过程来维护价值体系。在这个意义上讲，显然儒家是宗教，道家也是宗教，佛教亦是宗教。我们以佛教为例，印度人传来这么多佛典，他们相信这些东西，而且也能够表达出一种有关生死的理论，中国人觉得这是很值得学习的，因为它也能提高我们对于生死的觉悟，赋予我们一种信仰。这个信仰能够吸引你去学习并遵信它，它也需要经过一个传授的过程，也许能为人传道、授业、解惑，甚至能够使人产生一种有关终极价值的系统性信念。这就是宗教，这就属于一个广义的宗教的范畴。

二　东西方宗教观的区别

成：宗教的决定性因素不应该有对象的差异，不应该以某种终极价值为标准内涵，以它的决定方式和生活方式来衡量他人，来判断一个宗教是不是真正的宗教。我们应该以信仰来判断宗教，而信仰的内容当然可以不同。我觉得宗教是一个整体上相同的信仰背景下逐渐衍化出差别，最终成为个别的宗教。从这个意义上讲世界上有很多宗教，宗教是多元的，中国也有宗教。中国的宗教代表的就是一种终极信仰，它也是处在不断的发展之中，也有一个多元的维度。

中国宗教最大的特点是以智慧为基础，它是一种很直接的宗教，是在理解宇宙的基础上通过阐释人生经验来建立这个信仰，因而它是一种智慧化的信仰体系，这和西方所谓一种启示性的宗教是不同的。西方宗教有一种所谓超越而外在的纯性启示，以这个启示来作为宗教信仰。也就是说，它是把对整个世界来源的认识放置在一个超越性的上帝之中，强调我们应该信仰他，这跟中国的信仰是不一样的。在中国，无论是道家还是儒家，抑或是佛教，它们都是一种内在启发的宗教，是一种内在的自反、自觉的智慧，而西方的宗教是基于神秘的启示产生的一种信仰。中国的宗教是偏向自我完成，而不是说要等待外在的拯救，它是一个自我实现型宗教，而不是外在救赎型。所以在中国的文化中，上帝的概念也许是最早出现的，在创生世界时就有了，但后来儒家所推崇的就是一种自我实现的人格要求，这跟西方一直强调以外在的超越性上帝作为信仰的对象是不一样的。也就是说，中国的信仰是自修型的信仰，而西方则是通过信仰外力产生一种所谓祈祷型的信仰。换句话说，英国人强调明师，中国人则强调自诚，是内在的修持。中国的信仰是内外兼顾的，从诚正之道、为人之道、为政之道达到一种境界。

中国的宗教因为是个智慧型的体系，所以其传承方式是通过一个从伦理到政治的制度来实现的。例如，在中国的家庭伦理中，祭祀是一个很重要的内容。但你看我们祭祀的内容是什么呢？不仅有自己的祖先，还有"天地君亲师"。这说明家庭也是处于天地之中的，是天地的一个环节，所以家庭伦理或族群伦理是天地伦理的一部分。家庭伦理就是讲对你父母亲的态度，而在儒家看来，父母是天，所以对父母要孝顺。父母养育子女是在完成传宗接代的要求，这也是宇宙分化的神圣使命，也是宇宙之爱。中国的孝道古已有之，在家庭里面的孝道就已经有宗教信仰。汉代的《孝经》实质上就具有一种宗教的内涵，要人们通过合适的行为把孝的精神体现在日常生活与政治之中，这就要求你不仅不能辱没父母，要尊敬父母，而且要把这种感情加以扩展，心系国家，为国尽忠。很显然，这里家与国之间是有一种同构关系的。依靠这种政治教化，中国建立了"五伦"与"三纲"，构建出传统社会的一个基本的社会伦理和家族伦理，进而构建了天地伦理、宇宙伦理，它就成为中国的宗教性载体。当然，在家庭之外，学堂亦有重要性，像对于师道的一些设定也兼含了某种传承、教化的意义。

从这个角度上看，中国是把宗教智慧孕育于生活世界之中，西方则是先把宗教和生活分开，要发展宗教一定有一个独立于伦理、独立于国家权力的组织。从古代埃及开始，这两者就是相分离的，埃及的法老也不是最大的祭司，犹太教的祭司也是跟犹太王、以色列王不同的，是政教分离的。西方是先有一个政权，然后再有一个信仰。当然从历史发展来看，当初也有可能直接就是宗教先与现实相分离，然后宗教逐步统率和侵蚀了现实政治，这样所谓祭司就变成法王了。但在一般的情况之下，西方的教会有自己的组织，它担当了宗教传承的任务。它的好处是当社会有变异的时候，现实的政治组织的力量很微弱的时候，教会组织代表的精神信仰可以持续发展。这一点在西罗马灭亡之际的基督教会身上体现得十分明显。

但另一方面，西方有段时间教皇的力量是极大的，天主教到十二三世纪，教皇甚至可以任免国王。神圣罗马帝国的皇帝亨利四世就是因为得罪了教皇，被逼得光头赤脚地跑到卡诺莎城堡去悔罪，冻了好几天才勉强得到了教皇的宽恕。也就是说，政教合一的结果是教并吞了政，政成为教的一部分。这样一来，世俗权力必然要反抗，最后又回到了政教分离。西方所谓"上帝的归上帝，恺撒的归恺撒"，就是对这一现象的表述。但在实践中，宗教和政治权力往往是相互合作，达到共同利益的维持，有时甚至是狼狈为奸。在中国过去一百年历史中，基督教力量进入中国，它与西方的政治权力相互勾结，造成了很多问题。

总的来说，宗教是一个信仰，但中国是智慧型的，西方是启示型的，这就造成了内在修持价值与外在超越价值的差异。东西方宗教的另一个差异是：中国的宗教强调的是人类发展的可能性，强调人性可以通过发展满足宗教所要求的最后价值的实现，因而它是一种自我实现型的宗教，是基于人性论的。而西方是基于神性论的，是神学导向的，因而它就导致了神的概念与上帝概念的出现。第三个不同在于两者的传承方式，一个是依靠家庭与国家，另一个则是依赖独立的教会。

漆： 成先生刚才从智慧的分判标准的角度给我们阐明了东西方宗教的区别。中国的宗教是从哲学那里发展出来的，而且它的确具有智慧型的特点。您刚才的看法是西方属于外在超越，中国则是既内在又超越，是立足自身的超越。这就和您之前的观点有一个呼应。孔子说"道不远人，人之为道而远人，不可以为道"，就是道在人心上，不是说人是有原罪的，人是被上帝创造的，所以人不可能有道，道在上帝那里，我们只能无限追随他。显然，这两者是不同的。另外，中国的宗教信仰是不离世间的，也就是不离开我们正常的伦理、家庭、社会与政治，而西方是二元独立的，宗教就是跟世俗的生活对立化，而且对立得很厉害。西方无论是政治还是科学，都有一个独立的体系，宗教和它们不能融合，也达不到和谐。这是我的一个看法，也是呼应成先生的观点。

这里就有一个问题，涉及这样三种知识形态或学问形态的关系，即宗教神学、哲学与科学的关系，这个是非常重要的问题。因为我们现在在探索信仰问题，而对于我们中国人自己的信仰体系，我觉得成先生概括得非常好，中国是一种智慧的学问，从哲学或宗教的角度来看，里面还包含着德性，是仁智并举，这样中国学问本身就是一种智慧化的宗教。中国的信仰体系很复杂，儒家和道教又有着很大不同，道教后来仿照体系宗教的形式建造了原始天尊、太上老君等一整套的神仙体系。而儒家则认为，始于《周易》的宇宙本体大化流行的信仰体系是自然的、智慧的，也是合乎天道的。

现在的问题是，西方的宗教发展出了神学，这和哲学是什么关系？再就是哲学和科学的关系。科学是面向经验，面向现实世界的，它通过事实和实验验证出一套因果关系，并将此视作真理。哲学也是追求智慧，但它追求的是立足于人们的生命世界，不是像科学那样，只追求对象化的知识，哲学追求的是使人的生命更加完整的世界。我觉得西方的宗教神学同样把这个世界分裂了，把它分成了绝对化的天国和尘世，以及万能的主和有罪的人。这种二元关系就割裂了天国和尘世的联系，使智慧不能通达。当然就像您说的，它是启示性的东西。但是，这里宗教、哲学和科学三者的关系很有趣，因为你站在科学的角度无法承认宗教，站在宗教的角度又不能相信科学，而哲学恰恰处在中间，能够沟通超越性的宗教的智慧和实证化科学的智慧。所以我想请成先生来谈谈宗教神学和哲学及科学之间的关系，并回答一下我的问题，即哲学能否沟通其他两者。

成： 你这个问题提得很好。刚才我提了东西方宗教的三点不同，我想应该补充第四点，就是你新提到的问题。这就是：中国的智慧宗教存在于生活与实践之中，它是通过当下的每个人的生命去完成的。它的不朽是与天地共存的，并不是脱离天地或者超越时空的，所以这种不朽就对后人有一种教化的作用。不管是以立功还是立言的方式，中国的智慧型宗教都具有终极价值。这里所谓的终极价值就是自我满足，或者实现大家所共同追求的一种价值，例如统一天下或为百姓带来各种的福惠，抑或能成就一种德性的典型，这些都具有实用的作用。可能人类早期的宗教都是具有实践特征的，或者说都是与现实生活紧密相关的，只不过中国人采取了智慧型宗教的道路，自始至终都偏重于对现实生活的磨砺，或进行一种对社会有着重大现实意义的实践活动。而西方的宗教开始可能还是入世的，但后来就趋向于脱离现世。耶和华一直要建立一个地上的王国，事实上从《旧约》来看，他找到以色列这个民族作为一个载体来实现荣耀，受到尊崇，这种态度还是入世的。但基督教就觉得这个世界的现实权力本身可能是有问题的，而且宗教也不需要跟它争夺这种世俗的权力，所以它就把神圣和世俗分成两截，强调宗教有一个属于自己的天地，就是天上的王国，上帝的王国。甚至我觉得，这些思想可能在原始基督教中还没有出现，这是后来发展的结果，所以基督教也就成了西方宗教的代表。当然不能不说，伊斯兰教也有强烈的征服企图，奥斯曼帝国就是一个征服者，它一直要建立一个霸权，所以奥斯曼帝国又有很强的世俗性。

漆： 一些宗教有所谓的异教徒的说法，主张与异教徒是不能和谐的。

成： 对。这可以说是东西方宗教的第五个不同，就是东方宗教倡导包容性，而西方宗教则有排他性。另外我们还应注意，出世是西方宗教的特点，但这个出世是被迫的。新教改革以后，西方人把他出世的热情用在入世上面，从而造就了资本主义的发展，这就是韦伯所说的新教伦理。它的力量特别强大，所以它就要建立霸权，就是要在地上建立上帝的国。谁能做上帝的代表呢？就是西方霸权自身。所以基督教在近代造成人类很大的冲突，从葡萄牙、西班牙、法国、英国到美国，这些西方霸权兴起的过程都是一样，都是伴随着侵略、扩张、掠夺和屠杀，这个过程是一个很大的问题。现在我们中国要复兴，但中国不是要成为一个新的霸权，它有另外一个体系。中国的复兴是建立在自我实现的基础上，是要对别人乃至对全世界有一种示范作用，让大家都能实现本民族乃至本国家的发展目标，就是己欲立而立人，而不是要将我的想法强加给他人。这种观念具有很深刻的政治含义，是一个重大问题。

总的来说，东西方的宗教是基于两种不同的宗教观或宗教信仰形式，实际上这两者是有矛盾的，但这种矛盾的根源是来自于西方，因为中国是能够包容他人，包容与自己不同的他者，而西方做不到。大家都承认，我们应该实现自己，问题是用什么方式来达成这种实现？我们中国人认为，你西方人要通过超越来实现自己，我接受，但我不会选择你的方法。我要通过把握到宇宙的大化流行，在现实社会中，通过对伦理关系的遵守和维护，通过积极努力的工作来实现自身的机制。我要通过入世来实现自己，你要出世，我也不反对，但大家应当和而不同。西方的基督教做不到这一点，他们认为假如你不相信我，不和我一致，你不但不会得救，还要遭罪：因为我是上帝的子孙，我有绝对的权力，可以惩罚和制裁你这个异端。它的这种观念表明它没有看到根源所在，不是说只要有不同宗教就会酿成冲突，如果宗教彼此是相互包容的，哪会有什么冲突？有没有必要大家只有一个宗教？我觉得没有必要，甚至我都不觉得我需要一个宗教。我们可以和而不同，即使你需要不同的宗教，我还是可以与你和平相处，因为我可以包容你。你走你的路，大家井水不犯河水，而且还可以彼此帮助，但你不能处处觉得你站在上帝一边，就像西方一些政治家说的我们在上帝这边，其他的国家包括中国、越南、古巴等是邪恶的势力和力量。基督教的排他性是很强的，这就使得世界性的问题的解决变得很困难。

漆：基督教这一点和伊斯兰教很像，它们都是同一个根源发展起来的。

成：他们都是一样的，犹太教和伊斯兰教都有排他性，这是宗教冲突、文明冲突的重大理由。那么，我们现在该怎么解决这个问题呢？我估计我们可能要长期面对这个问题，就是说启示性宗教还是应该有一套智慧，它必须要回到智慧这个层次，不应该走向一种绝对信仰。现在的问题是西方人认为，不管你讲得多好，我都反对你，因为我的信仰就是这个东西。我要得救，而至于我怎么得救我不管，反正上帝给了我一种承诺，而且宗教权威人士还认为你只有信仰才能得救。比如基督教说你不可以打胎，这样才能得救，不然就不得救。15世纪马丁·路德搞宗教改革，目的就是为了反对教皇，这也可见教皇的权力之大。在当时的欧洲，教皇要把信徒驱除教会是很重大的事件，他说我的上帝是无所不在的上帝，在生活里就可以存在，所以教皇就把他的灵魂打到地狱之中。在文艺复兴时期，有人相信自然是有生命力的，有一套自然神学，天主教说这还了得，马上把异端烧死。中国的天主教徒说在生活中我还得遵循中国自身礼仪，教皇说你们在相信上帝的同时还相信祖先神，还敬拜祖先，这是大不敬的行为，你们不可拜祖宗，不可参加中国的葬礼。但中国是智慧宗教，如果为了这个信仰要牺牲这么多生活的内容，中国人肯定不干，中国政府也不接受，所以明清时期，特别是清代，天主教传入中国时困难是很多的。

三　重建中国的信仰体系

成：现在有一个现象值得我们思考，就是为什么现在中国的地下教会传播得这么快？我认为因为当初在传播时，基督教受到儒家这种智慧宗教的很大阻力，再加上后来中国发生了很多教案，使得中国对西方的教会还有一种警惕，而且那个时候我们也有可与之抗衡的信仰体系。我不知道从什么时候开始，在中国大陆的地下教会越来越多。

漆：我觉得这可能是因为现在的信仰体系出了问题，自己民族的信仰没有占据这个空间，因而就自然被外来的信仰占据了。在社会转型期，中国迅速的市场化转型之后，民族的信仰体系没能树立起来。因为这么多年的反传统，打倒孔家店，传统都失落了，根子没了，很多人都不了解传统了。

成：最重要的还是整个信仰空虚化了。当初儒家是中国价值信仰体系的正统力量，道家和佛教也都颇具影响力的，在这种情况下人们还能安于习惯，认为传统的价值可以持续信仰下去。这时外来宗教在传教的时候，我们的国民可以做一个比较。在明清之际，一些儒家人士跟所谓神学人士之间经常有一些辩论，我们会看到辩论的内涵非常有力，而且儒家学者信心十足，重点也非常清楚。而近代以来，儒学经过新文化运动和"文化大革命"的摧残，从根源上被打掉了，这样整个民族的信仰空间就完全丧失了。儒家可以说我虽然穷，但君子固穷，我并不在乎做不做官，不为五斗米折腰，这说明有一个独立人格。这个精神人格在中国的儒家和道家里面是直通天地的。

漆：在马克思主义中国化的过程中，很多人认为马克思主义和中国优秀文化传统已经结合了，也曾经起过作用，就像当年刘少奇写的《论共产党人的修养》，其实他是有儒家传统的。

成：这是"文化大革命"的恶果。"文化大革命"最大的伤害就是打击儒家，自然会使人产生精神和信仰的空虚。人的问题，特别是那些终极性的问题依旧存在，但中国人现在在本土的文化体系中找不到一个可比较的、又能被当做信仰的东西，而基督教却是一个最直截了当的、最现成的信仰，当然它就会乘虚而入了。它的组织力量和经济力量都很强，它的渗透力伴随着各种方式当然能产生影响。也就是说，这个东西能让很多有精神信仰需要的人有所依托，所以很容易让人接受。

漆：这也涉及宗教的与时俱进问题，咱们自己的信仰体系，无论儒家的还是道家、佛家，从近代以来在自我革新方面做得都不太够，就是人间佛教做得也不太够，当然这和政治也有关系。我们的宗教怎么开拓新的生命？咱们没有按照《周易》里面所说的与时偕行，没有像天主教当年在遇到危机后进行新教改革，从而适应这个社会。也就是说我们这个信仰体系、这个宗教在今天由于种种原因没有很好地跟现代社会相融合，也就是所谓的人间化，从而导致它没法适应现代社会。

成：在现代社会，宗教虽然不是与政治直接相关的，但也能间接地影响政治。所以康熙皇帝就跟当时的教皇说过一句话，说你们来传教，你教人行善去恶可以。但你们让教徒只听教皇的，这就等于把国家的权力给拿走了。

漆：马克思主义对于宗教问题的基本态度是无神论，不承认任何神，所以尽管从宗教政策上来讲有宗教信仰自由，但这与马克思主义的精神不符合。马克思主义持无神论的观点，这当然也是因为他当时批判资本主义那样一个剥削的不人道的现实。我们说马克思主义里面有信仰，是为了人类自由，实现全人类的解放。《共产党宣言》里面讲到每个人自由发展是一切人自由发展的条件。

成：这个就需要我们一方面诠释，一方面去了解马克思。马克思要打破他所处的那个时代，对于专制霸权的资产阶级和教会阶级要推翻。无神背后是精神独立，相信崇高的价值，相信人有能力自我追求公平与正义，以及自由和解放的一种状态，这是其精神力量。马克思说无神是没有外在性的人格神，但我们中国的精神价值是一种神圣的信仰，是内在超越性的，不像基督教那样是一个人格神。那么，当这种马克思主义到中国来以后，它只应该否定西方的上帝，而不要也不应否定中国儒家天道具有的精神含义和信仰价值。因为这个精神含义本身也不是被当做神，而是当做一种精神价值或者是一个宇宙论。

我们也应当承认，今天某些人的生活需要一种精神的寄托，这种精神是只要在实践上面不违反日常生活的一些基本要求。至于他具体信什么，我们完全可以当做一种普通的民间信仰，当做一种精神安慰而不必深究。

实际上，这也是国家适应普通老百姓的一个方式。中国儒家也说"百姓日用而不知"，允许达到这样一种状态就可以了。我们应该肯定民间多元信仰的可能性，这样就不需要用强烈的无神论来统一人们的思想。另外，无神论的说法也会造成含义上的不准确，即这个"无神"究竟指什么？准确地说，它应该是没有基督教之神的意思，但是没有基督教之神并不是说没有另外一种精神状态。

漆：其实马克思主义跟中国儒家的传统文化之间确实有相通的地方，这就是马克思主义能在中国实现的一个原因，更是我们现在推行马克思主义中国化的原因。也就是说，这两者确实在文化上有一致性。比如马克思的"全人类解放"的观念也有"兼济天下"的情怀；马克思主义有自己的辩证法，它与中国的辩证法有同有异。在价值预设和历史观等很多方面，两者不能说完全一样，但也有相通的地方。正因如此，中国才把它作为价值观的一种支援。

现在遇到的问题是什么呢？现在中国共产党继续推进马克思主义中国化，提出建设21世纪的马克思主义。这就需要用中国传统文化与马克思主义的结合，在这样一种双向互化的过程中发挥中国传统文化的正面意义。事实上，中国文化胸怀很大，其实只要有道理，外来文化好的东西我们可以吸收过来。神学里面有道理的东西，无论是从神学的角度还是从文化的角度，我们也可以学习。例如基督教有一个非常好的传统就是做慈善的义工，自愿做了很多慈善事业。如果抛开信仰体系说，社会福利事业和慈善事业，这是咱们本土文化比较缺乏的，也是导致咱们本土宗教衰落的一个原因，因为没有跟社会融合。

成：这一点恰好和儒家仁者的胸怀是一致的。仁者爱人，主要的目的就是在关怀他人，惠民利民，兼济天下，所以你这个说法是对的。我觉得无神论需要一个解释，无神论不等于没有精神，也不是要走向机械唯物主义。

漆：其实无神论的对立面就是有神论。

成：但中国传统里面也没有上帝，中国只是说天道，只是一种道理，一种天地之常理。常理就是要仁者爱人，人们能够且应当彼此关怀，这是彰显道德的精神。刚才你说儒家和马克思主义应当相互转化或相互融合。

漆：准确地说，用中华文化吸收消化外来文化，最终成为我们民族文化的一部分。

成： 对，就是消化。儒家有一种基于人性论的关怀，它可以使马克思主义从关注社会物质走向重视生命和人性。说儒家的马克思主义就是更重视正义与社会公平，更重视社会实践。

漆： 其实现在国内研究马克思主义的学者，都开始注意这一方面的问题，因为他们逐渐回到了马克思本人的文本。以前咱们确实有一个问题，就是很多咱们认为是马克思的东西并不是马克思本人的观点。比如您说的机械唯物主义，这是从苏联斯大林的《联共（布）党史简明教程》那里搞下来的，而它影响了中国很多教科书。再比如说物质的第一性，以及从物质到运动的这套说法，这一套书写方式在国内也遭到学术界的反思和批判了。

成： 我有次演讲，下面有不少坚持马克思主义的听众，他们有的很赞同我的观点。现在可能还有一种说法就是在西方自由主义、儒家的道德伦理及马克思主义这三者中，马克思主义是指导者，用它来引导儒家的发展，同时来引导科学和人权的发展。马克思主义因为要涉及一些社会政治和国家发展的内容，它在政策这个范围内，在政治和经济方面有主导权。所以我强调的是，三者的关系不应该是分立制衡，而是相辅相成。

漆： 我相信随着一代代中国人的发展，我们会达到民族文化的充分自觉。民族信仰最终让民众通过历史来选择，这是一个很漫长的过程，同时和政治也有关系。在马克思主义传来之前，像李大钊、毛泽东、刘少奇这些共产党人，他们的头脑中已经有自己民族文化的东西。当然，认识到这一点也是一个漫长的过程，需要不断自觉。但是我认为中国提出以人为本，提出和谐世界、和谐社会的理念，实际上它已经推进了马克思主义中国化的进程。

成： 我是1985年回到国内的，是我最早提出了和谐辩证法，当年人们认为我是第三代新儒家，但我也看得很清楚，就是政治的推动力的作用。共产党的指导思想就是马克思主义，但是他们现在也开始讲和谐思想，这个过程我认为就是儒家文化的影响。儒家的和谐思想有永恒的价值，我们应该把一个注重斗争的辩证法转化成一个追求和谐的辩证法。

漆： 共产党成立九十周年同时也是辛亥革命一百年，国内搞了很多纪念活动。我发现一个很有意思的事情，就是共产党开始要救国救亡，国民党开始也是这样，它们都是革命党，都希望改变中国积贫积弱的命运。按照共产党的说法，这就要推翻封建主义、帝国主义、官僚资本主义这三座大山。当他们承担起救国救民的使命的时候，共产党已经有儒家的"先天下之忧而忧，后天下之乐而乐"，"天下兴亡，匹夫有责"的担当了。但是到后来革命成功了，它为何就反对自己的传统文化呢？当年共产党为什么能发挥革命精神呢？因为人与人之间同志般的友爱，互相团结，甚至勇于牺牲。共产党人在革命的时候，恰恰是既受到社会主义信仰的鼓舞，同时也受到中国优秀文化传统的感召。"文化大革命"，这是对传统文化和伦理道德的颠覆。由于鼓吹斗争哲学，只能无限地上纲上线，夫妻之间可以相互揭发，这就意味着社会必要的仁义礼智信的基本伦常都丧失殆尽了。所以从这个意义来说，我认为教条化意味着马克思主义真精神的丧失，同时也是中国传统道德的沦丧。改革开放以来，我们逐步意识到中华民族得有自己的精神信仰。而从世界各民族的精神信仰的建构来看，任何一个民族的核心的精神信仰都植根于自己的民族文化传统。这里有一个母体文化的问题，我觉得这个源头必须要搞清楚，如果不回到传统文化源头，民族精神的建设就无本可寻。

成： 我们应当思考，中国道家传统里面也有所谓"为而不宰"的说法，这也可能是自我勉励的地方，因为只有这样才能立于不败之地，才能长久。同样，中国传统还提倡当仁不让，这也是很有意义的。所以我特别强调革新，强调当仁不让，而不能麻木不仁，因为这样很容易走向腐化。

漆： 执政党要惠及人民，这也是儒家的传统，包括后来提出"立党为公，执政为民"，还有三句话叫做"权为民所用，情为民所系，利为民所谋"都是如此。也就是说，共产党时刻要求把老百姓的福祉系在心上。

成： 这非常好，这就是儒家，就是民主。

漆： 马克思主义和儒家文化具有一致性，但是现在由于长期的历史惯性，所以很难在短时间内形成这种突破旧观念的认识。

成： 大家已经都承认这是中国式的马克思主义，既然是中国式的马克思主义，就应当以中国传统文化为它的一个相互转化的方面。

漆： 现在我们实际上已经在一定程度上说出来了。我们是中国化的马克思主义，我们要走中国特色社会主义，追求合乎中国民族文化传统和现实国情的马克思主义。中华民族创造了非常灿烂的文明，我们现在提出以人为本，和平发展，和谐世界的理念，这既体现了与时俱进的精神，又包含着几千年深厚的历史文化积淀。讲和平世界理论，我认为这意味着我们中华传统和谐文化价值的提升。

漆：现在的学术界不认可所谓的教条化的马克思主义。真正做学问的圈子，大家都不接受，这一点现在已经形成趋势。因为大家知道，研究了这么多年马克思，马克思的文本都读了，这种教条化的东西根本不符合马克思的本意，也不符合中国的实际情况。

成：还是要说真话。

漆：咱们是唯道是从。

四　哲学、科学与宗教的关系

成：现在我们再把哲学、科学与宗教的关系谈完。我认为，由于宗教是信仰精神，是对某种价值的信仰，它要维护人的内心跟世界的一种关系，所以要承认它，同时尽量要把它理性化、理论化。

漆：宗教的核心是信仰，哲学是智慧，而科学是真理，这三个核心词之间是不是能这么说，就是科学追求真的东西，哲学追求智慧，而宗教追求信仰？

成：因为真理这个概念只能放在科学里，你只能说科学真理，而没有宗教真理，也没有哲学真理、美学真理和艺术真理，你不能把其他的内容囊括在真理里面。真理是比较客观性的，心灵是超越现实的一种主观表达，所以这样说并不准确。当然不是完全不可说，只是在意义上面要分辨一下。因为我们在谈哲学，要能够细致和精确就更好了。我的意思是宗教有一个神学化的理论阶段，这个神学事实上就是要用哲学把信仰神学化。宗教要透过哲学理性来把它理论化、合理化，形成所谓的神学。神学的终极的概念就是神的概念、上帝的概念。那么，神学的问题何在？神学本来是要来说明信仰的合理性，为什么这样信仰，甚至解释上帝是什么，但它无法证明上帝存在，所以这是它的一个矛盾之处。还有就是，宗教神学本来应该完全是对于精神性的说明，但它有些规定实际上针对的是现实世界的存在，比如说按照基督教的理解，地球是不动的，而这是跟科学知识相违背的。所以我们看到一个真正的精神哲学，不是宗教神学，而是宗教哲学。

漆：后者才是为宗教进行论证和辩护的。

成：这样你就不会说宗教会限制科学的发展，因为科学是人类实现自身的一种知识，它用来建立技术，来改变人生的处境，达到一种更好的生活方式。宗教一方面需要神学，另一方面也遇到神学和自然科学之间的矛盾，这种问题需要解决。哲学发挥什么作用？哲学一方面是批评神学的，另一方面是提升科学，使它融入整体的社会智慧之中，融入人类整个知识体系。哲学建立广泛的生活世界的知识体系，使人们具有能力去实现个人乃至群体的理想，以使整个人类在不同层次上达成自我实现。因此它一方面必须要融合这些不同的宗教，另一方面要为各种宗教的差异留下合理的空间。哲学一定可以批评排他性，因此我们在哲学的基础上才能谈宗教哲学。宗教哲学有两个意思，一个是挖掘宗教里面的哲学智慧，另一个是用哲学的智慧来限制和弥补宗教以及宗教神学之中的那种偏执或者矛盾，使它能够成为人类实现不同形态生活方式的一个手段，而不是说它必须要变成一种排他的普遍价值，普遍性。对于我现在讲的普遍性，我曾经写过一篇文章，指出这个普遍性是在特殊性的基础上的普遍性，特殊性又是在普遍性基础上的特殊性，这两者是相互结合的。讲普遍性，不能离开特殊性；讲特殊性，也不能离开普遍性。比如美国人说在我的这个民族中，我的自由与人权是最普遍的，是普世价值，但它不能忘记这种普世价值是建立在它的特殊性上面的。既然这样，别人面临其他的特殊性，因此这个普遍价值必须要适合他人的特殊性，才能体现它的普遍性。从这个意义上，我们现在说的普世价值是跟一种特殊的文化价值相适应的，不可能是一个抽象的普世价值，没有这样的东西。人权也不是一个抽象的人权，而是具体的人权。

漆：恩格斯说，越是民族的，就越是世界的，就是在说普遍性与特殊性的关系。只要民族特色发挥得好，就具有人类的价值。

成：发挥理论要使人能用，但不要脱离民族性。同时，当别人和你不同的时候，你的普遍性要适应他人的民族性要求的方式，所以从这个意义上说，美国完全没有理由，也完全没有权力来把它的价值强加在我们中国人之上，因为中国从来没有意愿要把中国的价值强加在别人意志上。中国是怎么影响韩国，怎么影响日本，怎么影响越南的呢？是以一种和平的方式而非将自己的意志强加给他人。不像美国，你不照我说的去做，我就把你打倒。所以它对中国的仇视，包括"中国威胁论"，都是基于这种狭隘的观点而来的。它这是以自己的民族利益或者国家利益为基础的，假借普遍性或人权之名干涉别国的内政。

五 重建民族文化的信仰

漆：现在有两个问题，这两个问题是在现实中让中国人包括中国的学者都感到比较困惑的。一个问题就是，虽然大家都觉得儒家是民族传统文化的精华，但为什么在现实中却对儒家缺少热情？很多学者也认为，儒家在几千年间是跟封建专制联系在一起的，当然原始的儒家例如孔子那时候提出一些具有普遍性的东西，但是从董仲舒"罢黜百家，独尊儒术"以后，儒学逐渐被意识形态化，被王权所利用，变成了官方的意识形态。所以五四运动以后，中国大陆经历了一拨拨的反儒学运动，例如"打倒孔家店"，新文化运动，包括后来的"批林批孔"等等。这些反反复复的运动弄得很多人虽然从民族情感上觉得并不排斥儒家，但自己却没有从骨子里、从灵魂深处对儒家有认同，这是一个很大的问题。刚才咱们谈到怎样重建以儒家为主的民族信仰体系，现在的问题是很多人觉得儒家的东西让人并不容易接受，还有一种说法认为儒家是根植于农业文明时代的产物，现在已经发生了很大的变化，今天怎么能还坚持孔子的思想呢？

但也有一种声音认为，即便把孔子重新搬出来也不能解决今天中国人的信仰或精神问题。又有一些人采取了儒家宗教国家化的方式，想将儒学改造为儒教，并定为国教。实际上这种思想由来已久，从康有为就开始提类似的主张。这也受到了很多人的批评，例如东北师范大学历史学院的韩东育教授就明确反对这一主张。他写文章分析了日本曾经的儒学国教化所带来的一些不良影响，认为如果现在依然如此，就会重复董仲舒当年的问题。但是我的看法是儒家的东西是长久地存在于普通人的日用常行之中的，很多东西都是我们每个人不自觉的，比如孝敬父母，效忠国家，包括人要讲信义，这些内容都来自于传统。甚至可能反儒家的人在论证时用的也是儒家的逻辑，例如林毓生在《传统的创造性转化》中提到，五四反传统的人潜意识里面还是受到传统文化左右的。

现在我们要讨论的就是如何在今天的中国大陆重新建立对儒家的信任与信心。由于历史的缘故，加上时代的发展，儒家所面临的环境有了很大变化。如何使儒家在今天中国人的信仰世界里发挥它应有的作用，恢复它在中国人信仰体系中的合理地位，这是一个很麻烦的问题。现在中央也在推行孔子学院，孔子学院在发展的过程中也面临很多困难。据我了解，夏威夷大学孔子学院是北京外国语大学和夏威夷大学联办的。他说困难在于夏威夷大学没有把孔子学院的课程内容作为学校的课程计划，而如果要向中小学推广，则需要我们的教师获得美国的教师资格，而咱们国内配备的老师没有美国教师资格证，因此就不可能在中小学推广。另外，外国教汉语的方法与我们国内的方法亦有所区别。

现如今国家建立了孔子学院，有关孔子的历史材料也收进了中国历史博物馆，这可能在一定程度上便于老百姓了解儒家。但问题是现在普通老百姓对儒家思想的内容并没有真正地明晰，很多人可能只是停留在日用而不知的阶段，只是遵循一些我们惯常的行为要求而已，没有自觉。学者呢？咱们儒家传统教育中断了这么多年，大部分人小时候都没有系统地读过四书五经，不像成先生有很好的家学渊源。现在很多学者在传统文化方面的知识都是后来学的，他们对原典的积累都较为有限，并不是十分熟悉。但我现在注意到一个很有意思的现象，就是不少企业家对传统文化很感兴趣。成先生，您搞了很多管理哲学的培训，也知道其中的情况，我到清华讲课也是如此。譬如我讲《道德经》和《论语》时，他们都很感兴趣。这些老板在社会上摸爬滚打很多年，受过不少挫折，因而产生了很多对于精神信仰的需求。所以他们回过头来学习时，对于传统文化确实很尊重。他们中的很多人相信传统文化。他们在上课的时候听得很认真，但做起事来可能又是另一番样子，所以他们的行为逻辑也很复杂。

另一个严重的问题就是中国老百姓现在对于儒家的态度是很复杂的。很多人可能确实在使用儒家的传统，但是他又不自觉，不知道儒家真正为何物。也就是说，很多人都处在"百姓日用而不知"的状态中，对儒家没有一个确切的认知。同样，中国的知识分子对儒家也没有一个准确的认识，也就谈不上正面的态度了。这样就造成了我们现在接不上传统，按照余英时说的就是"游魂"，是魂不附体的状态。而且，儒家思想在发展机制上也面临着一个严重的问题，即没有载体，国家没有扶持，那么它就只能依靠个别人办的文化书院来推广，这样就使得儒家的普及变得很困难。孔子学院是对国外的，国内没有将孔子这套东西作为课程。原来我还曾设想过，每个大学里不是有马克思主义学院吗？那么同时也应该建立一个自己的民族文化学院。但是现在类似的体制建构是没有的，所以儒家就变成了游魂，只是在个别的学者的头脑中，没法落实，没法生根。

成： 我觉得你提了一个很重要的问题，就是大家为什么对儒学缺乏热情？进而衍生出来一个问题，就是如何建立儒家的信仰体系？这两点都提得很好。

的确，不少人对儒学都是持一个批判的态度，因为儒学在过去的两千多年中就是依托专制王朝而存在的，这导致它容易变得僵化。这种制度如果遇到明君还可以得到一些疏解，若没有明君就像朱熹所说，是一种动乱。这是儒学的载体。儒家当然也力图做出改变，搞了几次变法，汉代的董仲舒和宋代的朱熹都起到了一定的作用，王安石变法在北宋根本就没有能够进行下去。王安石是不是儒家呢？我认为是儒家，但他有法家的因素。他的新政还是儒家的精神，他自己对周礼制度的钻研正是体现了这一点。以后的改制或改革就更不是很自觉或者很积极，所以也没有成功，百日维新是最典型的例子。康梁最后还是以失败收场，这是很不幸的。这就让人感觉儒家就是依附于王朝，自己有一种无力的感觉。

漆： 儒家没像基督教那样建立一个教会，儒教会，建设这么一个组织不断传教。所以一旦政府不支持了，它就没有独立的载体或组织。

成： 但我也认为，这并不是妨碍儒家成为一套学术体系，或者成为一套完整的哲学理论。很多理论不一定能实现，在西方也只有少数几个理论得以实现。马克思主义有没有在西方实现过？没有。它只是在东方实现了，在美洲国家中也没有实现。孔子本身就是把儒学当作一个事业，是一种救济天下、改革弊政的抱负。他希望有明君来得道并行道，所以儒家最后都有"得君行道"这样一种情怀，孔子孟子皆是如此。孔子周游列国，他主要是通过劝说这种文明的方式来推行他的理想。他没有搞革命，就是在劝说当政者，让他们走儒家的道路，这是一种人性化的王道和德政。孟子也是这样，以自己的辩才推行他所说的仁政和王道。从这个意义上说，儒家只是人文理想、人性理想，它能不能形成一个政治运动或者提供一种政治动力，这是值得怀疑的。但是，今天人类是不是应该要走向更和谐的，更具有人性的一个社会？我们的管理制度或行政制度是不是也应该走向和谐、人性化、和谐化呢？除了强调民主之外，我们是不是也要强调以人为本的理念呢？仁政不只是为了民主或民本的一种价值，把封建专制作为对儒家的一个控诉或者诅咒，我认为这是不公平的，或者说是一种妨碍儒家成为现实化的方式。

另外一个方面，很多批判儒家的人说它是农业社会的思想产物，这个是假设的东西。一个社会上层的政治与社会结构是受下层的经济基础所决定的，而人的精神信仰则与此无关。换句话说，不是说因为你穷或者因为你处在农业文明阶段，你就不会有对信仰的需求。我们甚至可以说，在农业社会里面人们可能会更好地去追求人的理想价值，但不能说这种理想价值只能在农业社会里面体现，这两者要分开。农业社会提供了一个实现人的理想的方式，但是它不能说这种理想就必须在农业社会实现。西方哲学，以及古希腊的民主是不是在奴隶社会建立起来的呢？是不是现在的民主因为没有奴隶社会来支持它就不能实现呢？如果这样的话，是不是每一种经济模式只能发展出一种价值，就是那种经济需要的价值呢？我觉得人性从这个意义上讲是内涵丰富的，是由充实性逐渐发展而来的。我曾经讲过，人类是一个动态复杂的体系，所以在最早人们通过对德性的自觉来实现德性道德，后来因为社会的需要，逐步走向一个功利伦理或者今天的权利伦理，这并不表示说人性的内涵中只有权利或者功利的考虑，这些内容并没有妨碍他作为整体的人仍然具有德性的需求，只是说人在不同的时候有不同的关注点：农业社会可能更专注稳定，更专注一种人跟人的一种和谐的伦理关系；今天我们已经走向商业社会和工业社会，因而可能会有另一种关系。

漆：现在要求人的个性自由，要求人格的独立与平等，强调尊重个人空间。但古代强调等级制度，这部分内容该怎么转化呢？

成：我认为这两点没有什么矛盾。比如当人面对社会时，或者在一个公共空间中生活时，从现代商业社会角度看，我们需要遵守契约，强调自由平等，这些都是很必要的。我们在商业社会中强调契约关系，在职业上强调责任制度，除此之外，我们也能够感受到亲情伦理的重要。所以在中国，当你没有朋友或者师长之时，没有建立一种真正伦理的关系之时，你就完全是一个商业人、经济人或者政治人。而对一般的人来说，无论你从事怎样的职业，你的背后仍有一个伦理网络，它构筑了你的伦理世界，中国人回家过年就表现出了那样一个伦理的世界。人有几个不同的世界不是很好吗？它们彼此之间可以互相弥补。如果我们只有僵化的经济世界，只知道追逐利益，或者我们只有僵化的权力世界，每天只讲争权夺利，那么人生就会因缺乏丰富感而显得没有内容了。从这个角度上来说，儒家在丰富人类的文化发展方面具有很大的作用。

但中国人的伦理有时候过于理想了，因而显得太过分，特别是用这样一种伦理关系去影响公共利益时，这就是一种严重的错误。因为一些官员有某种身份，以此获得某种不正当的利益，这就叫做腐败。但是，如果只有严格的法家精神，而把人的生活世界舍弃的话，那就丧失人性，人生也就无法维护，生命的终极价值也就失落掉了。

所以我们要正确认识儒家，肯定它在维护人性的多方面发展过程中的作用。它提供了一个完整的人性空间和一种文化生活，使人们真正体验到什么叫做融合，什么叫做和谐，什么叫做信任。它的信任和融合中存在着等级，但显然它不是只有等级，它是把这个等级看成是一个能够如实地反映自己地位与身份的方式。你总不能说，任何时候父亲和儿子都完全一样，总是有一些分别。每个人有每个人的一种地位，儒家就强调你不要忘记这个关系网的分寸，所以我们一方面可以通过一种礼乐制度控制自己的身份，另一方面通过礼乐的交流产生一种会通，一种享受，这是一个很好的传统。我觉得美国社会只有法律而没有道德，中国社会呢？事实上从传统上说，它是只有道德而缺少法律。今天社会应该既有法律又有道德，这是我们今天要求的。所以，总的来说，儒家真正的价值可能还需要大家重新来认识和发掘。

作为一种哲学，儒家的重要性有两点可以说明。首先，它反映的是中国文化对宇宙一种新的、深入的看法，它有别于其他文化，所以能为人类开拓一个新的知识境界。其次，它是中国与世界交往的一种方式。我曾经说过如果今天的外交官懂得儒学的话，他就会知道怎么去跟外界秉义直言，同时又具有文明风采。如果我们能像孔子那样，站在正义的立场说话，那么凭借一个儒者的勇气、智慧和担当就能解决很多问题。在今天国际政治上面，儒学提倡协和万邦，这有错吗？我们不搞霸权，这是人性实现的方式。所以儒学不但在个人修养上很有用，在国际关系上也很有用。当然，儒学在商业上是没法用的，经济学就是要竞争，在政治上的较低层面可能也是这样。我做完之后，能够帮你吗，这很有可能和我的利益冲突了。所以儒家只有在更高一个层面才能有用，例如在国际政治上，在人类的理想上，在个人修养上，以及在构建一种和谐的社会关系方面都是非常有用的。但是在经济社会里面，在行政体系之中，在法律制度里面，其原则完全是另外一回事。但我们不要因为儒学的生活伦理与这些规则相抵触而否定儒学，因为两者所针对的对象是不同的。

我们与日本人不同，日本人不喜欢儒学，因为它要效仿美国，美国人是不是喜欢儒学？大家能看得出来。比如我的一个朋友提出了"波士顿儒学"，他认为美国人不懂得礼节，也不懂得宗教的规则与信念，所以他要创造儒学，创造西方宗教意义上的基督教儒学。我们则是要从中国文化的发展的角度，从价值观的方面来再造儒学，儒学不一定要和工业社会的制度或者价值要求相冲突，而是说要把它所关涉的价值领域和经济及政治领域区别开来。日本人在某种程度上也是如此，他工作时身着西服，回到家则穿上和服。

漆： 这就是所谓的"和魂洋才"。

成： 对于我们中国人而言，我们的本体学应该基于儒家的宇宙论与价值观，但在知识方面应该发展对世界的认识，并在用的方面，比如在经济方面创建一种新的制度。

另外，我再简单说一下孔子学院的问题。刚才我已经提到了，以家庭为载体以及以教育和政治制度为载体推行儒学的方式已经消失掉了，儒学已经没有真正独立的载体，但是我们在诸子时代和宋代出现的书院制度则有可能存在。书院是独立讲学之所，宋代之所以书院很多，就是因为不少人为了修身养性，以及追求人之为人的根本与天道人心之所在，去书院讲学或问学。这是值得我们借鉴的。儒学现在没有载体，是一个游魂，但是我们可能会有制度把这个游魂固定下来，而书院可能就是这样的一个很好的制度。现在很多企业发展了，很多人有钱了，我们可以促使他们捐资办一个书院，在这里可以自由讲学，不用考虑什么学位的问题，也不用考虑什么成绩的问题，就是为了修身养性。这是我们对真正有造诣的儒家学者或者有志于儒学的人的一种尊重，这样儒学这个游魂也就能有所依归了。为什么儒学在宋代能产生这么大的影响？就是因为北宋儒风很盛。当时很多士大夫，像二程和朱熹，他们都不热衷于做官，而热衷于思考宇宙人生的根本问题，思考成圣成贤之路。所以我觉得今天我们应该在国内建立一个孔子学院，为大家提供一个追求身心性命之学的场所，同样也使得儒学有所依归。

更进一步，我们其实应该建立一个国学书院。我们要清楚地认识到，儒学是国学发展的一个重要方面，但它不是全部，我们不能排斥其他的文化传统。同时，我们要积极争取到国外去讲学和进修，因为这些都是发展中国精神信仰的良好方式。只要我们自己不过于心急，慢慢地，一步一个脚印地扎实做，就能汇聚成流，产生有影响力的学问与学者。

六　本体学视野下的文化判教

漆：成先生，最后还有一个大的问题，按照宗教学的讲法，就是所谓的判教问题，也就是对其他流派的评价。在这一方面，我感觉您是立足于《周易》和儒家的角度来评判他人。您是一个游走于中西方文化之间的学者，中国哲学内部的各主要流派，包括儒释道和《周易》对您都有很大影响。那么在今天这样一个非常多元化的时代，我们怎么判教？我们如何在其他宗教间建立和而不同的关系？之所以要问这个问题，是因为我自己经过这几年学习获得了一些体验，感觉到自己不是简单地忠于某一家，而是在寻求一种个性化的、适合于我自己的信仰。这个信仰是从我生命开出来的，儒释道经典都为我所用，但这些东西都不能代替我的信仰。我自己经过体验和学习，觉得我自己的信仰就是《周易》的大化流行的精神，加上儒家的天命观，即对于天人合一的肯定，再加上道家道法自然、道通为一的精神，将这三者都综合起来。甚至对基督教我也不绝对排除，我是承认它的，那个神是在特定历史阶段产生的。我还看了一些荣格尔的当代基督教神学的著作，他是从海德格尔的神学里发展出来的，对基督教做了新的诠释。我感觉成先生您提到基督教的时候似乎有一种民族文化情绪，当然您是从学理上讲的。但是因为您的信仰是儒家的或者是以《周易》为基础的，所以您感觉基督教是外在的东西，与您的思想主体并不一致。

我要说的意思就是我们今天如何对待基督教以及伊斯兰教，因为我们很容易站在自己民族文化立场上来认知这些我们不熟悉的宗教类型，这就难免出现误判。信仰是很个体化的东西，而且是从个体的真实生命中开拓出来的，也就是说，一个人的信仰可以将自身的本体显现出来，而外面的东西则只是有助于形成我的真实信仰的精神资源。那么，现在有多种精神资源，我们该如何对待呢？我觉得在这个时候我们应当允许有差异性的存在。成先生，您基于本体学立场，如何看待宗教的多元化和私人化？我觉得很多人也不一定需要传统宗教的形式，他可能只是内心需要一种超越性和神圣性的维度，让自己有一个终极关怀，能把生死问题解决好，因为生死问题是人生最大的问题，生死观对人而言是非常重要的。所以，我想知道成先生您在个人信仰上相信什么？您怎么看待其他信仰？最后各种信仰之间怎么相处，如何形成和谐的关系？

成：这个问题我也在不断思考和表达，我在2006年出版的一部英文书中也涉及了这些东西。西方一些学者认为天地就是上帝，就是神性，并没有讲到人格化的上帝。

值得一提的是我的母亲。我的母亲最早是信佛的，后来到台湾之后，由于家里有很多变故，她觉得基督教的信仰比较简单，只要相信上帝，相信耶稣就可以得救。她当时也抱着一种儒家的胸怀，认为一人信上帝，全家得救。她认为这对于全家来说很划得来，这是典型的中国式心态。于是，她就改信了基督教。

母亲的这一改变也影响到我，使我开始关注基督教。我认为我最早的关于上帝的知识可能是中国式的，中国早期是有上帝的，但后来中国的上帝观念逐渐发生了变异，从帝到天，进而成为道，而道就是理。对此我写过一篇很重要的论文，指出上帝能成为上帝是因为他具有某种力量，这种力量不但能创造天地，而且还能持续地对人产生影响。我们把他看成是天的内涵，这个天是包含万物的，能够针对全人类都起作用，是全生命的。基督教开始是针对特定对象的，后来所有民族的人也可以信基督教，但这种开放性还是不彻底的。中国的天地就要比基督教更为开放，天就是一种更为开阔的普遍价值，天怎么实现呢？天的实现要依靠道，因而我们叫做天道。从上帝到天道，进而再发展为体现在我们心中的、通过理性和人性论转化而成的心灵的理念，这就是本体在中国思想中的演进路线。我觉得这一过程是很自然的。

当然，我们也不能否定，有时候我们也会因为生命本身的局限性以及生命中很多不由我们自己所控制的一些局面造成的影响，让我们有时候感觉到我们需要一种类似于父母的关心与照顾，这也是宗教所需要有的特点。也就是说，宗教形象要能够关心我们，爱护我们，指导我们，还能够保护我们。这样的宗教形象实际上已经渗透了儒家的因素了。对于天道，我们的要求同样是如此，即我们需要一种真正仁爱无私的，又能够丰富我们自己生命的，给我们带来一种吉利、安定、安稳心态的天道。我们有时甚至将天道称作老天爷，我觉得这个拟人化的过程代表着在中国文化中人与天道的密切关系，就是把人和宇宙这两者紧密相连。从人扩大需要的角度说，他需要把心灵宇宙化；从宇宙的自然发展角度上看，它要把这个宇宙心灵化。

漆：成先生，按照您的术语就是本体的心灵化和心性的本体化。

成：对。现在很多人都在讲鬼神的问题，对此朱子的回答是"神者生也，鬼者归也"，他说我们为什么要祭祀祖先呢？这与人在祭祀过程中的心理体验有密切的关系。我也写过分析孔子的"汝不与祭，如不祭"的论文，这就是说，当你的心灵真正在这一过程中达成一种同情共感时，你就会想到祖先的存在，想到这个神灵，这就是上帝，上帝是我心灵中的一个理想对象。我在祭奠祖先时，我的祖先就是我心灵中理想的对象，也是一个崇敬的对象。但我并不是说这个过程是以他来决定我，而是我表达自身情感的方式。所以宗教从这个意义上讲是最私有的，它代表个人的一种修养，代表自己精神空间的转化方式。它可以具有一种自己的形态，一种精神性形态，也可以成为一种基于人的本性的、普遍化的生活方式。我觉得宗教是多元化的，因为我已经说过，宗教就是非常个人性的事情。它为我们提供一种精神力量，让我们能够直面生活的苦难，渡过难关，能产生安全感，同时产生对未来的希望，并产生一种终极关怀。人一定不要非常刻板地、非常僵化地建立一种神学，这个我认为是最为错误的。

漆：这是不是指基督教这个系统？

成：这个不仅指基督教，甚至不仅仅指亚伯拉罕宗教，中国也有这样的宗教，就是墨家，墨家没有发展出来。其实墨家是一个很重要的团体，他也承认有上天，也相信鬼神，但是他对这个鬼神有一种功利主义的说法，就是认为鬼神对我的行为有一种帮助，比如维持公益、维护社团的团结与和谐。它有所谓"兼相爱，交相利"的说法。墨家的天有它的目的性，天主要是以爱为基础，但墨家的爱是兼爱，而且它要求其他人必须承认这种兼爱，具有一种独断性。墨子的说教比较少，他是很现实的，他说我们要走向一个公益社会，大家都平等相待，没有偷，没有抢，没有战争，是非战的和平社会。我认为墨家也代表了中国社会的一种理想，但是有独断的倾向。

中国思想的另一面就是消除上帝的说法，这方面最彻底的就是佛教，佛教把上帝彻底去除了，它是彻底去神的。我对无神论有一个观点，就是认为无神论是对基督教特征的一种说法，而不是对所有宗教。从这个角度讲，佛教亦是无神的，因为它对任何事情都特别执着，认为没有神没有鬼，什么都没有。它就是从一个八不主义，再走向八不正道，以达到最后所谓的真体。

我甚至把禅学也放进了我的管理哲学，我认为这是我们的心灵可以离开实物而生长的地方。我不会因为赔了很多钱，或者今天很失败，或者别人对我不好，就产生一种厌世心、报复心和仇恨心。相反，我能够维护心灵的纯净和空明，以便我能够更好地实现自身生命的价值。同样，道家也是我欣赏的。它以自然为主，强调与天地万物为友的态度，它能够顺应自然，享受自然的美感，与自然亲切共处。所以我把儒家排在中间，儒家是一个中庸之道，中正之道，以大中至正之法观天下。它通过观天下，看到我可以走向一种清静无为的世界，也可以追求正义的理想。儒家有敢为天下先的情怀，道家是不为天下先，所以儒家是一个包含的思想，能进又能退，既能守又能攻，这就是易。

漆：我明白了成先生您为什么以儒家为主干，这是因为您认同儒家的中正、中和、中庸的思想，甚至您自己就是极高明而道中庸的。

成：我是无可无不可。

漆：我也觉得这样是很和谐的。

成：你信基督教是可以的，但你不可以将你的信仰强加给别人。你可以用"超融"的心态，这是我发明的，就是超越融合。有些人能超越而不能融合，有的能融合却不能超越，而我这个超融观可以包括世界上的各种流派和宗教信仰。对于这些不同的信仰，我都能够随心所欲地去欣赏、去参与，甚至提供一个中庸的精神，使大家都能够彼此包含，走向一个广大和谐的目标，最终能实现宇宙和谐，而不只是世界和谐。我想这是我的一个终极目标。

漆：成先生提的观点很好。我觉得从中国文化出发，这种判教是比较合理的。也就是说，建立适合你自己的本体宗教学。其实您的核心还是《周易》，是大化生命。

成：我的核心观念是生生不已，进而实现慎终追远。也就是说，我做事能够凭借我的良知良能而无愧于父母，无愧于他人，无愧于国家，无愧于天地。能做到这四个无愧，就是生命的至高表现。那时你已经达到人生的至高目的，也成就了不朽的人格。一个人人格的自我实现是价值的根源，进而他可以通过立言的方式，把自己的主张传承下去。我提倡中国文化的价值，办中国哲学杂志、办中国哲学学会，也办教育，当然办教育不能说很成功，因为没有资金。在德育上面，我们不是说一生下来就是圣人，而是需要不断地修炼自己，不断地成长，不断地反思自己的错误，不断超越自身，从而实现日新精神。我们应当尽量找到自己所信仰的东西，讲实话而不欺世盗名，也不媚俗。这样就能实现心安了，心安则理得，也就死而无憾了。这是儒家的一种宗教情怀，这种宗教情怀并不包含西方的极端主义。我认为，这样的宗教情怀对现今的功利社会是一个很好的支持。同时，我认为我们也可以通过佛教的禅悟之法来亲近自己的心灵，这也是我希望的。

漆：成先生，也就是说各种精神资源都为您所用，您都将它们吸收进来，建立了个性化的信仰。

成：这也可以叫本体信仰。

漆：信仰必须上升到本体信仰的高度，那么宗教学也就是本体宗教学。

第七章 当代中国哲学的发展之路

一 重写中国哲学史的原因与必要性

漆：成先生，我们今天讨论的内容是重写中国哲学史与世界哲学的未来。这里有四个大的问题。首先我觉得，中国哲学史经过这一百年的发展，现在应当说是到了总结与反思的阶段，而您一直致力于中国哲学史的研究和思考，最近在很多国际学术会议上也发表了相关的演讲，我们今天采访的目的就是针对中国哲学史重写这一主题，请您把自己最新的思考给我们分享一下。在我看来，这一百年来中国哲学史的书写确实值得反思，因为正如成先生所讲，当我们开始书写中国哲学的时候，一方面是用西方的概念框架研究中国哲学，另一方面是对中国自己的历史文化和哲学发展缺少一个全面整体的思考，这样就把中国哲学这样一个活生生的生命体、活生生的历史割裂了，也就失去了中国哲学本身的精神。

从这个意义上，我想请成先生谈四个问题。第一个问题是，基于中国哲学史这个学科百年来的发展，我们为什么要重写中国哲学史？它的必要性何在？与此相关的第二个问题是，现有的中国哲学史存在着哪些主要矛盾或问题？它遮蔽了哪些内容？第三个问题是重写中国哲学史需要什么样的理念或架构？要彰显什么内容？特别是您所提出的重写中国哲学史的过程，其基本的精神理念是什么？要突出什么样的东西？第四个问题，从人类哲学发展的整体趋势来看，中国哲学与西方哲学，中国哲学的理想和西方哲学的理想包括印度哲学的理想，它们究竟有什么样的不同？它们之间应当怎么样进行交融？我们又如何在世界哲学发展的背景下来看待中国哲学史的书写？当然关于这一点您还可以从整体诠释学的角度来说明一下，中国哲学史新的书写意识是什么以及它对世界哲学的发展有什么意义？

成：你刚才提的是一个非常重要的问题。为什么我要提出重写中国哲学史这样一个计划呢？其实我这个想法也是逐渐发展出来的，因为对中国哲学史的认识需要一些时间，而我们对现有的中国哲学史的看法也要有些时间消化和发展。但是，重写中国哲学史的最根本的目的就在于，对中国哲学深入的了解有助于我们对世界哲学有更深的认识。所谓对世界哲学的认识就是说我们对西方哲学以及它的发展有更深入的把握，这样我们需要进一步去思考中国哲学的源头和发展过程，中国哲学的重要意义，它是如何发展到今天这个阶段，以及现在这个阶段所包含的各种问题。事实上，我们可以这样说，中国哲学史在今天发展到这一步实际已经面临一个重大的问题，就是中国哲学从传统怎么走到现代，怎么去实现它的现代化，现代的中国哲学有些什么样的现代化的内涵以及表现。同时，我们会看到今天在中国哲学史发展过程当中还面临着一个未来中国哲学怎么发展的问题，所以这点是我最关心的一些问题。这就好像我们关心中国文化，中国历史的前景一样。

当然，首先我们应该肯定，中国哲学史是反映中国哲学发展的一个途径，而我们说中国哲学史是以"中国哲学"这个概念存在的。关于中国有没有哲学，在什么意义上肯定中国有哲学，而且是一个重要的哲学传统，我们在前面的讨论中已经多次涉及了这个问题，我想我们也不需要太多的重复。但是在我们长期分析、关注和思考之中，我感觉到中国哲学有一个深厚的根源，包含着一种非常深厚的发展动力。但是很不幸，过去我们对这点并没有掌握得很好，这是一个问题。

其次，在中国哲学的发展过程中，其发展方向和中间的潮流没有得到非常完整的说明，当然这与我们对中国哲学整个的精神和其内涵的掌握程度有关系。我们如果不掌握中国哲学的基本精神就无法写好中国哲学的历史，这是一个很清楚的现象。

再次，应该肯定中国哲学和西方哲学既有差异，也有共同之处，而要掌握中西哲学的共同面或差异点都需要对西方哲学有深入的了解。如果我们对西方哲学没有深刻了解的话，也很难把中国哲学史的独特精神或特色，以及其实际内涵说出来，甚至连它本身的问题与困境都无法加以说明。这可以说是第三个状况，即我们要对中国哲学史有一个新的认识，就离不开对西方哲学的准确把握。

最后，我们从 19 世纪末到 20 世纪初有很大的转折点，在这一过程中，中国哲学面临全球化和现代化的挑战。在这种情况下，中国哲学史也就有一个新的意义。我们看到中国哲学史也是从 20 世纪初开始发展的，至今已超过一百年了，这是一段相当长的时间。但应当讲，有新的眼光、新的格局的中国哲学史，现在还是没有诞生。20 世纪 50 年代以后，中国哲学史具有新的面貌，由于它是在特定的意识形态下发展的，这既是它的优点，也使得它陷入一种教条化的困境，这种情况一直持续到 80 年代。

20 世纪 80 年代中期，我第一次回到中国大陆，那个时候大陆的哲学史框架还没有改变，实际上严格地讲这个意识形态的框架一直到现在只能说有了一些变化，但还没有完全改变。个别哲学家对中国哲学本身的研讨已经脱离了 20 世纪 50 年代到 80 年代的框架，但中国哲学史的真正的框架到今天还没能完全建构起来。但这并不是说意识形态不重要，也不是说我们不可以有一个马克思主义的观点，因为我们现在已经开始谈中国化的马克思主义了。但现在看起来，中国哲学史的研究整体上还是比较保守，大多还趋向于 20 世纪 50 年代以来的那种受意识形态影响深远的哲学史。换言之，我们现在还没有找到一个能够有效融合马克思主义、中国传统哲学和西方哲学的方法论。在这三者当中，很明显的就是原始的马克思主义建立的框架特别突出，而事实上，对西方方法的吸收或对西方哲学的认识，是写中国哲学史的最初条件。但事实上，很可能所有的中国哲学史都是用西方哲学史的方法论或者用马克思主义的方法论、意识形态来描述和刻画中国哲学，没有突出中国哲学的精神，这就是一个现实问题。因此，如何在利用西方哲学方法论的同时，写出具有中国特色的中国哲学史，是一个很大的挑战。

我反对这样一个做法，而是说这对掌握中国哲学的发展或中国发展状态是不是一种更真实的、更生动、更活泼的描写。这是值得思考的。应该说哲学史是不断进步的，不断要更新的。冯友兰 1934 年出版了两卷本《中国哲学史》，但他在"文化大革命"中尝试写《中国哲学史新编》，这是相当意识形态化的东西。到了"文化大革命"以后的 80 年代，冯友兰先生开始想抛弃原有的框架，重写中国哲学史，最后写成了七卷本的《中国哲学史新编》，从 1979 年到 1994 年，最后一卷在香港出版。原先第七卷不能在内地出版，现在可以了。他要脱离当初的马克思主义形态，但脱离多少呢，我不知道，而显然他原来的框架就是一个值得探讨的问题。

因为他原来的框架有新理学，实际上他的新理学或新原道只是作为哲学的形象层面，来指导他的写作。到了后期，经过"文化大革命"和重写马克思主义框架的过程，他有新的想法。这个新的想法我认为还是回到了一个新理学的基本的状态，但这个新理学可能也叫做"新新理学"，就是不用传统的，不用马克思主义的一些描述，而是偏向于用一个理性的实在论的描述方式来描述整个中国哲学的发展。以这种方法，他重写了六卷本的《中国哲学史》。他原来的计划是写六本，最后写了七本，第七本是在写中国的现代哲学史，包括对毛泽东思想的评述，这本书1994年才出版。

这里有一个问题很值得探讨，就是冯友兰写作中国哲学史的心路历程。在80年代，可能还有很多中国哲学教程，我看了一下还是体现意识形态化的方法论。但是我注意到武汉大学郭齐勇出版的《中国哲学史》，他没有照搬过去的框架，而是比较如实地描述历史。我认为目前中国的出土资料也比较多了，对西方的了解也很多，应该可以写一本不受意识形态拘束的中国哲学史，从根本上彰显中国哲学发展的知识状态。

漆：那个书可以叫做学术专著。

成：我觉得中国教育最终也会发展得比较自由，其实现在已经比较好了。

漆：您那个可能是选修课，必修课比如有马克思主义哲学史、中国哲学史、西方哲学史，还有逻辑学等课程。

成：如果是必修课的话，则可以有教材，也可以没有教材。教材是一本书，大家要看，但还有参考书。另外，作为教授在讲的时候也不一定说只是按照教材，因为在讲的时候是综合各家的观点来讲，所以我觉得这是绝对可能的。

漆：这已经变成现实了。

成：而且教材需要与时俱进，所以现在可能新的教材和旧的教材不一样。

漆：请介绍一下中国哲学史的书写状况。

成：刚才讲了冯友兰就写过，所以这样算来已经有了很大的改变。20世纪50年代以前，中国哲学史是个什么状态，50年代以后是意识形态为主的书写，现在形式上已经脱离，所以这是很重要的。50年代以前是怎么样一个局面呢？刚才我已经提到冯友兰的《中国哲学史》，其实他还用英文写了一本《中国哲学简史》。他的毛病在哪里？在于没有深入掌握中国哲学的动态生命，也没有触及中国哲学的原始起点，这是两个很大的问题。他把中国哲学史分成经学时代和子学时代，并认为先秦是子学时代，而从汉代到现在则是经学时代，这个划分太笼统了。而且对经学这个概念他也没有弄得很清楚，经学的内涵是很丰富的。比如《春秋公羊传》中记述的是儒家的理想社会的模型，当然还有《易经》，记载了儒家对于宇宙运动变化规律的理解。汉代开始设立五经博士，这些都巩固并提升了儒学的地位。

到了宋代，儒学得到了新的发展。宋代的易学与汉代易学有很大的不同，而理学的兴起则是宋代儒学的标志。朱子对经典的理解与汉代有很大的不同。但按照冯友兰的经学时代的判断，就等于中国哲学没有发展，只是在儒家的经学规范里有一定的延伸，这就让人无法理解。

刚才我们说，冯友兰对子学时代缺少起点的反思，其实有人在一开始就注意到这个问题了。大家都知道胡适之写的《中国哲学史大纲》。他要解决很多问题，因为他的出发点就是把哲学看成是解决问题的过程，但对胡适而言，他最大的理论源泉就是杜威对形而上学消解、取消的态度。但在这种情况下他没有办法理解西方哲学史，因为他无法接受西方，也没法掌握西方哲学从古代、中世纪到现代这个复杂的发展过程。他要打破形上学，但没有对形上学的了解怎么批判形上学呢？胡适之以此来作为中国哲学史的方法论架构，这在我看来是不够的。但是他也有新意，比如对墨家的发挥，对中国逻辑的发挥。他的博士论文就是中国古代逻辑的变化与发展，所以他是以此为基础来写中国哲学史的。但是他对史料的掌握并不好，没有注意后期的考证。另外他也是无头论，缺乏对中国思想源头的理解和把握。因此有人说，不管是胡适之还是冯友兰的都是无头的中国哲学史，这个没有头的意思可能既包括没有源头，也包括没有头脑，都是这种范畴的哲学史，所以这也是最大的问题。

真正中国哲学史的开始是谢无量的《中国哲学史》，这是第一本中国哲学史。更早的中国哲学史的书我还没有看到，是用文言文写的。谢无量开始学习西方的架构来描述中国哲学的分段，这是一个很大的尝试，应该说是一个开端。但他没有特殊地突出某种方法论的结构，不像胡适之有一个实用主义的方法论或者冯友兰有一个新理学或新实在论的方法论。经过这样一种分析，我认为中国哲学史在20世纪50年代以前的问题就是没有一个合适的框架来描述，这恐怕是中国哲学史最大的根本问题。

漆：就是找不到合适的西方方法论架构来描述中国。

成：另外一个重要的问题就是无法掌握中国哲学发展内在精神。中国哲学对于自身的内在逻辑方法的掌握，一直要到20世纪90年代冯契的《中国哲学逻辑史》才能实现。他想找到内在逻辑，甚至他以这个作为基础隐含地说中国哲学也是在追求真善美的价值，追求他所说的平民化的贵族，追求一种转识成智的精神。这种思想出现得比较晚，而且是个别现象。但这种个别现象也很值得探讨：从整体的角度理解中国哲学史，50年前存在的问题今天依然存在。

当然，中国哲学在这几十年中也有发展，特别是在出土材料方面。大家特别强调的，从马王堆到郭店，然后到现代的商代竹简，一直到清华大学最新的研究，这都是经过比较客观，也比较科学的研究判断而得出的结论，并没有显示出偏好某一种观点，也没有掺入不相干的内容。同时，中国史的研究也有不少新的创见。比如武汉大学的冯天瑜教授写了《重新认识封建论》一书，认为传统中国并不是封建制度，这也是对历史做出了澄清。2007年、2008年在清华大学公共管理学院开设的"中国的政治管理形态"这门课当中，我也是重新分析和界定了中国管理形态与管理哲学。我想我们对中国哲学、中国社会与政治的发展，以及制度的发展应该有一种更深的了解。同时，我觉得应该认真探讨中国哲学的分期问题，说明以什么作为分期的标准。我们重写中国哲学史时应该考虑这个问题，而这个问题我有一些自己的想法。

漆：成先生您是怎么分的？

成：我有自己的初步认识。对中国哲学的分期在分析中国哲学内在的转化过程时是非常重要的，而冯友兰对此特别不清楚。比如从魏晋到隋唐，从唐到宋，所谓的腐朽该怎么理解？我认为冯友兰的哲学史没有说得很清楚，而且也不深厚。关于中国的社会腐朽的说明，他是尽量引用原文，原文比他解说的文字还多，好像成了一种史料的整理。胡适之他们有一种说法，就是台湾的中国哲学以史为主，创造一种以史料为主的哲学思考。他们否认中国哲学，说史学就是搜集史料而已。当然我们不能否定史料的重要性，但是从史料变成史学或者进一步让史学变成文化学，进而发展哲学史，这一过程是要经过人的重新思考和感知的，是要抓住思想的一种深刻的内涵和精神的。但我又不能像黑格尔那样，完全从主体的精神来描写中国哲学，那又太过分强调主观性了。所以中国哲学要既重视史学，又重视对哲学问题的体验和认识，从而建立一个整体的哲学架构以及哲学发展的框架，这对于我们认识中国哲学是很有帮助的，而这样一个哲学史就是值得追求的哲学史。我最近一次提到重写中国哲学史，希望创造一个具有开创意义的，同时又具有面向世界的一种崭新的中国哲学史。我说的创造性一方面是创造地认识我们的语言内涵和哲学的心灵，另一方面是创造性地表达哲学家的内在思考。从这个角度上说，哲学史上也有非常主体性的一面。这就涉及一个问题，就是我们不要受传统的偏见的影响，而是要超越并认识这个偏见，从而重建一个传统。这样的认识既是基于我们对中国哲学本体的把握，也是一种创造性的人生。这个方法论既是一个本体诠释的内容，也是基于我们对本体学本身的基本认识，这个基本认识当然要解决几个基本问题。

这里我还要说一下，在中国哲学的发展过程中，有一部不太受意识形态影响的中国哲学史，不知道大陆的学者能否看到。这就是劳思光所著的三卷本《新编中国哲学史》。他是香港中文大学毕业的，他的哲学史写了三卷四本，于1986年出版。他的基本观点是什么呢？就是他提出的"基源问题研究法"。他说哲学有三个基本的要素要考虑，一个是宇宙论，一个是形上学，一个是心性哲学。他非常不看好宇宙论，他说宇宙论是低级的，因为它只涉及物质宇宙。同样，形上学离人也很远，因而他认为，只有心性哲学是哲学的核心，所以他的目的是要找寻中国哲学中的心性哲学传统。对此我持批判的态度。因为首先他不了解宇宙论是形上学的一部分，同样宇宙论也不只是个物质层面来解释世界。宇宙的发展是从宇宙存在的开始到人类生命的出现，它本身是具有一种根源或基础的意义，所以我们不能从价值上把宇宙论视作无关紧要的内容。他的这个毛病可能是台湾地区容易出现的，就是对张载并不重视，而真正重视的是王阳明，认为他所代表的是心性哲学，这也就是把心性哲学视作整个中国哲学的核心。

劳思光一直想用分析哲学来写中国哲学，早期他有这样的取向。后来他怎么走向心性哲学，这个过程我并不是很清楚。当然他是批判了以前很多的中国哲学史，包括冯友兰和胡适之的，以及大陆的中国哲学史。但他也有一个问题，就是同样是无头的哲学史，对中国哲学的起始之处还没有一个明确的交代，而这恰是我特别重视的方面。因为中国哲学史有没有一个本源，有没有一个发展基础，这是一个很重要的问题。就好像西方哲学发展的根源是古希腊哲学，它可以推到最早对宇宙、生命和存在的看法上。今天海德格尔要重建西方的形上学，他还是要回到古希腊的源头，我觉得这一点是一个非常重要的认识。我们现今的中国哲学史研究好像从来都没有重视中国哲学的源头，我们虽然强调《周易》，但正如我所说，我们对于《周易》的理解也是有限的。《周易》虽然在形式上只是占卜之书，但在占卜之用的背后，它还有一个知性本体的存在或发展。

由于我们对中国哲学的源头缺乏认知，因而随之而来的一个问题就是，儒家和道家谁的历史更长、更悠久？胡适之认为是道家，冯友兰认为是儒家。这样的儒道之争是很不幸的，它源自于我们对于中国哲学的起始点缺乏认知，所以这样写出的中国哲学史并不是我们想看到的。重写中国哲学史的目的也正在于此，就是为了让我们既能明白中国哲学过去的发展脉络，更能看清它未来的走向，同时也把握现今中国哲学研究中的问题。否则，如果我们的中国哲学研究缺乏一个稳固的基础，对于其中的问题也没有一个正确的了解，那么就很难使得中国哲学在未来得到真正的发展。

这里应该指出的是，冯友兰的形上学跟他的哲学史之间有一个较大的隔阂。他认为形上学是空洞的，并不是一个什么命题，所以他最后说中国哲学所关注的可能只是境界问题。这种概括可能就把中国哲学中的很多复杂的问题，例如理和气、知识和价值、普遍性和个体性等全都掩盖了，显然这样是不全面的。从这个角度来看的话，重写中国哲学史是因为过去我们对哲学，包括对中国哲学和西方哲学都没有一个全面和深刻的了解，因而在广义的哲学基础上对于不同哲学体系的共同点与差异性了解也不够，目前这些都是很大的问题。20世纪50年代之后到现在，我们还无法完全突破意识形态的束缚，这就使得中国哲学在发展中还面临不少困难。我这里之所以注意到郭齐勇的哲学史，就是他把《易经》摆在前面了，作为中国哲学实质上的源头。

西方对于中国哲学的理解是受我的影响，因为我这几年写《易经》的东西，都把易学作为中国哲学的源头活水。这一点，《中国哲学百科全书》也特别指出了。我把哲学定义为一个人在宇宙中，在世界中认识外物、认识生命、认识价值以实现自我的意识和行为追求，它会呈现在实践当中，所以它是一个自我或群体价值的实现过程。从这个意义上讲，哲学应该从经验观察开始，然后返回到对经验观察结果的反思、沉思，最后产生深刻的价值观，而这也引申和彰显了人性的感和情的内涵。这样才能满足要求，实现人的存在。对外在世界的经验性认识导致人发现了自己，进而形成属于自己的感性存在方式。再进一步为了生存和发展的需要，将这个感性存在方式提升到理性思考的层面，这个理性的思考并不否定人内在的一种感性和心性的内涵。在理性思考的过程中，我们认识到人的存在的各种可能性，在各种可能性中去掌握一个趋向于人更完美地实现自己、完成自身价值选择的方向，这就是善的方向。但是由于缺乏知识，以及环境的引诱或其他情况，人们也可以选择一个错误的方向而趋向于恶，这点我认为是我的一个重大的认识。因此，哲学在其中起到的是一种引导的作用，引导人们朝着正确的选择前行。因此，我认为《周易》以及从商乃至更早的时代所开始的对于天命的认识，并不只是统治者用来压迫人们的工具，而我们传统的哲学史上都是这样说的。例如，所谓"天命之性"，是统治者、统治阶级压迫人们的说法。但事实上，《尚书》中所记载的对天命的了解，是统治者经过观察和反思的结果，它强调统治者如果不能够关心、凝聚群众，就不能进行有效引导。这是很长远的看法，在这个意义上才能产生以民为本的民本主义。这和马克思主义没有什么关系，没有必要把统治者和人民的关系拉开，这对后来历史并不是很好的影响。如果说要制造一个天命来说明自己的存在方式的话，比如说纣说有天命，那是昏君的一种误解，天命并不是纣提出来的。在《诗经》里面，《大雅》里面说在周代的天命是代商，因为商代的王室是暴君，不关心人民，没有德行。仁的概念也是那时提出的，对人的关心就是仁，对自己的忠诚叫孝顺，最原始的几个概念都是那时提出的。

漆：当时周不是商的一个附属国吗？

成：其实商汤也有"网开一面"的故事，这说明他对于天理也有了解，汤建立商是为了解救受到夏桀暴政伤害的老百姓。所以，我们必须要看到中国历史在早期发展的过程中非常重视天命，而这个天命具有浓厚的政治意义，也包含了对天的信仰以及对命运的认识。这个命是指人们采取某种行为就会有相应的结果，如果你采取好的行为就有好的结果，而能不能有好的行为是命的问题。所以天命无常，常于善人，这都是基本的思想。

漆：孔子讲君子有三畏，其中就包括畏天命。

成：天命的观点在西方是很少的。我觉得马克思可能对中国历史并不熟悉，我们一方面要讲马克思主义，另一方面也不要把马克思当成判断中国历史的标准，特别不应是唯一标准。因为当你抛开政治方面的因素，而回到中国自身的民族自觉之时,你会发现还是要以本民族的意识或自主的意识为主,而不是以外来的思想作为评价的标准。因此,我们看待马克思主义的态度应该更为开放,应该是马克思可以注我,我也可以注马克思。

二 中国哲学史的特点与写作方法

漆: 我谈一下我对于中国哲学史的现状的认识。我感觉有关中国哲学史的书籍可能有这样一些问题,其一是脱离了历史文化的传统,也就是脱离了中国文化的精神,而按照某种西方的方法来解读中国哲学,这就把中国的东西肢解了。例如,当我们按照黑格尔的眼光看中国哲学时,甚至会认为中国没有哲学。其二是中国哲学史的书写脱离了中国人生命和生活世界,也脱离了老百姓所关心的世界以及中国人的喜怒哀乐,所以很多生活性主题体现不出来。很多人觉得哲学史更应该是逻辑化的东西,但好像中国人并不认可以这样的结构写出来的中国哲学史。

这就涉及对中国哲学进行评价时的一个问题,即我们不能用现代的眼光看思想家说出什么,而应当注重他当时首次提出哪些观点。以冯友兰先生的哲学史为例,他当时的确也有很多问题,成先生批评的问题我都同意,但咱们在重写哲学史之时如何评价他同样是个问题。我觉得对他评价应分两方面,从现在的视角看出问题当然是重点,但也应该肯定他的理论贡献。那时胡适写《中国哲学史大纲》,因为没有参照的对象,所以实际上是很困难的。他毕竟是这个领域的开拓者。

因此,请问成先生,胡适与冯友兰的贡献何在,特别是后者?冯友兰先生写了《中国哲学史新编》,甚至他自己认为他不是哲学家,而是哲学史家。可见哲学史的写作在冯友兰先生一生的思想发展过程中占有一个十分重要的地位,因此,他对此有贡献,甚至说有很大的贡献,这一点应当讲是毋庸置疑的。当然您说的问题我也同意,但是也请您在说完了他的不足之后再从正面评价一下他,看看他们到底有没有一点贡献,究竟说出了什么。拿今天的眼光来说,可能他们当时的确有很多没说出来的,没意识到,但那时他们毕竟还是个开拓者。另外我认为,冯友兰先生早年的《中国哲学史》影响还是很大的。

成：1934 年的是两卷本的《中国哲学史》，另外他好像还用英文写了一本《中国哲学史》。

漆：对。这本书在大陆出版的时候叫《中国哲学简史》。

漆：就方法的角度来说，马克思主义的方法也是一种方法。我的观点是，用哪种方法都可以介绍并丰富中国哲学，而且从任何一种角度都可能有局限。比如我用马克思的方法研究政治与历史，这是一种学术化的范式。

成：但另外一方面也不能否定，即不是任何方法都适用于研究中国哲学，方法本身的健全性有无缺失是个问题。方法决定一个理论，也决定对现实的解释，如果方法错了，结果必然全错。我在我的管理学里说过，任何方法都是我们可以追求的，但方法要受理论制约，理论又用方法来彰显，所以方法跟理论间有一种相互转化的作用。我对方法的界定是，它本身就是潜在的理论，因此我们对它的选择，就是我们关于对象世界有没有一个真实的认识。

漆：我觉得可以尝试，方法之间可以商榷讨论，可以对话争鸣。

成：如果你决定采用这个方法，那你就要说明为什么要采用它，到底有什么好处。有一些中国哲学史著作在方法论上的确存在问题，例如谈到天命，说天命就是统治者用来压迫人民的工具，然后说孔子是一个衰落的贵族，所以他要为衰落的贵族制度进行辩护，这样孔子就变成一个只是要恢复古代礼教的复古主义者。我强调的是本体哲学是一种开放的、发展的思考。人虽然在生活上可能会受到很多经济因素的制约，但他的思考能力还是自由的，所以我们要承认思想开放性和创造性，不应只是把思想当做一种阶级利益或经济利益的反映。这也就是为什么我强调要把思想史和哲学史分开，因为思想是反映了某种意义。你有某种思想，肯定是受到某种环境的影响。我们说中国的哲学是什么？中国人又是什么呢？显然，中国人不只是一个经济人。因为人是在我们生活经验之上产生思想，在思想之上又产生对智慧的认识。

我到美国已有 40 多年了。当初美国哲学会，没有一个人说中国有哲学，说中国只有思想史，比如叫孔子思想、孙中山思想、毛泽东思想。美国人认为你没有哲学，你还谈什么哲学。当时我所在的哲学系我是唯一一个中国人，我对西方哲学比较熟悉，我又是搞哲学的，我要证明给他们看，为什么说中国有哲学，为什么这个哲学从宇宙论到价值论到知识论都有一个内涵。后来我创办了《中国哲学》杂志。如果今天我们还把中国哲学固定在中国思想史的范畴内，是很不幸的。所以我 1985 年回到北大讲课，在公开演讲的时候我说中国有哲学，北大说我们没有哲学，只有马克思主义是哲学，其他都是思想史。我说这是对中国哲学的误解，中国哲学一定是存在的。马克思的辩证法是黑格尔的矛盾辩证法，中国有自己的辩证法，就是和谐辩证法。我不只是提，我也论证，我也写文章写书，而且我也创办杂志，创办哲学会。美国哲学会里面有古希腊哲学，有法国哲学，甚至有美国哲学，偏偏说中国没有哲学，只有思想史，把我们民族降低成这个样子，这怎么能行?! 中国人的思考是贯穿天地人的，怎么能说没有哲学呢?!

中国哲学史是建立在中国哲学的概念上，这是非常重要的。中国原本就有哲学，问题在于怎么认识和把握这个哲学，所谓的中国哲学要建立在对哲学的重新理解的基础上。从广义上讲，我们的哲学绝对不输于西方，我们在人类的哲学发展当中应该是主流。西方的马克思主义不应该等同于中国的马克思主义，中国的马克思主义既是具备超越的、人类性的马克思主义，同时又应该是中国化的马克思主义，而中国化的马克思主义必然包含着对于中国哲学的吸收。中国的文化若要复兴，就必须要了解中国哲学，要有属于自己的哲学，有自己的哲学思考。

再说说关于方法论的问题。所谓的方法论不是说你可以采取任何一种方法来分析中国哲学，而是如果你想如实地了解中国哲学史的话，你就要有跟中国哲学史相匹配的方法论。这个方法论是理论的自觉，方法跟理论、跟经验之间有着非常重要的关系：方法帮助理论建立，理论也决定方法。方法是一个程序、一个手段、一个工具，帮助掌握理论，而理论则是一个基本的指导性的概念与认识。理论一定要以经验为基础，以经验作为理论的生命源头。我的思想都是建基在经验上，我甚至觉得我是个经验论者。

我在这里再讲一下中国哲学五个方面的特点，应该能够回答你这两个问题了。第一，它有概念化的一方面，但同时更重要的它是一个发展的历史，它的生命与活力来自不断的自我创新。因此我们在了解中国哲学时，要把握它动态的发展过程。

第二，它在历史上有一个发展根源，同时在哲学上有一个诠释的路径，就是说明人类的基本经验，这里包括对宇宙的经验，对自然的经验，对心灵的经验,对目的性的经验,对价值的经验。中国哲学对这些内容都有一种深刻的认识。我们是站在中国人乃是人类的重要部分,是一个源远流长的文化的发展与传承者的角度来看待我们的哲学。我们不仅要用文化说明我们的哲学,更要用我们独特的哲学意识来说明我们的文化,给我们的文化一个生命的活力。就像黑格尔所说,哲学是庙里的神,是一个民族的精神命脉。一个民族如果没有哲学,那么它的文化亦会丧失价值,也就会消失,所以中国文化必然有哲学基础,这是一个非常重要的关系。

第三,我们要基于对于自己历史的理解,重新去说明中国哲学的发展脉络。例如,要意识到中国哲学的发展过程是一个从本到体的建设过程,它伴随着对体的持久认识和反映,不断地建立新的体,然后产生一种新的认识,推动价值规范的发展,形成一套知识论或行为学。当然我们现在不能否定其他族群在历史经验上的发展,所以你今天要了解中国哲学就不能不了解西方哲学,不能不了解其他人的发展情况,这样才能更好地说明自己的地位。我们要了解中国哲学史,就必须要有属于我们自己的哲学思考。不是每个哲学史家有了资料就都可以写哲学史,他必须有自己对于哲学的理解,有自己的解释原则。但另一方面,我想中国哲学史本身是很重视史料的,所以我认为我们不能简单地说冯友兰只是个哲学史家,他这话也许是谦虚。实际上,他是哲学家,他明明有自己的新理学,有自己的哲学体系,这是肯定的。唯一真正的史家是胡适之,他只有史料没有哲学。

第四,就是中国哲学史既是历史经验的反思,又是一种智慧,也是对未来的一种认识。也就是说,中国哲学史是一种对过去发展的知识的具有价值创造性的认识。这里需要注意的是,中国哲学与古希腊哲学的一个根本不同之处。古希腊哲学在前苏格拉底时代是从宇宙论开始的,但这实际上是它的致命伤,就是它是在人的自我意识觉醒之前讨论宇宙问题,因而它的宇宙是与人的主体性相分离的。而中国的本体论和宇宙论都是在天人一体的框架下讨论的,它与人有着密切的关系。对于这一点,张载、周敦颐和二程,一直延伸到王夫之,都有明确的认识。换句话说,西方的宇宙论是脱离人的,中国哲学则把宇宙论和人密切地联系在一起,产生天人合一的观念。这么好的哲学起点,你不认识它,这怎么能行?这是前提上的一个问题。

第五,有人说西方哲学的起点是民主主义,而中国没有这个民主,我也不认同这一观点。中国确实是缺乏西方式的民主,但中国所提倡的是民本主义，这里的内涵实际上比西方更多。民主固然能让你视野得到开发，增进平等的观念，但是，单纯这些内容并不足以促进一个人的全面发展，你还需要重视对外部世界和他人的认识，这些都需要以人为本的态度。古希腊的民主是建立在奴隶制度上的民主，亚里士多德都曾经说过，战争中有一个目的就是获得奴隶，所以说奴隶在古希腊是很重要的。但这显然不是一种民本的思想，你都把人当成会说话的牲口了，还能民本吗？相反，中国农业社会从河姆渡时代开始，是以耕作的黎民为主，最后黎民变成了百姓，在这一过程中，我们一直是注重人民的。

这里就产生了一个问题，即我们怎么才能掌握属于自己的范畴，并在此基础上说明中国的历史与哲学，从而对中国的历史与哲学有一个真实而深刻的了解，而不是只借用西方的某些内容来硬套中国的历史和哲学？我们既然跟西方有交流，也熟悉它们的历史，那么就不能只是陷入西方的概念陷阱之中，而要有自己的新的理解，要讲出属于自己的价值。这跟我们实际的历史发展，以及对人存在的了解都是密切相关的。中国哲学的特点是什么呢？中国是智和爱的哲学，西方是爱智之学，这两者是不同的。中国的智和爱是对整个世界而言的，爱智之学只是爱这个智，它对外面世界的认识不敢确定，所以西方必须走向信仰，以信为主。中国在智慧的基础上建立情感。我们不是把信仰作为一个绝对的前提，是以经验的认识作为信仰的基础。孔子就是这样，他要求反思于己，要修己以敬。这就是为什么西方的形而上学最终变得空洞，变得抽象。而中国走的是本体学，这是生命理念，是本来的生命信仰，它就是从生命中体验出来的东西。因此，如果我们不对中国哲学中的各种理念，包括占卜背后的理念有所了解的话，我们就会走入误区，最后被西方人牵着鼻子走。有个具体的例子就是对真理的分析，现在有人提出一个理论说中国哲学没有真理，这又是对中国哲学不太了解的地方。其实现在哲学还是在探讨什么是真理的问题，并没有定论。但是从我们的价值观来说，真显然是意味着我们全心投入信仰它，我们去实现它。

漆：在西方的思想中，真的位置比较特别。

成：所以在这个意义上讲，真作为一个标准，我们是可以信仰它，那么中国当然有类似的说法。孔子讲"朝闻道"，道就是一个真理，是我们的真理意识。后来西方人也是这样看真理的。

漆：他们的真理不是更多地和逻辑连在一起吗？

成：逻辑真理是另外一个问题。因为我们的头脑不清楚，没有意识去分析和掌握语言的个别含义。事实上，我们的认识在初始阶段就是把我们信仰的东西，包括我们认为实现的东西表现成语言，这就是最基本、最原始的理解。这点和海德格尔有一致之处，他注重对古希腊的分析的目的就是把隐藏的东西彰显出来。儒家强调明，明就是措施，诚而明，明而诚。大家都知道"明明德"，这就是措施，你知道这个行为，并且定义出来，这就是中国的哲学，所谓"可离者非道也"。

清华大学邀请我谈中国逻辑的问题，这是我自己的本行之一。我也一直在思考，中国怎么能没有逻辑呢？中国人很聪明，很重视语言分析，中国的逻辑头脑是非常好的。公孙龙的白马非马，离坚白等也是如此。我比较欣赏的就是中国人重视言行一致，错误就是言行不符的看法。例如，天在下雨是真的，就意味着天确实是在下雨，这个情况确实存在。

另外，中国的最终追求就是道，所以我们要求道、闻道。写中国哲学史必须要对哲学本身的内涵有认识，对这一点没有细致的认识的话是不行的。因为哲学史一方面是描述，另一方面也是有选择的描述，还要有一个综合和评论。我觉得写历史很难评论，史论结合是很难的。在古代有这个传统，孔子作《春秋》，太史公《论六家要旨》都是如此，所以必须要有正确的见识。

我想说的是，我现在讲的这五点是重写中国哲学史的基本方针。我觉得我们必须要按照我们的认识，经过反思和思考，从我们的文本和历史上找寻出中国哲学的真正根源。西方人最后把逻各斯总结出来，我们也必须把道的思想总结出来。但同时必须要清楚，我们只有在比较的框架中才能获得对中国哲学的真正了解，这样的中国哲学才能够在世界上产生影响力。

另外，我想强调的是，我们可以假借西方的概念，通过我们自己的了解说明自己，也可以反过来用我们的概念说明西方。启蒙时期中西哲学就有交流，像中国文化对莱布尼茨等西方哲学家的影响，现代以来对海德格尔等的影响，这些我们现在反而都不说了，这就等于放弃了自己的话语权。现在反过来日本却认为中国的佛学不是佛学，只有印度的是佛学，因为它要打击中国。其实我跟印度人说，你的佛学就是靠中国的发展，中国佛学是一个创造性的发展，当然也可以反过来影响印度。所以我们在写哲学史的时候，要把东西方之间已经有的影响和可能发生的影响，还有它对人类哲学发展的意义阐述出来，不要只限于自己。另外，我们还应该用分析哲学对语言进行分析。

漆：但是中国的文字和西方的文字差别很大。

成：这不是一个简单的语言文字的问题。中国人的汉字是音形义紧密联系在一块，一个字有它的意义，也有它的声音，是相互影响的。比如形声，是用声音来定义我们的形，使得我们人的观感既可以分化又可以整体化。中国的音乐也很好听，我们应该听音乐，因为每个音乐都可以给我带来一种整体性的生命感受，有的音乐就是万马奔腾，有的是细水长流，有的是高山流水。所以我们不要有固执于自己的认识，有很多都是可以相通的，很多西方的思考我们可以借用，不要排斥。同时，我们也要批评西方，西方没有的就是没有，不必讳言。我们要通过这种与本体合一的文字分析，来说明理的概念。当时我分析心的概念，我觉得这个心所体现的不只是西方的内涵，它也包含一种密切的关系，彰显西方的本体性。理也是一样，它既是一种理性，也是一种世界秩序，还是一种原则性的思考。这表明我们中国对于理的思考具有很丰富的逻辑内涵，而这些内涵都是从经验中体会而来的。过去不少人认为理是只有存在没有活动，因而认为理是没有形体，没有情义，无计量，也没有表现方式的，这一点以牟宗三对朱子的理解为代表。但是，他忘记了这只是理的一个方面，作为所以然、所当然的理是一种非常洁净的境界。但与此同时，理还是有生命力的。如果对此掌握不深刻的话，你就会倒向一个非常粗糙的结论，说心物二元论，就好像说朱子不是正统一样。如果这样的话，那么我们怎么解释从北宋到南宋的历史呢？所以当时我就反对牟宗三的观点，刘述先也是持这样的态度。

最后要强调一点，我们从 1973 年到现在已经发现了很多新的材料，这应该有助于我们对《周易》和《道德经》做出新的更深刻的了解，尤其是《论语》与这两者的关系应该有很好的了解。所谓《论语》和《周易》的关系，就是说孔子晚年很重视《周易》，但他所重视的不是占卜，而是德义，是代表人能够形成一个德性存在的意义和内涵，这是他研究《周易》的特点。他不是说我不需要占卜了，而是说《周易》的核心内涵在于它对于宇宙生化过程的描述。这也就是我为什么要通过讲《周易》来彰显易背后的宇宙论，因为你必须通过掌握宇宙论来了解本体论，这个宇宙论是本体论的一部分，是由本体论产生出来的，也是由根源意识产生的整体意识，同时还是以观感的基础而产生出来的。有了这个东西为基础，你才能产生正确的知识，然后才能有正确之行为，这样我们就会看出《周易》的重要性。我们过去没有很好地重视这个东西，而且我们忽视了《周易》在实际体验中的观感。今天还是一样，今天很多人还是迷于《周易》的用，而不是本体，所以我今天要指出《周易》的本体究竟是什么，我们还需要通过孔子找到中国哲学的根源，并从这个角度重新定义中国哲学发展，所以我们从五个层次来说明这个本体知用行的体系。其实，任何一个哲学家都从这些方面考察，只是我把它更细化了，就是从一个本体诠释学的眼光，从这个可以说本体发生论的本体学、宇宙学、知识论，政治哲学和美学的眼光来观察。我准备从最原始的经验产生生活世界，进而产生价值哲学的眼光，产生规范，然后再产生一种对外面世界的认定，最后产生一种行为。

漆：这是本体知用行的体系。

成：反过来说的话，事实上我们开始的时候是一种审美经验和感官经验。从历史发展内涵来看，其中一个内在逻辑是我们的感觉逻辑。我把中国哲学做一个这样的概括。我觉得我们首先应该找到原始点作为典范，然后再从《周易》说起，从最传统的天命论开始说，这是比较接近天与人的一种密切关系。后来，我们发展出人与天之间的矛盾和人与人之间的矛盾，这个矛盾在中国历史上就产生了政治上改朝换代的要求。我们中国的历史经历了几次大的转变，首先，从三代起到先秦，这是雅斯贝尔斯的轴心时代理论所讲的"轴心时代"，即文化的创造和突破期。其次，从两汉到魏晋，尤其是两汉的经学到魏晋的玄学，是哲学思想的进一步深化。第三，隋唐五代是一个大变革的时代，佛学的兴起不仅形成了中国思想的另一重要脉络，而且激起了社会文化的重大变革，这一点直到五代才消化。宋元明清是一个理学整体的发展时期，民国则应该当成一个整体来看。所以有这么几个部分，三代起源，先秦诸子，汉代的经学，魏晋玄理，隋唐至五代，最后是宋元明清的理学的发展和解体，这其中的关系是很明确的。而勾勒这一过程，就是一个初步的中国哲学史的重写规划。

三　中西哲学的差异与融合的空间

成：最后我要对中国哲学的发展道路做一个总结，算是结论。

中国哲学的发展道路是一个历史的过程，对中国哲学给予体系性的认识十分重要。缺少对中国哲学体系性的认识，我们就无法了解它的发展走向，而所谓体系认识即包括它的内在结构、内在精神以及发展过程这三方面。

中国哲学也有一个逐步形成的过程。早年，它作为一个潜在的话语方式，存在于中国人最初对天地宇宙人性的思考之中。我们不能否定中国人很早就有过这样的思考，我们要把我们的语言看成是一种至上的语言，看成人类的认识或感情能够得以展现的语言。但我要再说明一下，语言是人对世界的认识或自我心灵的一种表露，所以"言为心声"，也可以说"言为物表"，凝聚了人对世界的认识或对自身内在的感受。汉语所使用的文字是象形文字，它与西方的拼音文字是不同的。西方的文字是一种非象形文字，也就是所谓的拼音文字，拼音文字是用字母，也就是通过元音与辅音的组合来表达事物。但事实上，中国的语言本身也是和声音密切相关的。我们可以说，每个语言都有它的声音系统，这是一个比较完整的符号体系。因而对于汉语，我们不能只看到它的字形的系统，并不是说它没有通过声音来指示外面存在的能力。

拼音文字也需要一个符号系统来表达，当然这种符号不是形体符号系统，但有一定的相似性。我认为象形文字并不排斥声音的相关性，声音文字也不排除它隐含的形象。所以，这只是个形式的问题。要注意的是，我们这些文字符号所代表的是心灵、世界和符号的关系，无论象形文字或声音文字都既指向内心世界，也指向外在的世界，因此文字本身就具有一种开放性或指向性。这种开放性最终形成了逻辑所说的基本命题，它具有一个具体的位置，或者一个确定的方向。纯粹就事物的现象来说，我们可以用语言来表达对象，我们亦可作为一个主体心灵的概括，我想这点不是最大的问题。我这样说的目的就是要说明我们中国的语言不仅仅是一种具体的形象式的语言而没有抽象性。无论哪种语言，语言本身都具有一定程度的抽象性。例如对质的概念，我们可以说万物皆有质，这个质既是形象的，又是抽象的；既是一个名词，又是一个动词。中国语言中就有这样的性质，西方语言同样有这样的性质。所以从语言来看，中国哲学能够表达自己的心态，在形式和结构上是可以作为一个哲学的载体。

但中西之间的差别同样是明显的。西方语言偏向于主客分离，价值世界和知识世界的分离，以及具体和抽象的分离；中国则是强调具体和抽象、事实与价值，以及主体和客体的结合，强调这三者的紧密联系性。这可以视作两者的不同。实质上，因为西方是建立在三个问题分离的基础上，中国哲学是建立在这三者的统一或融合的基础上，所以中国哲学内在地就具有对人的存在的肯定与宣扬，这是我们需要了解的。有了这个说明，我想中国哲学自有它的体系，自有它的结构，自有它的精神，也自有它的发展历程。

同样，有了这些内容，中国哲学究竟是什么，它的发展之路又何在呢？我认为中国哲学的发展首先需要把本体学做好，而所谓本体学就是注重生成和发展的过程，以此作为基础，在发生当中产生差别。因为发生的对象和根源是一个包含着存在差异的生命总体，是动态的过程。因此中国的本体学重视时间，重视历史发展，重视发展中的差异，也重视差异后的统一问题，我们对这个东西应该有这样一个了解。既然中国哲学既包括差异性，也具有统一性，还有统一性和差异性的密切联系和发展关系，因此从根本意义上讲，中国哲学是辩证的。例如，它的差异论首先是肯定不同点，肯定差异，其次所谓统一是逐渐实现差异的融合，而这个统一一定是对差异本身的创新。从这个意义上讲，越是追求统一，就是越大的包含，是一种更大的动态发展。同时，这个过程也创生出更多的发展机会和多元发展的系数，这是我对中国哲学的很重要的认识，是一种基于本体学的认识。所以我认为本体学是一个宇宙发生的学问，这个宇宙发生的学问既有一种创造力，能思考过去，另外也具有一种创新性，包括一种不断变化的抽象能力。它永远要回到这个本，永远要发展成体，在体里面反映丰富性，同时也看到本的创发性，这是本体学的重要性，也是我的基本体会。

在今天，我相信中国的本体学和西方哲学有着可以沟通的地方，这个可以沟通之处就是中国的发展是一种包含性的体系，这一点我在之前已经多次强调了。西方是一个结构性的、对象性的体系，没有包含什么意义。这两者在结构上的不同，就提供了比较与沟通的可能。西方往往追求一种静态的结构，所以它排除了动态的发展过程，包容性不强，他们认为发展的过程就是要达到一种具有目标性结构的存在。但对于这点，西方是很复杂的一个状态，它的成就，就根源性来说的话，永远具有一种界定性。尤其在古希腊哲学这里，概括性地说，它追求一种原始人的存在形态，而不是把存在看成一个永远的创发。但从西方哲学来看，它还是一个最基层的存在，基层的还原就是最后真理，而中国将真理看成是既为根源又为整体的发展过程，有一个提升的作用。

中国哲学把目的性看成是内在的而非外在性的，西方则由于犹太人的经验知识，认为目的是最终规定好的，我们不知道目的，他们认为上帝一定对存在的目的有一个界定。中国人则认为目的同样是可以认识的，因为宇宙本身具有一种开放性，这个目的是我们自己在发展过程中去实践，去体现的，不需要先预定，当然我们可以做计划，但没有一个计划能够必然地决定一切。比如我们能从实践和精神的层面来面对宇宙，从而对宇宙本身的发展抱有信心。中国注重将人的存在提升到创发精神层面，这是对人的一种自我创造。西方人对人往往表现出一种批判和失望，认为人的缺点更多，而神是更完美的存在，而上帝和人之间有一条不可逾越的鸿沟。我们中国人也会有一个理想人的说法，就是圣贤，但圣贤和我之间并不是截然二分的，孟子说人人皆可成圣贤，所以它是一个可以逐渐接近并接受的东西。虽然最后我们可能会发现，世上还有很多圣人是我们无法接近的，但他和我们之间还是有密切联系，因为我可以相信通过我的努力，我能够逐步地接近他，感受到他的人格力量。从根源上来说，天、地、人是一样，我们还是可以发挥天的作用。从这点我们就可看出本体论的意义，即不同的本体学会产生不同的知识论、不同的伦理学、不同的价值学，甚至引发对人与社会的组合结构的差异和历史性差异。所以我们要解释中西的差异，恐怕还是要从本体学来着手，我觉得这点是非常重要的。

总之，我不否定中西哲学之间在最终的根源上具有同一性，只是这种同一性在发展的过程中产生了差异。法国的汉学家有这样一个说法，认为中国跟西方有根源上的差别，西方走的路是对的，他们发现了上帝，中国却没有发现上帝。我认为有无上帝只是对根源的存在形态的不同看法，并不能说这两个系统是完全相对的，这是我要强调的。在某种程度上讲，这两者确实有相对性，就像中国人的历史和西方人的历史是相对于它自身而言的。同样，东西方哲学、历史及文化中所包含的真理，哪里更多一点，也有某种相对性。我要强调的是这两者不是完全对立的，它们有沟通的可能。甚至我认为，在今后人类的发展过程中，当我们东西方的文明进行了充分的沟通之后，对于不同的系统我们都能有一全面的认识，使得大家能够确切地认识到，哪种体系的内涵更丰富，包容的内容更多，它对人的幸福发展就更有意义，对未来的发展就更有价值。

如果我们以此为标准来衡量东西方哲学，那么并不是说西方哲学是错误的，没有发展人的能力，而是说到了近代，西方哲学经历了认识论转向之后，逐步产生了心与物、外部世界与精神世界的二元对立。在这种情况下，如果西方哲学自身缺乏反省，没有能完成新的转变，开启一个新的模式的话，可能会对其自身的发展乃至人类社会的进步造成很大的障碍。就像我们看到很多的危机，例如生态危机、核危机、经济危机，甚至于人类危机，从根本上讲都源自于西方这种二元对立的思想结构以及与之相应的成就论系统。当然我们不能否认，它曾在历史上促使人类彰显了伟大的科学才华，极大地扩展了人的尊严和人性。但与此同时，对于它的体系中所存在的问题，我们同样不能讳言，这样我们才能在对比中彰显出中国哲学乃至中国思想的智慧与价值。中国哲学以及中国人的精神生命中所特有的那种包容的精神，那种和谐变通的智慧，应该能够得到更持久的发展。变通的思想用我们中国话说就是"穷则变，变则通，通则久"，而包含的精神则体现在我们所特有的一种学习能力。我们中国人重视从历史中学习，以吸取经验；重视向他人学习，取长补短；更重视宇宙的大化流行以及人与宇宙的关系，甚至要求自己向宇宙学习。这样一种文化形态，是不是更能具有持久性，更能推动人类的不断发展呢？

也有人说这中西两种文化是相辅相成的，但二者中可能存在一个更为基础的文化。我认为，这个基础就是本体，我们要重视这个本体，同时允许多维发展，以实现最大限度的融合。这种倾向对人更有一种启发性和鼓励性，值得我们探讨。这就说明探索中国哲学的发展，要了解中国哲学的体系性、结构性，了解它的内在活力，它的历史和未来的发展途径。总之，我们应该掌握它的内在精神，维护它的发展所达到的格局，要给它一种恰当的定位与认识。

漆：这也就是新的诠释和新的创造。

成：对人的新认识就是新的诠释，只有这样才能使人内在的发展力量得到更好的表达，才能博思于人，兼善天下，这是我的宏愿。就此而言，从我们所了解的中国哲学的历史根源和发展体系来看，它内在的结构，它所具有的一种标志性的精神，一种基本的气质，和西方对比之后，便显示出它的宽度和深度。这样我们就知道发展的方向了——我们一方面是接着讲，另一方面也要开放地讲、超出地讲，应该在进一步了解中国哲学之后，给它一个新的形象、一个新的形式，所以这样的发展是非常重要的。而这个发展和西方有什么关系呢？

如前所说，中国的语言本身具有相当大的开发幅度，这里我强调的是它能够吸收而产生新的知识。中国的语言是一种本体性语言，它具有非常丰富的意涵和实现的可能性。这个语言可以使它去表达中国的传统意涵，同时它也在学习，在不断地吸收外来的新的知识。日本的语言就能接受很多外来语，把它们变成自己的名词。汉语同样也总能在理解外来语词精神的基础上，把它变成具有新的含义的中国语词。

漆：这就说明了中国的语言在包容之后又创新了，产生了新的内容，而这才是真正的融合。

成：对。就是把外面的东西拿进来，给它一个新的面貌，同时也重视这个外面的东西。

漆：用我的话说就是涵容同化能力特别强，它将外来的词语拿来之后变成自己的一部分，又赋予新的含义。

成：如果说"同化"可能还不特别准确，有些人并不会很同意，应该说它的诠释性很强。这意味着它能够把别人吸纳进来，同时它也通过吸收别人，使自己的眼光扩大了。

漆：成先生，我用一个词概括您刚才说的一番话，您这套本体诠释学就是"知本诠新"。因为中国哲学的发展，要回到自己的本来，知道它的根源、它的结构、它的特征以及它的精神，特别是它活生生的生命，这需要知道中国哲学的本。能知本，今天又通过诠释产生新的面貌，叫知本诠新。我用了这个词来概括您说的这番话。

成：你说得很好。首先就是大家要了解中国语言包含的可能性，它在经验的基础上，经过我们学习的过程，展示一种强大的诠释能力，这个很重要。但我要补充的是，我们可以把西方的东西更大程度纳入到中国的系统里，用中国最简约的文字来表达，这是我的一个特点，这是从西方学来的。我发现中国的本体可以把西方人重视分析、衍生、论证的特点纳入其中，从而扩展中国诠释西理的能力。虽然这样的文字在中国人看来有些深奥、晦涩，但这个问题是可以解决的，因为有些深奥和晦涩是由于还没有完全将东西方的内容完全定位好、融合好而造成的。经过一段时间的消化之后，这些外来的东西都是可以说得很圆融的。我们也不要将它纳入我们原始的范畴里面，因为我们可以从我们的原始范畴中衍生出新的范畴，这就是潜质性的重要作用。当然我们也不妨按中国古老的方式将之简约化，这对中国人来讲是很重要的。但我强调的是，与此同时我们还可以把它演绎地展开，从而给西方哲学一个体的内涵。这就是为什么我认为中国的佛学很重要，因为中国的佛学是在演绎西方之体，它不是简单地纳入文字。

漆：佛学的发展是创造性的，而非简单的拿来主义，因为它毕竟使用的是中国语言，表达的是中国精神。

成：对。不能简单地说拿进来，送出去。

漆：是拿来以后进行消化了，消化之后又加入了中国的理解和精神，变成新的东西。

成：对。实际上，这就是诠释的过程。

漆：您刚才提到了佛学，在我看来，它的中国化的过程大约经历了一千年的时间。中国的佛教从汉代开始传入，到宋代就彻底地把它消化掉了。消化掉了之后，不仅继承了，还发展出一套连印度都没有的体系，把佛学发展得那么精致、圆融，使它在中国圆融化了。

成：比如《华严经》讲了很多佛的最高境界，但它的丰富性和连贯性还是中国人发展而来的。因为印度佛学的体系很铺张，形象的东西很多，中国人反而将它条理化了，反而显示了一种逻辑思维。中国是内在的逻辑思维，这一点我觉得没什么问题。甚至我相信，现在要解释一个科学宇宙论，中国人仍然可以实现。

漆：您说的是咱们借助中国的语言和内在逻辑系统来翻译霍金的理论。

成：对，我觉得我们也可以把它说得很有趣味。

漆：甚至能说得更成熟更圆融。

成：过去有一种错误，认为中国的语言没有逻辑和抽象性，不适合研究哲学。我认为这是错误的。中国的语言同样具有逻辑性和抽象性，只是它的抽象性和具体性不一定分开，它的逻辑性也不一定与形象相分离。我要强调的是，这两个层次可以分开，但是它们之间有一种内在的关联，中国的语言有这样的功能，可以把这种内在的关联表达出来。那么以英文为代表的西方语言能否把中国这些很细微的内容表达出来？我认为这倒是一个大问题，是一个逻辑的问题。因为西方走的是二元分离的路，这从内在逻辑的角度就很难把它统一起来。所以中国人看西方语言是分析性的，缺乏统合的能力，不能融为一体。但对此我只能点到为止，还需要经过更深刻的探讨来确定中西的差别，刚才只是从本体学说明这一点。

再比如说禅宗。禅宗拥有五六百年的禅师语录，禅师语录表现出的是一种对无限的认识或者说一种体悟，这一点可以说在很多地方是没有的。

漆：我认为，禅学用两个词来说是生机勃勃、气象万千。它后来确实发展得生龙活虎。

成：你总结得很好，生机勃勃凸显了中国语言的气韵，中国的语言往往有画龙点睛的妙用，别的语言多是画了龙，但眼睛在什么地方？看不到。

漆：用《文心雕龙》的话来说就是"羚羊挂角，无迹可寻"，就是说找它们还找不到，最后在这样一个气韵生动的语言中却能感觉到，这就是中国语言的魅力。

四 基于本体诠释的学科整合

漆：成先生，我刚才听了您对中国哲学精神的描绘和知本诠新的思想，我觉得很有新意。因为中国语言就像您说的，形象和抽象是不分的，这一特点在《周易》中体现得很明显。我感觉西方人好像不太容易理解《周易》，因为他们不太能理解其中的阴阳既能相互转化又是一体的关系，也就是说二者是相互会通、相互包容的关系。类似的思想在印度还有一些，但是在西方无论是犹太还是后来的古希腊和古罗马，它们都没发展出一套能说明生动活泼的宇宙本体的东西。这就使得它虽然有辩证法，强调对话，但它的辩证法就是一个逻辑的、推演的、抽象思维的辩证法。中国用来表示变化发展的则是会意，像《周易》中的卦爻符号就是代表天地人三才。中国人强调"得意忘言"，通过卦爻符号就能直观把握宇宙的图式，这使得中国的语言能够表达出中国人对宇宙人生的一种生命性表达。生命是整体的，生机勃勃的又是相互转化的，这样一些意思恰恰是西方的语言和哲学中被遮蔽的东西。

成： 诠释学很重要。因为在我们的本体诠释学中包含着我们自己语言的内涵以及我们对世界的认识，这种认识是在对宇宙新的体察当中产生的，它可以将我们丰富的语言意义充实起来，也就是把它带动起来。因为中国的语言是一个开放的语言，所谓开放，就是对新的意义和新的所指的开放。在这个意义上讲，中国哲学里的人能够对一个现成的，甚至是当前的宇宙过程有所体悟。我说的这个当前，讲的是中国哲学并不是简单地强调当下的认识而已。当下是很重要的，但当下又和时间性连在一起，这个当下性是融合了对过去的积淀，能产生一种内涵。而人的可贵之处就在于其存在意识包括过去、现在和未来三个部分，是一个动态的整体，有一种总体的生命定位和定向。

我们现在提到了人的整体生命，这说明我们知道什么是一个最完整、最具有包容性的生命过程，这一点我想也许是人和天地之间的最密切的关系。因为我们的天地是温和的，是允许生命不断发展的，因而这样一种整体的、动态性的世界意识是很重要的，因为这样才能产生本体学。本体学使得我们的知识具有辩证发展性，而我们的伦理也不只是死板的教条与规定，而是一种对人的行为能力的认定以及对这种行为能力的具体的偏向，也可以说它具有一种价值规律。我们在诠释一个东西时，是包含了相应的认知过程以及对这个东西的本质的理解，因而诠释学是建筑在我们对世界的理解之上。这就意味着，本体诠释是在本体学的基础上发展起来的，本体诠释包括有关宇宙的整体知识，对自身的认识，以及在这个基础上面的打通物我的价值认识。这样就可以产生我说的一些本体价值学、本体关系学，以及本体美学。本体学本身具有很丰富的内涵，这赋予了本体不断发生的可能，同样使得本体具有一种学习、融合的性质。

这样我们就看到了中国哲学的一个重要的发展方向应该是体现在一种学科分类的基础上。我可以这样说，本体学并不妨碍现象的分解，现象学本身分解之后就产生"物以类聚，人以群分"的分科学问。也许就客观事物来说，或就主观的反思来说，我们是可以进行某种分类，可以有物理学，也可以有化学，而且物理学与化学之间确实是具有差别。但我们今天所说物理化学以及其他学科同时还是相互联系的，因为它还是交互或者是一个连锁的现象。我们要知道，事情的存在具有关联性和发展性。同时我们也能看到一种差别的存在，从无机物到有机物，再到生命的存在，精神的存在。这样的话，我们可以看到物理学、化学和生命科学的差异，生命科学和生理科学的差异。我的本体学并不否定多元的发展，也不否定现代科学所说的分门别类的科学知识。

漆： 那是一个学问精细化的发展，但不能忽视您所说的本体，最终还要回到这个本体。

成： 可能科学家在分系统当中不谈论这个东西，他就搞他的专门科学，就在科学里面找它的分类定义。因为科学是定义好的一套现象，他们就去找那个现象的一些所谓本质性的规律或者性质。所以，化学家和物理学家不一样，物理学家又和生物学家不一样，生物学家又和经济学家不一样，也就是说，他们完全在各自的层次里面，并没有整体的动态性的关系。本体学则要对这些科学加以整合，使得这些具体科学的体获得一个整合性的根源。再进一步来说，我们通过整合之体，整合的根源可以进一步与分门别类的科学建立一种关系。这并不是说把它统一成为不分彼此的东西，而是要找寻它们之间的某种关系，让他们能打通，产生一种良性的互动，能产生一种时空中的关联。事实上，这样更有利于我们的发展，更有利于个人的存在，同时也能够更好地创造出我们在科学知识基础上的一种应用的可能。我们的应用不是只考虑这个科学的具体规律，而是考虑这个规律背后还有一个整体的规律。

漆： 我刚才从您以本体学的角度对现代学科的分化、专门化和精细化的发展的分析中得出了一个非常好的启示，就是我们的科学可以也应该往专门化、精细化的方向发展，但不能忽视它们之间共同的基础，就是本体。我觉得可以探讨一个问题，就是那些大科学家，像牛顿也好，爱因斯坦也好，他们往往具有某种植根于宇宙的本体论，或者说他们有宇宙哲学。像爱因斯坦要建立宇宙宗教，他有这样一种气势恢宏的宇宙论作为科学的基础与根基，所以他能产生一些比较大的理论创新。而现代的科学则是非常精细的，是专门化的，互相之间不了解，甚至不少人就只是在某个学科下面的某个具体领域中搞了一点成绩，比如研究物理学中某个具体的方面。这样，他并不知道整体上的物理学、化学究竟为何物，那么他就很难把自然科学和人文科学，把整个天文、人文相打通。您刚才的分析就是揭示的这个意思，即无论是自然科学还是社会科学的发展，都是为一个新的融合与会通奠定一个本体论的基础。

成： 你说得很对。我们要在天文、地理、人文与科学之间建立一种融通的观念，在一级学科的整合里面建立一个最原级的基础。一级学科已经分解了，它是怎么分的，要知道这个背后的理由和原理。

漆：这是使它的分化获得可能的根据。

成：这个要认清楚，所以我说本体学不脱离现象，也不脱离科学。我强调的是，本体不离现象、不离科学，也就是不离知识，所以本体学可以发挥它的大用，因为它是经过本体知、用、行的内在规律来实现我们对本体的知识化所产生的一种可以用的基础性的认识。

漆：您刚才对本体学的立场和价值意义给出了一个很清晰的界定，特别是您的本体诠释学把诠释学发展得已经比较充分了。后来您在这个基础上又搞出了本体伦理学和本体管理哲学，现在您又要发展本体美学。那么，您的这些体系为什么都要从本体诠释学出发，我感觉它只是您本体学里一个重要的组成部分。我之所以提出这个问题，是因为我觉得以后要概括您的体系时不能用本体诠释学来概括，而应该是本体学来概括。为什么您当时主要是考虑发展本体诠释学，后来才发展伦理学、管理学和美学？这是我要问的第一个问题。同时请您说一说本体诠释学、伦理学、管理学、本体美学，也就是本体学下面几个大的分支学科之间的内在关系。

成：因为西方哲学非常重视知识，所谓理性的论证就是认识世界。但我发现认知事实上是比较片面的，它只强调一种部分、结构、规则，缺乏一种整体感。我们一般的认知往往只限定在某一种自觉上，可能我们会花费很多时间谈我是怎么知道某种事物的，这一点我在我的博士论文也涉及了。例如，当我要认识竹子的时候，我就要对一棵竹子从形状、大小、颜色等方面去认识，我需要说明我是怎么从感官经验出发，确证它是一个竹子的。哲学在这方面常常纠缠不清，说不清楚，这就使得知识往往就成了单纯的现象描述了，也就是只有感官，而没有论述。但论述还必须要考虑限定理性，限定理性是什么，就是自身创造概念的能力。因此我认为，我们对这个世界的了解应该是我们对于世界认识的再认识，而前者是包含在我们的语言当中的。

其实这个诠释在开始的时候是更为人文的，更加偏向于人的生活世界的，有着更精密哲学的意义。比如说我们诠释《圣经》，诠释《庄子》，诠释《周易》，其实它已经是人类认识世界的具体产物了，而我们现在要做的是对这个认识的产品进行新的认识，把它和本体学结合起来。我只有借助于本体学给我的框架，以最初的经验，例如感觉经验、思维经验、学习经验和管理经验为基础，才能使我的认识更具有活动性。哲学一方面强调一种合理的偏见，另一方面又重视既有的传统。我们常常需要用一些传统的概念来说明某件事的意义，我允许我们有一种自由幅度的比较，在综合过程中选择我们已有的概念来符合我的本体的要求，来诠释这个事件，所以这个诠释对语言本身的意义掌握得很准确。这个诠释是以自我去诠释世界，就像我注六经，我心就是宇宙，我掌握多少东西，就能在多大程度上认识这个宇宙。假如我的心很丰富，很阔大，大形而化之，我对宇宙的认识就更大，这就是诠释圆环。因为我发现所谓的诠释圆环就是人跟事物、主体和客体、内跟外之间的交互信息。也许我的内心与宇宙是贯通的，心中本来无一物，因而我看这个世界能够完全地呈现在我的面前，好像我和它完全融为一体，这就是美学了。美学是我把世界当成我自己身体的一部分，我要对这个世界负责任，这棵树，这个竹子就是我，我要对它负责任，这就是本体伦理学。本体伦理学和本体美学都是从这个意义上去讲的。

漆： 成先生，这种理解是不是可以进一步发展到本体宗教学领域？咱们谈到信仰，这正好是把我们的生命和本体的生命当成一个整体，这是一种生命的博爱。

成： 你说得非常对，我同意你的说法。我既能把自己当成世界，又能把世界当成我，也就是能够把两者融为一体。但是我要在天地之中，在一体中消除内在的矛盾，我要建立一种坚定的信念，这个信念是基于我内外交融的知性的认识上。

漆： 其实就是本体信仰学。

成： 但你要注意，信仰并非盲信。我认为宗教有两个层次，一个是大众的宗教，一个是智者的宗教。智者把本体作为行为的基础，它能产生一种信念。

漆： 我注意到您是在研究西方的以分析为主的方法论传统之后发现诠释学的，当然您也结合整个西方的诠释传统，以及中国自身的诠释传统，所以我觉得您给哲学史赋予了全新的含义。同时，您用这种诠释学扩大了本体学，反过来，本体学的意识又扩充了诠释学的内涵，让它真正地突破了方法论的范畴，而具有了本体的意义。所以，本体学和诠释学这两者相结合以后，就既是基本的宇宙论，也是重要的方法论，还是对真善美的追求。这样，人类的价值的各个核心领域在您的本体诠释学中找到了对应者：诠释学对真加以说明，伦理学对善进行分析，美学对美加以解释，本体宗教学或本体心性论则追求终极信仰。而这些方面都有共同的体，那就是本体，就是中国人对于宇宙人生的终极体验。这个体验是有根本的，不是一般的经验，这是对宇宙本身所蕴含的天命、天道，以及人在宇宙中的地位、使命和身份意义的体验，它是体认和经验合在一起的一种认识。您的体系是由诠释学返到本体学，又从本体学开显出诠释学，进而在本体学这样一个大的视野中发展出伦理学、管理学、美学等学科，进而建立一套知本诠新的哲学体系。

成：你理解得非常有道理，我觉得你对我的理解最为深刻，尤其是你能够用简洁的语言加以概括说明。我所强调的就是你刚才说的从本体的体验和认识来掌握诠释的资源的这样一种能力，这就是借助对本体的直觉，通过诠释的活动来充实本体内涵的过程。本体和诠释是唇齿相依的关系，因此这也叫做本体诠释的圆环和回馈。

五 本体诠释学与人生境界的提升

漆：如果我把您的这些思想放在中国哲学史的传统上看，您的本体诠释学，包括刚才说的基于本体学而产生的本体伦理学、本体美学等一系列衍生的学科，在现代语境中也就是中西方哲学交汇的背景下，实际上是进一步发展了中国哲学中体用不二的思想。这里的体在本体学上说，就是发展本体知用行，这大大丰富了传统本体思想的内涵。本体学既是体之学，又是包括伦理、管理、美学等的用之学，因为体要落实在具体事物之中，要在社会中展现出来，因而它需要有对真善美的追求。所以本体学是对中国传统体用之学的进一步拓展和创新。通过阅读您的《易学本体论》，再结合我自己也对中国的阴阳关系进行了一些研究，我感觉您所说的一就是统一性，所指的就是那个本体，而多就是分科的多样性。这里的统一性与多样性的关系与体用关系是相对应的，因而体要通过用展开，则必然展现为丰富的多样性，不然没有办法用。那么，对于体用的关系，我的概括叫"不一不二"。不二是体，是一，从用上讲不是一，因为不一就是多样，而从体用来说就是不一不二的体用法门，因此我觉得您的学问是对传统体用之学的拓展和创新。同时，您的学问也是基于《周易》，基于阴阳间既相互对立又相互转化的关系，同时还是对本末、心性、道器、理气等传统哲学概念的新的理解。

另外，我觉得您的哲学确实是受益于《周易》。您通过对《周易》的体认，扩大了您自身的哲学生命，以这样一种阔大的哲学生命观再看西方哲学和中国哲学，就获得了全新的感受。但我同样觉得，我们也不能把《周易》神化。《周易》反映的是中国古人对生命、对天地人三才之关系的理解，这显然是非常有价值的。但如果站在今天来看，从人类生命活生生的展现过程上看，《周易》缺少和西方的交流以及佛学的交流。那么我们今天研究并发挥《周易》的背景是什么呢？是在儒道释这样一个交融的背景下，是在中学、西学以及印度等思想流派互相激荡的背景下，更是在科学思想冲击的背景下，在这样一系列的背景中，再来挖掘《周易》所蕴藏的对生命的理解和观感的方法。也就是说，您今天的观感可能是《周易》中有的，但是它不清晰，它没有那么大的一个格局，因为像文王、武王、周公并没有这样的认识，所以我们既不能神化易学，同时我们也要尊重它。这样一个起点是中华先民的智慧的积淀，只不过借圣人之手把这个民族智慧的积淀生成了文字，因而我们对《周易》的尊重也是对中华民族几千年祖先智慧的一种尊重。但那个智慧需要不断发展，我认为本体诠释学以及本体学的体系，已经是对传统的《周易》的超越和发展。因而我读了您的文章，包括了解了您现在对本体学的认识之后，我觉得它里面具有深刻的时代含义，而且是一个不断在发展创新的东西。传统形态的中国哲学缺少什么呢？缺少西方的解释学，以及分析性的思想。我们不能说它没理性，但它的分析理性不足，这就是我们今天的判教。

在当今这个时代，我们如果不能体认西方的文化，不能掌握西方的科学精神和人文精神，显然是不足取的。但是现在我们发现了西方的科学思维中所蕴藏的问题，即对于本体的忽视，所以我们要纠正西方比较狭义的科学主义。拿理性来说，我最近写了一篇文章，就是在讨论西方的理性中缺少包容的化解，而在中国的文化中是富有包容精神的。这种包容精神不同于西方的分析性精神，它同样也是一种会通理性与转化创生的理性。通过这个包容的理性，我们能回到对于本体的体认之中。

我写的这篇文章，就是关于包容理性的价值观。我认为中国文化有着源远流长的包容的价值理性，它会为中国乃至世界提供好的价值框架。在今天这样一个时代，各种价值观都摆在我们面前，我们要分清主次，且要有所取舍，这是价值的清理和批判。目前我觉得有几种价值是很值得肯定的，一是中国传统文化的价值观，特别是《周易》所代表的和谐中道的价值观，尽管今天中国已经认识到了和谐社会、和谐世界的价值，但发挥不足。二是马克思主义的价值观。但是我觉得这两者的关系现在还没有处理好。就像我们的佛学，我们通过自身的文化将佛学涵融同化之后，构成了我们的文化传统。我们需要通过本体学的阐发，实现伽达默尔所说的"视界的融合"，真正做到马克思主义和中国传统文化的有机结合。

成：你说得非常好。我认为我们可以整理一下，就本体学和本体诠释学多写文章，让大家了解本体学的重要性。的确，我只是把《周易》作为一个分析的起点，我这里的观不是原始的观，感也不是原始的感。今天中国文化已经具有更深的内涵，而我们强调中国哲学的意义，就是要凸显它所具有的包容的能力，圆融会通的能力，但它还需要掌握西方哲学的特点和优点，另外也要强调科学的重要性，这样才能使本体学以及中国哲学获得新的发展空间。因此，我反复强调，本体学离不开现象学，也离不开科学知识，更离不开日用平常之事。它从知识的角度讲，代表着一种对于世界的更为圆融的诠释能力，以及一种对历史发展的更为深刻的理解，同时对我们的审美能力和价值观给予了更为深度的整合。

漆：这就是您的本体美学。

成：对。进一步讲，本体学还涉及对政治管理的认识，以及在本体诠释学基础上把本体学用在人类的各种行为当中。我一直相信人类整体与部分之间有一个重要的支撑，有生命本体，有心灵本体，有理性本体。理性本体是心灵本体的一部分，心灵本体是生命本体的一部分，生命本体是宇宙本体的一部分。面对这样的本体，从认识的角度说，人们一定要有一个最重要的知性理解的阶段，人们不仅需要认识这个世界，而且要理解他人及历史。

人是不是只观察宇宙就够了？显然是不够的。他观察了宇宙就会想到我在这其中占据怎样的位置，我能够做什么，我有什么价值，我怎么和他人建立关系，我对其他人能做什么，会产生这样的问题。人从本体本身来说，他永远要扩大、要发展他自己，要实现他自己。这并不是说他要统治一切，要占有一切，而是说他有一个和外在世界建立某些关联来实现他自己的能力，我觉得这是我们对人的本质应当形成的了解。人类根植于本体的存在意识促使他要找寻根源，要不断地发展他的潜能，实现他的整体价值，来达到和万物相联系。在这个意义上讲，你会发现美学是非常重要的。

同样，知识也很重要，因为它构成了行为的基础，同样也是人和人建立关系的基础。只有知道对方，我才知道怎么和对方建立一种关系，因为这个知识会支配我的行为，所以我认为中国其实从本体层面就涉及了天人关系的问题。我写的一篇文章就是关于天人合一和知行合一的内在关联，人类的知识本身就具有一种实践性，实践的基础动因也来自于对世界的了解，知识还指一种意识，我们说的知识不是完全抽象的、与主体无关的知识，那只是非常抽象的一种所谓对象化的概念。

漆： 严格地讲离开人就没有什么知识。

成： 知识不只是针对外在，也是针对自我的，更是针对自我和外在的联系，并且它是通过行为的方式、实践的方式来实现的。知识的目的是为了理解，理解的目的是为了实现。本体学的关键就是说知识不是对象性的，而是把知识作为一种观感的呈现，它本身就具有一种价值性，能够使我产生对它的一种了解。知识一定是具有动力的，我知道这个是因为我想知道，这个想知道就促使我去认识。同时有知识也会产生一种安定性，一种满足性，但不是所有的知识都这样，比如看到危险我当然会逃掉，有些知识你看到之后会让你流连忘返。知识是支撑这个世界的观感状态，它就是一种对情感的接受和体认，它能够带来一种存在的快乐和满足。这种知识认知的状态我就叫做美感。

漆： 成先生，您的本体美学是不是可以这样概括一下，即它是人的生命存在的升华，也是人的心灵和情感的满足与实现，它是人与万物或人与世界本身基于生命一体的交融和共鸣。所以当我们看到某些事物的时候我们为什么产生崇高或优美的感情？产生各种各样的审美体验？就是因为我们的生命和宇宙的生命具有一体性，这样我的生命就产生了像庄子说的"与天和、与地和、与人和"的状态。与天和谓之天乐，与人和谓之人乐，因而人乐来自自然的天乐。所以，这种观感是基于生命的通达和心灵的契合，而审美的体验我理解成心灵和自然本身的契合与共鸣感受。

成： 你也可以这样说，但我认为美学最主要的就是它是宇宙本体的呈现，是心灵对宇宙本体的体认与体验，从而产生一种交融，达到以它为我，以我为它的状态。这里有一个特点，就是美或审美的过程既是我认识这个世界的形式，也是认识之后产生的情感共鸣，因而有一种直接的喜悦，这是本体最原始的存在方式。设想一下，你在春天的早上感受到鸟语花香，看到花的艳丽的色彩，这一过程是不是一种精神的享受？所以美感是一种来自于存在的享有。

美感也包含着我们对宇宙所带来的价值的享受。你刚才提到崇高的情感，在我看来，这些崇高或伟大的情感，不是单靠大川大河大山就能产生的。换句话说，这个东西不是每个人都能体认到的，而是要经过一个深度的文化反映，需要一种更深层的本体意识，感受到它能提升我，让我内在的可能性得以扩大，通过想象或者通过一种质感来唤醒我的内在精神。同时我也认为有一种存在的喜悦，这个也是不错的。这样我就对宇宙之"美"有更进一步的了解，进而会产生一种审美的愉悦，这是更深层的，就是体会到天地之大、万物之美，并且具有包容万物的心态和修养。这样的人看万事万物都很美，不只是认为万物自得，而且还有悲天悯人之感。这相当于孔子说的六十而耳顺，甚至到了七十从心所欲的境界。这是一种对生命本体的内涵的可能性发展的认知，它能够产生一种最高的喜悦，也许能在禅的布道里面，在智者深刻的反思里面得以实现。这一点被认为是一种深度的美、本体的美，它使得美从一种有关于现实生命的喜悦，扩大到一种精神性的喜悦，最终发展为一种更宏大的本体的喜悦。

漆： 您前面谈到的诠释学、伦理学、管理学、美学，在这些内容中，我觉得诠释学是知识论的部分，伦理学则是求善的部分，这是按传统的划分。其实对本体的观感和体悟，最后都要开显为人生论，即都是谈对生命的开启，一种彰显意义和价值的诠释。最后想请您结合您个人多年学习哲学的经历和体会，简单谈一下您得出了一种什么样的让您受用的人生观和生命观？因为这一点会启发很多人。当我了解了本体学与诠释学，最后要落实到生命当中，对生命价值有所开显，有所发明。那么我想您一生学习哲学、体悟本体、创造价值的丰富经历和感悟，会给我们带来您对于人生观的诸多启迪。

成： 人生观让我们能够更深刻地了解自身，了解自己的本体，它会让我体会到我的生命本体和宇宙本体有一种贯通性，一种启发性。透过自我本体的思考和体验，我会发现我的本体内涵也包括他人，这使得世界对我来说并不是完全陌生而不相干的，而是相干而又亲切的，这是很重要的。如何使人接受这个世界，同时让世界更接受你，这就需要通过本体的贯穿与汇合。通过本体，你觉得世界对你是开放的，世界和你的心灵是一体的，这样你就不会对世界产生一种负面的认识，一种失望的认识，而是能够保持一种比较乐观的态度。这是我的本体学给我带来的一种乐观精神，其原因在于我能接受世界，世界也能接受我，即我能看到世界和我之间生命的联系，也能看到各种可能性的存在。但另外一方面，由于很多现实的限制，很多人的人生都有不完美之处，也会有很多不可抗拒的遭遇，这造成人生的很多缺陷和遗憾。对于这一切，我想人的本体中包含一种悲悯、关爱的能力，这是非常重要的。所以，人应该在力所能及的范围内更好地帮助他人，因为帮助他人也是实现自己的过程。也就是说你自己要成为一个整体的自我，首先就要做到无愧于天地、无憾于自我的发展。而由于他人以及外部的世界都在这个宇宙本体之中，而宇宙本体与你的本体是相贯通的，即"宇宙即吾心，吾心即宇宙"，所以你应当去帮助他人、关怀他人，基于你的责任做你能做的有意义的事，这些对生命本身来说都是一种充分的价值，都是在彰显本体的意义。从这个角度来讲，我想我是更能去追求人生的意义与价值的。所以我常常说生命不息，追求不止。我不因为自己有缺陷、有限制而放弃去做有价值的事情。相反，我常常要求自己锲而不舍地去做，来达到一种精神。当然这也是一种自我圆融、自我圆满的美学状态。

刚才你问到宗教信仰的问题，我想如果你能接受世界，同时世界也认为你是其中的一个重要的参与者的话，实质上基于内在又超越了，就具有一种积极的心态。而这种心态实际上就是宗教信仰应该让人达到的境界。本体学及本体美学强调尊重并肯定他人，要求在自我完成的同时，通过自己向世界的开放，通过践行合乎价值的行为，产生了一种塑造并成就自己的力量。这样就形成一种典型，这种典型可以讲具有宇宙性的价值。人的存在是多元的，既是经验的，也是理性的，既是直觉的，也是想象的，所以是创造的总体。人的认识应该认识到自身的这种丰富性，从而能实现自我化成，达到一种创造性展开，从而为创建一个美好的生活世界尽了自己的责任。

漆： 从美学的角度来说，"吾心便是宇宙"，这意味着我们具有一种直接会通的意识；而从伦理学的方面来看，就是我要对这个世界乃至这个宇宙负责任，是一种道德的意识。我能深切地感觉到，您的本体学与本体诠释学最终都落实在人生观上。从您的诠释学来说，就是世界在我心中，我要认识这个世界，我要观察它；从本体学来说，就是我和世界同在，我要包容这个世界。这体现了世界之体也是我的体，这是一种很博大的宇宙观，也是一种博大的人生观。因为中国人认为宇宙人生是一体的，所以我觉得您的本体学的整个体系是这样一种人生观：从道家来说就是万物一体、道法自然的人生智慧；从儒家来说就是天人合德、中正和谐的人生智慧；从佛家的角度说就是悲智双用、觉悟解脱的人生智慧；从《周易》来说，就是乾坤大化的精神，就是自强不息、厚德载物的智慧。这其实是一种返本创生的生命观与人生观。我觉得成先生您的哲学可以用两句话来概括，就是"两眼观中西文化，一心创本体哲学"。其实我现在感觉到，成先生不光是创造了本体诠释学，倒过来说应该是创建了创造性的诠释性的本体学。您的本体学是创造性地综合了各种资源，同时您的本体又具有诠释的能力，您把本体学的整个架构、精神开显出来了，不是本体诠释学，我感觉更多的是创造性、诠释性的本体学，是您哲学的主体内容。

感谢成先生接受我的访谈，我学到了很多本体性的智慧，获得了对人的本体存在的本慧，可谓受益良多。用佛家的话说，这是"共命慧，圆融智"的过程。人都有生命，人同此心，我们都有可能通过自身的修炼、学习、交融，感悟到这样一种本体性的大生命，我感觉本体学不但能启发我们中国哲学进一步发展，同时对中国社会文化的建设也将起到非常积极的、基础性的作用。进一步，它对整个中国哲学界的同人，特别是对青年的学者起到非常大的影响。这种积极的、正面性的影响，会端正中国哲学发展的态度，从而促进今后的中国哲学向更加蓬勃向上、生机勃勃的方向发展。我相信，成先生开创出来的本体学，必将随着中国的崛起和中国文化的复兴而得到它应有的发展，而且这个生命是全新的。

成：本体学不只是因为中国的发展而得到更好的发展，而是它是构成中国哲学、中国文化发展的一个根本条件。中国的复兴需要以这个做基础，所以我必须强调这一点。正因为这个发展是基于本体学的自觉或不自觉的应用，所以这种发展才是具有持续性和生命力的。注意，不是本体学靠中国发展而发展，而是本体学本身就是中国发展的条件。所以我的两个结论就是：第一，本体学以及由本体而形成的理解世界的能力，或学习他者的诠释能力是中国兴起的必要条件和根本动力；第二，本体学就是构成今天中国人做人的基本准则的依据，也就是你说的根本意义的人生观。

附录　文化会通与中国哲学的慧命

中西马的文化会通与中国哲学的发展

成中英

关于中西马文化会通的问题，首先我要界定这里所讲的"中西马"的概念：中，不只是中国哲学、中国文化，也可以是中国的历史与中国社会，此处主要指的是中国哲学与基于中国哲学的中国核心价值；西，可以说是西方哲学、西方文化，或者西方历史与西方社会，此处主要指的是西方哲学与基于西方哲学发展出来的西方文化的核心价值；马，主要指的是马克思主义与马克思的社会哲学。我们要讲的中西马不是抽象地当作中西马哲学来看待，因为哲学是我们生活世界里面的一种理想陈述，它既是一个自我认识，又是一个追求的方向，代表了一个深度的文化形态和一种心灵追求的价值形态。

（一）如何理解我们的时代

任何一种哲学都会有一个根本的起点，它源于人们对于所生活的时代的现象或问题感兴趣而产生的好奇。但是当我们开始思考之后，往往忘记了这个现象和现实，忘记了哲学思考的起点。这是一个很值得注意的问题，即哲学往往会离开现实。在我看来，马克思主义哲学的精神就在于呼唤人们正视现实，在思考问题时不要忘记现实。马克思在他生活的那个时代感觉到了资本主义的发展所带来的压迫感，这种压迫感要求马克思必须要面对资本主义的现实发展，去研究资本主义的未来走向，并探讨如何采取一种合适的规范来评价当时资本主义的行为。所以马克思在《关于费尔巴哈的提纲》中的最后一句话十分重要，即"哲学家们都是以不同的方式在解释世界，而问题在于改变世界"。因此，人的作用很重要，而人在面对现实，对现实了解之后所能采取的行为则尤为重要。

那么，我们的时代是一个怎样的时代呢？我用两个基本的概念——"后现代"和"后后现代"来说明。我们生活在后现代社会中，但是单纯一个后现代恐怕不足以说明现实，也许我们更是一个"后后现代"的社会。现代代表理性的系统，而后现代则代表对理性的批判——多数时候这种批判是非理性的。但批判之后怎么办？是回到一种无序的状态，还是只是重视个体，顺其自然，这变成了一个重大的问题。人们在批判现代之后，产生了后现代的自由或自然，但这还是不能解决问题，因而我们仍需要掌握现实。这样，新生成的现实路线就会更广阔，就更能够去融合一些差异并在差异中找寻可能的沟通渠道，或者至少能够产生一种平衡的关系。对于今天而言，后现代所造成的差异还在发展之中，但是显然人们不会任由这个差异一直发展下去，而是要寻求一种平衡，在平衡中找到一种融通，最后也许能创造出一种新的持续性发展模式。这是一个基本的潮流，这种潮流可以称为全球化，所以后现代、后后现代所表达的就是一个全球化的时代。

在这里我想说的是怎么能把时间概念和空间概念融合在一起。我采用了一个比较抽象的说法：时间代表空间，时间创造空间。空间是时间创造出来的，而时间是一种力量，一种发展的力量。从科学哲学的角度来看，我认为若用一种能量来说明时间的话，那么时间就是一种具有高速的、变化的光（相似的是，黑格尔似乎也用过光来表达时间的概念，而中国人也说时光）。时间通过光产生物质世界，产生空间，这是一个很重要的认识。在这个意义上讲，复杂的时间变化产生了一种全球化的意识。这是我们的一种现状。

那么我们再追问：什么是全球化？这也是一个很重要的问题。我认为全球化后还有一个后全球化的时代。全球化是一种理性主义的理想，而我们是否可以达成全球完全的平衡，实现一种融通，是否能做到天下一家？显然不尽然，因为全球化毕竟还只是一个理想。后全球化就是在全球化的框架里产生了新的矛盾和冲突，因而我们必须要面对并解决这些新的矛盾和冲突，建立新的权力中心。在这个过程中我们也许会发现一个新的全球化的框架，但后全球化的力量总是要打破这个现实的格局，重化或重组板块。这可能是目前的处境。

这就好像最近在西方世界中发生的一系列的危机，如金融危机、恐怖主义等，它就意味着我们在这个全球化的过程中正在不断面临新的矛盾，因而我们需要去寻找新的框架来加以解决。现在这种全球性的金融危机，是不是国际资本主义在极端发展中所产生出的一种自我伤害行为？我觉得就是如此，而且这一点在美国体现得很清楚。在政治权力方面，国际关系日趋复杂，它体现的就是一种从殖民主义走向后殖民主义的变化，如欧洲与非洲的关系或者中国与美国的关系都发生了一些变化。有人认为全球化其实就是后殖民主义的发展。殖民主义是通过压迫来把自己的意志和体系加在别国身上，从中取得利益。这会使自己得到一时的满足，但会带来矛盾。例如德国的一部分人就很不愿意一些非德国人在德国生存，由此产生了新纳粹主义：他们反对土耳其人在德国定居。当初德国是依靠很多土耳其移民在搞建设，而现在土耳其人则是德国的负担，后者必须面对之。法国也一样，由于当年的殖民带来的一些外来人口，现在在法国国内造成了各种冲突。

怎么处理因为殖民政策带来的问题？如何面对它造成的困难？我想这不仅是全球化而且也是后全球化要面临的时代问题。后全球化产生于全球化的框架和理想下，全球化本身就有自己的困难和问题，而由此衍生的后全球化就不可避免有更多困难和问题。而我认为，要解决这些困难和问题的关键在于不同的社会因素如何加以融合与平衡。

（二）中西马哲学会通的必要性

在这样的时代背景之下，我们怎么来理解中国哲学与西方哲学、中国文化与西方文化和马克思主义的关系，这是一个重要的历史的问题，也成为一个重要的理论问题。对此，我认为我们需要先从历史的角度，再从理论的角度来观察。

首先必须确认，这个时代，我们必须面对的现实就是怎样去调解和解决冲突和矛盾，而这个冲突矛盾由差异而产生。人类的群体如社会与国家都会不断地异化，而我们的问题是怎样使这种异化变成一个有用的工具，或者使异化变为一个达到更高目的的台阶和阶梯，而不是要取消这种异化。这就像人与人的关系，要从不了解到了解再经过一个冲突的阶段到更高了解的过程，这也是人实现自己的曲折方式。

同样，一种文化的发展也是要经过曲折的方式，经过挫折，吸取教训，才能逐渐达到更高的阶段。我这样讲，并不是要回到黑格尔，因为这个发展不一定要被看成是受到绝对精神所主导的,也不一定要看成一种非理性的盲目的或者经济力量的控制,而是可以看作人之意识的更高的发展和人性价值的向更高层次的演进。应当讲,这是儒家的主张,这实际上就反映出中哲、西哲和马克思哲学殊途同归的结论。更进一步说,这种会通对人的发展以及对人的现实问题的解决是有所帮助的。在现在这个时代,中国面临着西方文化的冲击。那么,如何应对这种冲击呢?我认为,中国的历史与文化传统必须要面对自己在发展中遇到的困难,这是其进一步展开并现代化的前提。这个困难有时候自己不知道,只有在与外界交往中才会发现。这是一个自我发现的过程。

从历史的角度看,中国哲学或者中国文化的发展有自己的线索。五四以后的中国哲学,基本上聚焦于找寻并弥补自己的缺陷,以及强调自己原有的能力和精神。这里包含两种态度:一是承认中国哲学在思维方式上的先天缺陷;二是强调中国文化先天的优点与价值,而把中国文化的,特别是制度上的弱点归之于历史环境。但在我看来,这两者都使中国文化受到蒙蔽,从而导向中国文化生命力的沦丧。先不论这两种态度的优劣,这两点不能不说反映了近代中国的历史与社会的现状。

晚明时期,中国的哲学走入对虚灵境界的思考,偏向个人精神的解脱,与社会发展脱节,更与世界大势脱离关系。继之以清代的闭关锁国政策,更是把知识分子推向故纸堆,整个哲学的思考面临着双重的失落:外在专制的压力加上自身基于惯性形成的禁锢。辛亥革命以后,外在的专制压力已大为减少,但内在的禁锢却使中国哲学走向了完全停滞的状态。在这种情况中,中国哲学不是名存而实亡,就是"皮之不存,毛将焉附",连名都没有了,可说是彻底地丧失了,失落了。嗣后,再经数度打击,已到了穷途末路,现在则是到了必须重建的关头。

从这个历史的回顾的意义上讲,马克思主义在中国的发展,与其在西方的发生是不一样的。中国马克思主义的发生,并非由于资本主义社会的异化所引起的社会革命的需要,而是面对国家社会闭塞、民智落后以及西方列强侵略这些多重危机而不得不采用的政治信仰与救亡图存的工具。作为一个工具,可以说,大多数的国人,甚至很多西方人,并没有将马克思主义在中国的发展视为哲学的主体,没有看到它的哲学内涵是什么。

近现代的中国对中国哲学和中国文化有多种态度,早期新儒家熊十力、梁漱溟对中国哲学持批判的态度;冯友兰、金岳霖对中国哲学采取重建的态度；冯契、张岱年对中国哲学进行更深入的批判，其目的也在重建。在这样一种情况下，我们应当怎么来理解马克思主义的作用？是否说马克思主义只是一种思想工具，或者这中间有模糊性和发展性，所以将其称为意识形态？这是一个根本问题。

就客观理解，中国对马克思主义哲学的理解可分为三个阶段：

在第一阶段中，国人对于马克思主义的理解侧重于本体性而非工具性方面。但同样不可否认的是，中国的变化确实得益于由马克思主义引发的革命，这是一个真实的现象。既然马克思主义是改变现实的力量，那么我们必须要信仰它，只有信仰它，相信它的绝对价值，我们才能用它来达到建党建国的目的。如此我们就要问，这个力量的根据在什么地方，它的动力是什么。不能否认，马克思主义能够唤醒人们对现实的注意，对现实问题正确理解，也能帮助我们找到克服现实困难、改造现状的答案。因此，马克思主义是改造现实的哲学，这体现在马克思主义的本体性上，而不是工具性上。只有信仰它的本体性，才能发挥它的工具性。因之我们要实事求是，信仰马克思主义，要面对问题并解决问题，以此来改变现状，实现我们的理想。回顾马克思主义从五四以后的中国共产党建立到1949年中华人民共和国诞生的发展历程，不能不说它是在政治思想上的一种本体性的发展。

第二个阶段，从20世纪50年代到80年代，对马克思主义的理解在工具性。此时的马克思主义作为改变现状的力量，已有它自己的形式，有它自己的内容和原则，更有新的理念与自我要求。基于信仰，透过权力，马克思主义在中国已有惊天动地的成就，造成了亘古未有的变革。但与此同时，我们也不得不承认，它也带来巨大的像"大跃进"与"文化大革命"那样的灾难。总的来说，在这个意义上讲，马克思主义作为治理国家的政治意识形态，具有莫大的工具性，这种工具性能帮助我们掌握现实，帮助中国人走向现代化，走向世界，认识西方。

第三个阶段，从20世纪80年代到现在，对于马克思主义的理解在现代性、世界性与全球性，甚至后全球性。这个阶段，对马克思主义的理解有了进一步自觉，马克思主义不单是革命的手段，还是一种现代化的手段。当现代化初步或者说基本完成之时，我们就不应该受意识形态的束缚，不应局限马克思主义的工具性应用，而要重新审视马克思的本体性，扩大它的本体性，创新它的工具性，以使我们获得更大幅度的应用，更深程度的自由，更合乎时代需要的效能。为此我们要充实它、丰富它，使它不仅不过时，而且能与时俱进，更能为我们所用。也就是说，我们需要认识到，马克思主义是属于我们的思想，它既是本体，又具有工具性，它是政治哲学、领导哲学与管理哲学的统一。因此，我们必须给这个现代化的"本体—工具"寻找一个中国历史文化和哲学的根源，使其能与中国文化，特别是其中的道德理想深切地结合起来，甚至透过它来使得中国文化的理想完成现代性、世界性与全球性的转化与发展。

这里我还要谈一个问题。有人说中国的传统经过"五四"和"文化大革命"之后有一个断裂，基于这种中国文化传统断裂论的说法，我们因之必须要完全重新塑造中国的文化。我怀疑这种断裂论的说法。因为，所谓断裂是说要完全断掉，将来是要重新给它一个开始，显然我们并不是要从头开始，我们的意识中还是有一种深层的文化意识，它体现在我们的生活世界里，体现在基于人性的社会关系当中，也体现在人的自我认识和一种有内涵的价值观。就客观考察来说，我们还是看到历史传统继续发酵的历史效应，不管是正面的，还是负面的。传统对我们逐渐发出呼唤，这是由于我们对现代化的经验与实践的效果，甚至由于全球化内外相应的需要。比如人们了解到解决冲突不是要制造更多或更大的冲突，而是要采取和谐化方法与价值，并通过对话、沟通与协调认识来产生理解或更多的了解。事实是，不但中国文化体系没有完全断裂，世界上其他文化体系也没有完全断裂，比如欧洲人（包含现代的古希腊人）对古希腊的文明仍然存在着向往，在内心中具有强烈的情感。中国的文化传承与世界其他文明相比更具有持续性，而非断裂性。中国文明一直对中国人产生作用，问题是我们把它变成现代的经济意识、政治意识与道德意识之后，它是否对我们解决现代问题有更多的帮助。

从这个角度来看，我提出了应该用怎样的方法论来说明中西马哲学会通的必要性以及会通之道的问题。也就是为什么要会通，怎样会通？我认为会通有两种方式：一是相对地维持彼此承认的差异，并进行对话，维持各行其道、相互尊重的平衡关系——但这不是最终意义的会通；二是一种理想的会通状态，即我们承认差异，认识差异，经过差异之间的认识，产生一种新的力量与意识，将差异融化在这种新的意识之中。这种融化并不是把差异抹杀掉，而是在更大的体系中发挥各自的作用，进而产生新的力量。但要注意的是：这个更大的体系发自差异者的内在统一性，而非外加或强加的统一性。这并不意味着系统的统一性是不可能的，而是说统一性必须建立或导源于内在的同一性。

在此理解下，不同体系的会通是不是必要？答案是肯定的，会通是必要的。对于中国而言，中西马三种思潮的会通是中国发展的基本和现实的要求，不能避免。

我们必须认识到，在一个历史发展的过程与潮流里不同文化、不同哲学体系之间的矛盾与冲突也是不可避免的。但是为了人类族群能够延续，甚至为了传统自身的发展，会通也是必要的。从中国当代历史来看，马克思主义的发展如前所述经历了革命性、工具性和新时代里中国化三个阶段的发展，其目的在于解决中国人的生存问题，解决中华民族整体的救亡图存的问题，会通就是革命所需要，是现代化所需要，也是中国化所需要，当然也是世界化与全球化所需要的。这同时是革新性的行为，现代建设的作用以及后全球化的文化融合的现象。更深层说，这种会通中国文化更进一步的发展，体现了人类文明更高的发展。对此，西方人总是将其简单地视作中国崛起。事实上，这样的语言是不准确的，具有太多的19世纪民族主义的含义。我们更应该从世界人类发展的眼光来看当代中国历史与文化的发展，认识到中国的发展过程所揭示的是人类发展的一个历史通则，它能够使人类文明更好地将文化力量展开，来加惠他人与世界。有人会说这是儒家的想法，是很早就有的，而我在此指出，这说明中西马的会通合乎人类整体的和谐发展的需要。

（三）中西马会通的方法论

1. 本体诠释学的方法论

1985年我在上海讲学时就谈及本体诠释学，而今天更进一步讲中西马的会通。这里所谓的会通，就是相对中西会通的架构与过程，如何为马克思主义进行哲学定位，对马克思主义进行哲学的认识或者是对其价值的肯定。我的方法是什么呢？用我的语言来说，就是本体诠释学的方法，其内涵是彻底认识任何一个个体或者生命体的发展，或任何一个社会和历史的发展过程，都包含了五个相互连锁又相互促进，但却符合生命发展秩序的方面，即本、体、知、用、行五点。

事情的发展，首先有个开始点，有个根源在里边，这个根源很重要。起点不等于根源，但根源成为力量一定要有一个起点，根源意识一定会产生一种体系，即生命的动力的体系，人成为人就是由这样一种生命体系而造就的。整个宇宙也有一个根源，这个根源产生一个宇宙的体系。这是从本到体的认识，即是"本的体化"的认识。同样，一个生命动力的根源也能产生一个现实的生命体系。生命体本身是一个机体，有它自己的独立性，有内在的生命力。它能够融通外面的世界，产生对流和沟通，甚至能够影响并改善外面的世界。这就是体的概念。这种体的至高点是知识，知识来自于一种自觉，来自于对外界事物的知觉与认识。而知觉又必须来自于生命的本体，知觉不可能无中生有，而是从一个已经发展的生命体中产生。

荀子就是这样来认知人的社会存在的。荀子讲泰初有气，气产生生命，生命产生意识，而知就是意识，即"气而后有知，知而后有义"。在荀子这里，知很重要，它不是单纯的知识，也不是单纯的知觉，而是从知觉到知识的过程。另外，知也不会停止在知识这个阶段，它要产生一种价值，要使它自身的生命体系有一种继续的发展，同时使它能够面对环境的变迁而产生一种改变和适应环境的力量，这就是义。所以，知具有一种转化的力量。知也代表一种价值。

我还要强调的作用是用，用即利用知来充实自己的本体，它包含社会的本体，人类的本体，从而形成统和多元的大同社会。需要注意的是，我们谈及本体时必须假设内在的沟通。而充实是使自己持续地发展，更进一步认识自身的内在的力量，使活的根源不断发生作用。

在用之外产生一种行为的方式和模式即是行，行使知实现与体现，具有价值的目的性。在行中能够让本、体、知的发展方式继续下去，产生更多的价值，达到自我的完美实现，或者理想投射出来的价值的实现。

基于这样的认识，我们可以了解生命、经验、意识的重新组合对于发展具有的重大意义。

2. 中西会通的本体之问

在这个意义上，我们可以了解中西马的会通就是要看中、西、马之间的本、体、知、用、行的关系，达到一种整体的了解，使三者的差异具有一定的定位和关系，产生一种有利于全体发展的生命整体的动力与推进过程，进而产生一个更高的目的和实现这个目的的动力与推进过程。

中国哲学从宇宙观察开始，产生对人的了解，生发出对人的行为的要求。这个传统的宇宙观是中国文化的一个最大的特色，我把它定位在《周易》哲学的范畴，它是《易经》哲学的开始。之前研究中国哲学的学者一般没有注意与解决源头的问题，不管是胡适之还是冯友兰，都没有面对中国哲学的根本起源的问题，那么中国文化的特色是什么，或者中国特色社会主义的特色到底是什么就难以在根本上说明白。我想我们可从中国哲学的根本与源头上来看它的特色，这也就是从周易哲学角度来看。

《周易》开始研究宇宙是什么样子，整体地去观察宇宙是什么，体验这个宇宙是什么样子，上观天，下观地，近取诸身，远取诸物，然后得到一个世界形象。这个过程自然有一个目的，就是利用这种认识来反观人自身的存在，来看人的自己的感觉和反映，怎么得到和这个认识相关的人的认识。自我的认识还在于更多地反求诸己，进而认识外面的世界，又反过来深度地认识自己。在认识自己后，进一步考虑怎么去发挥自己，怎么经由对世界的认识来规范自己，进行一种能够发挥自己的行为。从这个意义讲，周易的方法是本，是整体宇宙观，也是一套思维方式，从它这里导引出了儒家和道家，加之吸取的大乘佛学，汇合成为中国文化的巨流。

儒家和道家都是遵循周易哲学本、体、知、用、行的传统。周易哲学从远古时代起，认为华夏族群从伏羲时代养羊开始即发展了社会群体生活，产生了我一再说的"羊文化"，产生了人类的价值观：群里有义，义里产生善，善里产生美，人们感觉到生命与世界的价值，而人有责任去实现这种价值。这是儒家哲学的基础。儒家进一步认为，君子学以知其道，学包含观察和体验，在学当中反思自我，修持自己。从学中产生礼，反思到仁，从而使得礼和仁成为儒家的基本精神。道家也是遵循周易的传统，尊重自然，认识道的创造性与德的涵养性，目的在能够实现道通于一，如此人方能在自然无为的道德中，过一个自主自足而安定无争的和平生活。

基于这样的理解，儒家也好，道家也好，都继承了周易的这种观而后感、观而后行的精神。这是一种开放性的学习精神，开放性的认知精神，开放性的实践精神，开放性的自我完成的精神。

在这个意义上，中国能够吸收大乘佛学，当然我们也是为了解决自身的问题。由印度起源的小乘佛教到唐代发展的中国大乘佛学，这里中国与印度的宗教传播理论不同，它不是死板地接受一种空论，而是要实践对世界的一种重新认识，以提升人对存在的认识与价值的选择。这是一个悟的过程，最后要达到的是一个能够实现人的悟知或超知的境界，达到人发挥人的自我实现的精神目的的境界。这其中也有价值高下问题，所以才有所谓的判教。

总的来说，中国哲学具有一种生活世界的基本价值和对生活的基本动力的导向。它基于对生命及其创造力十分尊重的宇宙观，因而不是追求抽象的世界，不是追求身后超越的信仰，而是要在生活中体现与实践出世界的真实性与价值性。对于这个基本的精神，从古到今中国人没有放弃过，而现在在人类全球化的人类文化的发展中，它当然占据一个非常重要的地位。因为它既可以作为人的精神生活的起点，也可以作为人的精神生活的理想目标，因而如果这种理想失落了、放弃了，人类将面临精神生活的枯竭与贫穷。在这个意义上，中国哲学就是一个本的问题，中国哲学是中西马哲学会通之本。

那么什么是会通之体？在我看来，中国哲学是当代中国文化发展之本，中西会通是中国文化发展之体。中西会通非常重要。从现有的生活体验来说，中西的会通是体，这就是为何我们要追问什么是西学，什么是西方价值，什么是西方传统、哲学、文化的目的。

相对于中国来讲，所谓的西方基本上是一个具有更紧张、差异和矛盾的文化结构，是二元并行的文化价值结构，它以古希腊或希伯来的传统为代表。传统的古希腊精神是求真、求客观、求对象化的精神，是外在性的对物质世界的认识，其目的在于掌握外在世界的形式和规律。古希腊哲学重视数学和几何学，它的建筑、雕塑和艺术都注重一种几何的美。古希腊的理性精神特别体现在后期的阿波罗精神里面，代表了一种明朗而美好的平衡、对称与和谐。另外一个同时发生的西方的精神传统就是希伯来精神，也就是犹太人的宗教精神。我们把基督教视为一个西方主要的力量，但是我现在认识到，基督教背后是一种犹太教的精神。西方有很多哲学家背后也是犹太教精神，甚至我认为康德、黑格尔也是这样。所谓犹太教精神就是一种外在地超越现实的思维方式，把一个真实世界的根源放在世界之外的一个场所与主宰者之中。从这样一种认识超越的上帝耶和华的要求来看，我重新诠解了犹太人的《圣经》即一般基督教说的《旧约》，由此我们就可以认识到基督教和伊斯兰教也只是犹太教的一种发展。

犹太人认为耶和华是根本，它超越于这个世界，但却创造与主宰这个世界。这个世界具有种种矛盾、敌意、对抗。人怎能消除这些矛盾和对抗呢？只有用上帝的精神来驯服这个世界，因之必须彻底皈依耶和华。这种信仰方式与希伯来的文化和历史很有关系，与当初的犹太人的遭遇也有关系。希伯来的发源地，现在以色列的北部，有许多小山丘，生长着橄榄树丛林，是一个很好的居住环境，但是往南走就是沙漠，往西走就是死海，生存空间很小。所以犹太人就必须争斗以求发展，他们虽然经过痛苦的灾难，但仍然不放弃争斗的精神。历史上，犹太人为了保全自己，为了避免被征服或为了征服异己，逐渐把他们宗教的信仰当成一种发展的力量。

我在这里要指出的是：西方文化的两个传统，古希腊的理性精神和希伯来的超理性精神，虽是并存，却在两者之间产生了一种强烈的对立和辩证关系，理性化和超越理性化就变成西方哲学、西方文化发展的一条基本途径。理性化的方式是外在化，是把一切变成外在关系；超越理性化则是把所有变成一种纯粹的精神存在。在整个诠释的空间里，出现了两个世界：指向外在的物质世界是纯粹的物质世界；指向超越的空间是纯粹的精神世界。两者都聚集在西方人身上，自然产生了一种冲突性：超理性精神觉得应该用超越时空精神来说明或者克服现存的世界；而理性主义主张取消精神世界，走向物理的规律世界。可以看出，西方文化在近代，变成科学和宗教或者是人文的对立。这种对立的好处是开发出种种现代制度，比如追求自由、讲求效力、重视法律、重视人的基本价值、产生启蒙以及对启蒙的批评等等，而且是动态的无止境的追求，因为这些制度之间有着内在的矛盾与紧张，是无法取得决定性或绝对性的平衡的。

从这个意义上说，中西会通是什么意思？我想应该是以中国的活力与生命精神，对变化的整体而开放的认识，来容纳变化的种种方式，把它看成是人适应世界的各种方式。但这种认识仍然是在我们对世界的终极认识之中，因为终极世界最后应是一个完整的整体，外在的超越世界和内在的超越世界必然是在人自身的修持中体验的，必须放在人对自我修持与对宇宙的深度认识的基础上去理解。也就是说解决外在新的问题需要掌握人的自身的内在性，开发人的心灵的能量，解决外在超越要依靠一种内在的超越，一种对人的创造能力的信任，而不是盲目地盼望，或者是迷执地信仰。

因此，融通是一个很重要的中国哲学世界化的方式。中国传统和西方传统本身具有矛盾，假如说不用中国的世界化方式，就要用西方的世界化方式。西方世界化的方式有两个：一个是希伯来的世界化方式，从上帝主义的立场，信仰一个最高的权威——上帝，或者有人认为自己是上帝。用上帝来说明一切征服一切，但最后却导向霸权主义。美国人的基本教义派的确具有这样的信仰倾向，认为他们是选民，认为得天独厚与上帝在一边。经过"9·11"的冲击后，这种感受更为加强，而非减弱。第二个西方世界化的力量是用科学精神，不是用上帝来控制一切，而是利用一个理性的但却是盲目的力量来控制世界。这个来自古希腊的理性精神，到了近代欧洲，黑格尔叫这个力量为"诡谲的理性"，或者叫绝对精神。这是比较接近基督教的说法，绝对精神就是上帝，但却不提上帝的意志或意旨。这个力量，或者如马克思说的，是一种经济发展的力量，亦即生产力与生产关系的力量，是外在的力量，人要发展就必须考虑这一个经济发展的力量。我们要问资本主义是否就代表这样一种力量？如亚当·斯密说无形的手或者如黑格尔说的看不见的理性，表现为绝对精神的作用。显然，只是追求科学的发展与经济的发展是不够的，即使加上上帝的信仰，也是不够的，因为仍然无法体现人的发展以及人的自主的创造性与责任心。

可见，中西文化传统追问世界化的方式不同。所以中西会通，对中国人来说，最好把西方人的科学与宗教纳入到人和世界相互认识和沟通的易儒道的观点。这个世界是客观的世界，人们可以在认识世界之后展现人的内在的能力，实现人的需要和理想，而不必把人的世界变成物理世界或变成超越的神的世界，但人的世界里可以包含物理的世界与宗教的世界。因此，西方文化中的冲突与矛盾可以在中国文化中获得消解。

中西会通是在中国文化的基础上建立了一种和而不同、不同而和的融合。在今后人类文化的发展中，将体现出这样一种会通方式的优越性，因为它能以和为用，包含不同文化与宗教的本体。总而言之，就中国文化的世界化的发展而言，中西会通即是以中国哲学为本，产生中西哲学会通之体，这是我说的中西马会通的一个前提。

3. 中西马会通的本体之问

进一步，我们需要讨论中西哲学与马克思主义的会通。这就需要了解马克思主义，然后我们才能说在中西会通的体上，怎么产生中西马的会通之用。

何谓马克思主义，我的了解可能比较肤浅。我的时代是刚好小时候离开大陆，在台湾读完大学，在美国接受研究生教育。我对传统文化的研究，对中国近代文化的发展的研究让我认识到马克思主义对中国发展的重要性。马克思主义作为革命的需要，产生的力量使中国走向现代化，这是必须要肯定的。马克思主义是什么精神？我认为马克思主义基本上即已参与了上述西方文化传统的两个精神，一个是古希腊精神，另一个是希伯来精神。从古希腊精神来看，马克思主义特别重视对物质世界的认知，所以它建立的唯物史观完全是非常重要的西方历史传统的表达形式。唯物史观不只认为世界是由物质形成的，也认为世界是由能量发展出来的。物质这个概念开始于19世纪，今天来看，物质是一个复杂的概念，涉及能量与自然界的原料。近代物理学讲的量子论以及时间和空间的概念，提供了一个基于能量与物质的互换的理论来更好地说明能量宇宙的历史发展。这是非常古希腊式的说法。更重要的是，马克思主义认为在人的发展中，人的基本要求是生存，持续地生存，要从个体走向群体，而人不能离开群体做事情，必须在群体中发挥追求生存的力量，这个力量就是生产力。发展人的生产力，人才能够制造工具来改变世界，进而改变人的命运。

这样，经济的发展作为历史的动力是非常重要的观点。面对现实，人要生活下去，解决经济问题，作为社会组织的基础，才能谈政治权力，政治作为生产关系是能够推动生产力的要求的。

中国文化从未否定这一点。中国文化强调民以食为天，但我们不能被动地靠天过日子。我们要积极地去发展农业与工业，解决经济发展问题，同时我们还要实现理想。我们对于生产问题的解决还不够，我们还要追求最好的生存方式，这个方式应该说是最完美的生存方式，有一个理想在其中，这个理想就是最完美的世界。有人说马克思主义具有某种乌托邦的思想，如果有的话，就是说我们能解决资本主义和社会主义统和的问题，趋向一个平衡分配、符合人性的道德理性的理想社会。这样的发展可说是和谐化了古希腊的科学精神和希伯来的宗教精神。

这也相当于希伯来文化所说的天国的境界，同样马克思也会受到自己文化价值体系的影响。包括海德格尔，虽然吸收了相当多的道家精神，但最后也会受到犹太教传统的影响，还是要把最后的存有作为个人生命发展的基础。

这种马克思的理想追求产生了天翻地覆的变化的基本力量，在今天的重新诠释里，甚至把科学和技术的发展当作生产力的发展，更进一步，把社会关系—市场转化成生产力和生产关系。立足于中国文化的精神并基于现实的经验，中国的马克思主义具有创化的能力，能够在面对世界与现实问题时加以变通，产生规范与策略，把人力资源的参与变成一套价值体系。这种价值体系有意愿实现社会的公平分配、和谐创新的境地，这当然是一个理想目标。这个目标具有超现实性，不是单纯的事物的描写或者规律的描写，而是代表人不断地提升追求，不断地自我改变。在这个意义上讲，伦理、道德、政治才具有一种人文与人性的重要价值与意义，而这也是与西方文化内涵中追求理性、知识、自由与正义的精神可以相通的。

我们也可以说这是古希腊和希伯来两种精神的升华，造成今天这种对马克思主义的理解。我想，这样一种对马克思的理解可能离谱，但却可以帮助我们理解在近代中国凭什么能够改变中国的现状，凭什么能够激发人的意志或者人的转化现实的力量。也就是中国凭什么在必要的时候能够改变现状，用什么新的方法来改变现状。要肯定的是中国的改变现状、跳出困境是在中国文化和西方文化会通的基础上来实现的。不管是毛泽东的实事求是的概念，或是邓小平灵活的实用的概念，都发挥一种影响现实的作用。我们是否可以这样理解：马克思的超越与理想精神，在结合中国文化的实际中，形成了中国人的新实践主义与新实用主义？同时，中国人的存有与创发思想，和认知变化（通变）与变通的能力也给予了马克思主义一种新的活力与主导力？这样，马克思主义中国化的作用，已经变成中国文化现代化发展的重要部分。在中西文化会通的基础上，马克思主义也成为中国人实现现代性的基本手段。

从这个意义上说，中西马的会通必然要站在中国文化的本体立场，来寻求人的基本价值的发用，来建立一个仁爱、正义与和谐友善的社会，并创造出一个全球化的道德发展的环境，以一种融合的方式，来同时达到伦理化或管理化的目标。要做到这点，脱离不了中西会通之体，也就是以仁爱、正义与和谐作为基础来实现现代化中的自由、平等与繁荣。这些基本价值不能违反终极的社会价值，也就是中国哲学启发出来的仁爱、正义与和谐的德行伦理。

这样，马克思主义就变得非常重要，它是一个中西文化会通来改善现状的一个"用"，一个"行"。

中西马的会通是当代中国文化发展之用。无论从中国近代历史来看，或从中西文化的本体发展来看，中西马的会通无疑是必然的。如何去了解中西马的会通，必须要通过本、体、知、用、行的分析与融通方法去理解。这就要去界定什么是本，什么是体，什么是知，什么是用，什么是行。中国哲学是当代中国文化和中国发展的本，是生命力的来源，是原始价值观的基础。中国文化经过150年的痛苦经历与急剧发展，面对西方的差异，已经建立了一定程度的会通。这个会通从中国来说，是容纳西方来界定人的价值，使西方的价值产生一种适应中国价值的力度，也是使中国的价值来帮助西方价值的实现，解决西方文化中的超世和外在相互矛盾的状态。所以中西会通具有解决西方内在矛盾的会通的作用。

就近代中国来说，马克思主义是具有扭转西方消解和瓜分中国的过程的作用。马克思主义在这个意义上讲，实现了中西会通基本的战略与实用价值，发挥了中国哲学和中国文化现代化的作用。但是马克思主义中的西方的那一块矛盾或者理想主义又必须透过发展中的中国的价值观，即追求和谐、正义、友善的道德观来进行提升。所以马克思主义自身的提升对于解决中国的问题、中国人的问题、中国人面临世界的问题以及世界本身面临的问题具有重大的启发意义。

在这个意义上讲，中国传统哲学发展、中西互融、中西马会通分别扮演着本、体、用的角色，中国哲学的发展是本，中西会通是体，中西马会通是本与体的用。由于本体的用，行之使其一以贯之，形成周游循环的动态力学体系。因之我们可以把中西马的会通看成是一个不断循环、发展与创发的更新过程，也就是生生不已之道。

我在这里不展开讲人类在文化上的更新问题，如从农业革命到工业革命再到信息革命的更新问题。这些实际上都是东西方文化相互影响的结果。工业革命时，西方文化与哲学受到儒家的影响。在这种影响下出现了启蒙思想，而启蒙思想又影响了科学发展和工业革命。中国的儒学思想对于西方文化的更新显然起了一种间接促进作用。在工业革命的基础上进行信息革命是人类文化的进一步发展。信息革命所带来的是人的心灵对世界认识和表达方式的更新，这种发展可以说是代表了几种精神传统的会合。其中，中西马的会通也要从这个角度来理解。要经过时代的变迁中所发展的新的文明来进行新的认识。

总之，中西马的会通是人类必须走的路径。这条路不一定就叫做中西马的融合之路，今天我们叫中西马的融合显然它具有其特殊性，但任何特殊性都有其普遍性的基础，任何普遍性都必须落实到特殊性上。在这个意义上讲，中西马的会通可以看作是中国文化走向现代化与世界化，走出前全球化，或贡献后全球化，找寻新的世界架构的一个新的思维与行为方式。基于以上所说，这个方式显然从其效果来看，具有它值得称道的地方。当然，其中的问题我们不能忽视，但是我们必须清楚地认识到这是与中国人的命运与中国人的历史发展息息相关的。

（此文为作者2011年9月在"吉林大学中西马哲学会通研讨会"上的演讲）

中国哲学需要"再创造"

成中英

（一）中国哲学具有本体性

今天我们在对中国哲学传统的反思中，显然可以看到中国哲学有起源、有发展、有内涵、有特点，对人类发展卓有贡献。我从20世纪80年代就开始强调，中国哲学有自己的源头活水，而此一源头活水同时又提供了一个本体论、认知论、方法论与实践论的理性内在基础。故此源头既是历史性的又是理论性的。对此我想进行简单说明。

在当代研究中国哲学的学者中，熊十力先生首先引进了《易传》作为他的体用不二哲学的基础，方东美先生则倡导中国古典哲学的原始性，因而提出原始儒家、原始道家的说法，随后又有张岱年先生强调中国哲学的本根性说明。我在近三十年来则提出本体诠释学对中国哲学的本体性的说明。"本体"既是就本根和体系而言，也包含从本根发展成为体系的潜在发展过程。以这样一个概念既能说明中国哲学的特性，亦能说明其发展的根源与过程。其特性是：重视本根，重视发展过程，重视发展之自然成果，成为可体可用之物、可知可行之道。同时，整个中国哲学的历史也可以看成是寻求天地本体、人生本体、社会本体以及个人本体的发展过程。在这一本体化诠释之下，我们亦可更好地掌握中国哲学的世界发展之意义以及人生存在之意义。

通过本体诠释学，我们不但能认识到中国哲学具有的本根性、本体性的基础，还能认识到其发展出来的发展中的体系。有人一再问及中国哲学的特色为何，如上所述，这个问题显然必须就中国哲学的本与体来回答，当然最好在中西哲学之对比中予以言说。就吾人对中西哲学的根源及发展之实际情况的了解来看，西方哲学之根源在于追求对外在真实、超越真理的认识；中国哲学则强调从对自然宇宙之认识来掌握自我认识，复从自我认识来了解宇宙发生之终极真理。这一终极真理具有内在性的真实，而非只是外在的存在。换言之，西方哲学有一个二本二元对立的起点，中国哲学则强调一个一本二元多体的内在发展过程。这种宇宙与人的起源论，体现了中西哲学在起点上的形上和认知差异。

从文化上看，古希腊文化和希伯来文化对外在性和超越性有分别之认识，最终又要将之结合为一超越神学，作为哲学思考的重要课题和终极目标。在古希腊哲学中，有柏拉图的理念与现象两分的二元论，这更显示了西方哲学有一个二元对立的起点。这一起点显示了西方哲学与古代中国易学、道学与儒学强调一本多体之重大与根本差异，据此形成了中西哲学各自发展的重要规律。这就是中西方哲学早期发展的起点特征。

中国哲学重视对宇宙自然的观察，也重视人在自然宇宙中的内在地位，重视人对自然宇宙的认识能力，从而发挥人的行为的能动性以实现宇宙的终极价值。这是一种内在的一体二元主义：天人是一体的，天能生人，道能长人，人能知天，人能弘道，进而能达到天人合一的动态关系。

这两种哲学的动机，决定了中西哲学的不同。对于人类文化之差别，我提出了四种文化之不同性：超越的古希腊文化、基督教文化、阿拉伯文化，外在的科学文化，消解内外之道的印度佛学文化以及创合外内之道的中国文化。在这种架构下，可体现出中国哲学及基于此而创建的中国文化，具有强烈的人文关怀、生命关怀、修持关怀、创造性关怀、整体发展关怀，它代表了人文哲学、生命哲学、道德修持哲学、创造性发展哲学，但也代表了自然与道德的相对一致，更代表了人类文化内在追求的多元和谐统一。

（二）人类面临五大危机

中国哲学的再创造，不但必须，而且自然可行，是人类发展自我实现的一个重要途径。从深层意义上讲，儒学在易学与道学的基础上张扬了天人合一、人我互动、知行相须、主客互用的创造精神。其宇宙论、诠释学、知识论、伦理学，都是中国哲学再行成就的方向。之所以需要"再创造"，是因为人类正面临存在之困境。

人类当前的存在之困境，是否全由人类造成，是否可以归纳为一个或几个原因，固无定论，但有一点极为重要：人类与自然的交互行为、人类与他人的交互行为、人类组合自身道德价值的自我规范行为，都会对此境况产生很大的影响。如果人类能更真诚地思考、认知，去修持自己、改善自己、充实自己，必然能解决人类的生存危机问题。

必须指出，当前人类面临五大危机：生态危机、经济危机、政治危机、知识危机、道德规范危机。

生态危机最大的表现即是污染问题。其产生的主要原因，在于我们纵容了自己的欲望，缺乏对生命的真实认识。所以我们不但造成了资源浪费，也造成了资源误用，造成了环境污染。这不应只被看成自然带来的灾害，而是人试图驾驭自然时带来的灾害。所谓自然灾害，往往有人为的因素在其中。污染又将带来疾病与贫穷。

经济危机反映了人对自然资源的误用与误置，反映了人类在生产、分配、管理、竞争、开发等方面缺乏智慧的安排。经济原则一定要符合经济伦理，这既需要符合整体均衡，又要能将生产、分配加以循环发展。这不但需要无形的市场之手，也需要有形的政府调控之手，更需要一颗道德的关怀之心。但我们在现在的生产、分配与消费等经济行为中，恰恰缺乏这样一颗道德的关怀之心。

政治危机。人类能否把权力道德化、合理化，能否以此促进社会和谐的发展，是人类面临的最大问题。人类原以为战争才能解决问题，这是一种自私而不负责任的说法。战争只会带来灾害。人类完全具有避免战争、追求和平的能力，但为何目前无法做到？这反映出人类缺乏对自身之全体的关怀，缺乏实现正义所需的智慧和勇气。

知识危机。人类已发展出深刻而全面的科学知识体系，但我们还缺少更深刻的本体知识，缺少将人之潜力导向创造性行为的知识。知识的整合在如今显得越发重要。我认为，人类发展中遇到的很多问题，均由于吾人未能掌握相关知识而引起。事实上，如今众多决策者、管理者或个人，缺少对个人、社会、自然的可用知识，其行为容易产生矛盾，容易处在为祸而不自知的状态。我们一定要避免这种为祸而不自知的行为。我们必须强调用知识来照亮人类的前路，并将知识转化为智慧与道德。中国哲学强调"致良知"，其在广泛层面上即蕴含着将知识转换为道德的含义。

道德规范危机。我们缺少一种全球化的伦理体系。人类正处在一种各自以利益为中心的发展状态之中。如何建立基本的共同道德规范，建立基本的共同价值语言，通过沟通、对话和相互诠释，来达到一种共同认识与共同理解，这是绝对必要的，也是人类繁荣发展的必然条件。

（三）人类再觉醒

基于上述这些重要问题，中国哲学显然正面临"再创造"的重大历史使命的迫切呼唤。

在"再创造"之前，我们当然要有新的觉醒：对危机的觉醒，对我们内在生命力的觉醒,对人的自我价值的觉醒,对中国哲学之重要价值、重要能力、重要方向的觉醒。"再觉醒"不但是中国哲学"再创造"的基础,也是人类跳出危机的基础。人类必须清醒地意识到:其危机乃是来源于人类的愚昧、傲慢与自以为是,也来源于对他人之偏见的缺乏关注,来源于对共同真理的缺乏认识。人类要觉醒到问题及其根源所在,觉醒到方法之可依循性问题,觉醒到目标之可开展性问题。所以,从历史上看,也可以说:人类处在不断的觉醒阶段之中。"觉醒"代表一种事实追求与价值追求。中国哲学的发展,代表了人类觉醒的一种方式;中国哲学的再创造,也代表了人类对生命价值之再觉醒的自然需要。

(原载《社会科学报》2014年7月17日)

中华文化的修行之道与生命智慧

漆 思

中国传统文化蕴含着修身养性的文化精髓与道德根基。弘扬中华传统文化，可以开启人的善根和慧根，涵养德性，启发悟性，增长智慧。面对当代精神危机，可以据此建构当代中华文化的生命观，以有益于世道的改善和人心的净化。对中华修行之道的阐发，可以揭示中华传统文化蕴含的生命智慧，促进当代中国心学的构建，并对当代的道德重建和信仰追寻有所增益。

（一）和而不同的修行之道

《周易·系辞传》中的"一阴一阳之谓道"，确立了阴阳和谐之道。后来的儒道两家的共同源头其实都是易经文化，儒家更多发挥了"天行健，君子以自强不息"的刚健有为精神，侧重阳性的智慧——阳刚之气和入世精神；道家则侧重发挥了"地势坤，君子以厚德载物"的阴柔包容精神，侧重阴性的智慧——阴柔之气和超脱精神。所以说单纯强调儒家作为主干或者道家作为主干都不符合中国历史文化的实情。后来随着佛学进入中国并实现中国化之后，形成了儒道释互补的融合，到唐宋时期逐渐形成了"三教合流"的局面，奠定了中华文化的基本格局。儒道释文化相互影响，和谐共生，形成了独具特色的修行文化：儒家主张中和之道的德性涵养，道家主张自然之道的返璞归真；佛家主张圆融之道的自性觉悟，共同构成了中国传统文化中和、自然、圆融的修行之道。

中国传统文化对世道人心的关注，是以人性为基点，通过人文思想的会通来通体把握。这种会通不是分科探究，而是不同思想流派对世道人心进行"百家争鸣"。中国传统文化对世道人心的探讨，形成了具有鲜明特色和重大影响的思想流派，主要体现为"以儒治世"、"以道治身"、"以佛治心"的三教合流的思想格局。各家"同归而殊途，百虑而一致"，构成了和而不同、多元一体的中国思想生态。

儒家追求内圣外王。内圣，就是提升自我的道德修养，使人的内在心性具有圣人的道德人格；外王，就是以心性修养来推己及人，应用于社会，在社会治理中贯彻王道原则。儒家的内圣外王之道，是从格物致知、诚意正心到修齐治平，走的是从内圣出发扩展到外王的道路，注重世道的改善在于心性的提升。儒家从天理良心一体出发，《孟子·尽心上》讲："尽其心者，知其性也；知其性，则知天矣。"儒家遵循中庸之道，倡导仁义礼智信等道德规范来协调人际关系的和谐。在社会政治上，儒家主张实行仁政和王道，认为"政者，正也"，追求人间正道，谋求天下为公与世界大同的政治理想。其本质是一种道德主义的世道人心秩序。

道家注重道法自然。道家对世道人心思考的理论基础是天人一体，即人道与天道的贯通和一致。所谓"人法地，地法天，天法道，道法自然"，核心是以天道自然法则作为人的道德规范，实质上是要达到人心服从天道的目标。道家思想的特质，是从道法自然出发，顺应自然，合乎天道，以天道来规定人道，主张返璞归真。天道成为调节人事的自然法则，而人通过遵守天道，达到顺天应人，实现无为而治的结果，即所谓"道常无为而无不为，侯王若能守之，万物将自化。"（《老子》37章）其本质是一种自然主义的世道人心秩序。

佛家崇尚心性清净。佛家主张"心净则佛土净"，以心性的清静来实现佛土的庄严，侧重于明心见性的修心工夫。佛家认为"万法唯心"、"境随心转"，因而它要求人们放下人心的颠倒妄想，实现世界的清净和乐。《楞严经》云："当平心地，则世界地一切皆平。"《维摩诘经》云："若菩萨欲得净土，当净其心；随其心净，则佛土净。"《杂阿含经》云："心恼故，众生恼；心净故，众生净。"《坛经》云："于一切时，念念自净其心。"只有内心的平和清净，才有外在的和谐安宁。现代佛教提出人间佛教、生活禅与心灵环保的主张，从净心修性出发，以心灵和谐促进世界和谐。其本质是一种心性主义的世道人心秩序。

通过上述的分析，以儒道释为代表的中国传统文化对人性奥秘的洞察，核心内涵体现为对世道人心的关注和提升。《尚书·大禹谟》所讲"人心惟危，道心惟微；惟精惟一，允执厥中"的所谓"十六字心传"，表明中国思想传统对于心性修养及道德实践的注重，追求人心与天道的契合，以心灵秩序的完善来带动社会秩序的建构。以儒道释为代表的中国传统文化特别注重实践修行，即以道来修正人心，使人的言行符合道德的要求。中国传统文化对世道人心的反思从两个角度展开：一方面是批判性功能，通过反思批判进行价值评价，引领时代精神；另一方面是建构性功能，确立天理良心，"为天地立心，为生民立命，为往圣继绝学，为万世开天平"①，发挥安身立命、经邦济世、传承文明、涵养德性的独特作用。具体展开来说，儒道释各自的修行之道可以进行如下的分析概括。

1. "中和之道"的德性涵养

儒家修行文化的实质是通过格物致知和诚意正心，注重修身养性，涵养善根德性，依归天理良知，追求明德新民、止于至善的圣贤境界。儒家的德性涵养，要求人们守正中和之道，以实现"尊德性而道问学，致广大而尽精微，极高明而道中庸"的理想状态。具体而言，可总结为如下几个方面：

(1) 天人合一。儒家继承了"以德配天"、"敬德保民"思想，主张天人相感相通的天人合一观念。《中庸》讲："天命之谓性，率性之谓道，修道之谓教。"人的生命是自然生成的，天命赋予人性，天道和人道就基于人的心性统一起来。孟子从心性上解释天人合一："尽其心者，知其性也；知其性，则知天矣。"（《孟子·尽心上》）人为什么要敬畏天命、遵循天道？因为人源自于天，最后还要回归于天，这就是"天人合一"的缘由。"天人合一"并非只是人和自然在物质层面的统一，其深层次是指人心与天道的依存相通，人的生命和自然的生命在本质上达到统一。儒家认为天理良心是人最高的道德根据。程颐说"道与性一也。"（《程氏遗书》卷25）儒家肯定了天理天道与人的心性具有内在统一性，并视"天人合一"为人生的至高境界。

(2) 和而不同。《国语·郑语》记载了西周末年史伯与郑桓公的对话，史伯指出："夫和实生物，同则不继。以他平他谓之和，故能丰长而物归之。"开启了中国哲学史上的"和同"论辩。《左传》记载了晏婴与齐景公的对话，晏婴提出了"和与同异"的思想。儒家将"和"提升为一个极为重要的范畴，提出的方法论就是"和而不同"。儒家认为"君子和而不同，小人同而不和。""和"意味着君子做人做事包容万物；而"同"意味着小人做人做事竭力求同，不能容忍不同的事物。"和"是不同事物的统一，而"同"则是完全一样。君子和而不同，有包容之心，能够和衷共济、和平共处；而小人则一味尚同。正因如此，"君子坦荡荡，小人长戚戚"。通过"和而不同"可以看出，儒家不仅有"自强不

---

① 张载：《近思录拾遗》，载《张载集》，中华书局1978年版，第376页。

息"的刚健有为精神，还有"厚德载物"的包容和谐精神。

（3）义利之辨。《论语》中所讲"君子喻于义，小人喻于利"。义者，宜也，指适度合道，如君子爱财，取之有道，而小人则见利忘义。在儒家看来，如果缺少仁义、道义、情义的"义"，人就无异于禽兽。儒家特别强调人的道义，以道义规范利益。孟子认为人之所以高于禽兽是因为人有道德，讲仁义。正是据此才能做到"富贵不能淫，贫贱不能移，威武不能屈"，真正存养"浩然正气"。儒家提出"己欲立而立人，己欲达而达人"，"己所不欲，勿施于人"的道德律令，实现"以义节利"的义利统一："求功当求天下功，计利当计天下利。"当人追求的功利不再是自我的私利，而是大众的福利，这样"利"就成为"义"。

（4）天下情怀。"大道之行，天下为公。"儒家注重天下为公，谋求世界大同。天下是天下人的天下，这种天下情怀一直激励儒家的仁人志士，先天下之忧而忧，后天下之乐而乐。孔子"登东山而小鲁，登泰山而小天下"，这是基于其宽广的胸怀能够容纳天下。从孔夫子到孙中山，中国仁人志士都信奉"天下为公"，旨在实现天下大同。"天下兴亡，匹夫有责"，儒家的天下情怀激发人生在世的使命感和责任感，人活着就要大济天下苍生。《大学》开宗明义提出"大学之道"的三纲八目，由内圣达到外王，实现"天下平"。

（5）中庸之道。《尚书·大禹谟》中提出"人心惟危，道心惟微，惟精惟一，允执其中"，被后来的儒家视为"心诀"。《论语》提出"中庸之道"，"中庸之为德也，其至矣乎。"以中庸为最高美德。《中庸》提出"君子之中庸，君子而适中"，又进一步提出"中和"思想："喜怒哀乐之未发，谓之中；发而皆中节，谓之和。中也者，天下之大本也；和也者，天下之达道也。致中和，天地位焉，万物育焉。"儒家的"中庸之道"注重中正和谐，强调的是生命的和谐之道。孔子提出人要畏天命，这个天命就是包含万物的宇宙大生命。按照儒家来说"天命之谓性"，天命赋予人以自然本性，人率性而行就是人道。人知天命，顺天应人，就能符合天道，从而人心就能顺应自然，就能做到从心所欲而不逾矩。儒家将涵养德性作为根本，通过修身养性，使心性接通天道，实现天人合一。

如果以道家来看儒家，儒家积极入世，有阳刚之气，刚健有为，知其不可为而为之，可谓阳刚有余而阴柔不足，还需要注重阴性智慧。如果以佛家来看儒家的修身养性与中和思想，则与佛家的明心见性与中道圆融思想相通，但可能觉得儒家人间关怀有余而出离之心与空性智慧不足，还需要破执，做到看破放下自在。当然从中国修行文化来讲，如果离开了中和之道，就很有可能偏离正道。

2. "自然之道"的返璞归真

道家修行文化注重悟道。道家的智慧其实就是感悟自然的智慧，就是道法自然、向自然学习的法则。它要求人们把握自然的节律，顺达自然的本性。道法自然，万物自然大化，因而是自然而然的，亦是自己成就自己的天性，道正是隐藏在天地万物之中生生不息的自然本性。道家的修行思想体现在以下几个方面：

(1) 道法自然。《道德经》云："人法地，地法天，天法道，道法自然。"对于道法自然，我们通常理解为人要效法天地，效法天，效法道，效法自然，实质却是效法自性。自然之道是自然而然，并非放任自流、听之任之。因此，"道法自然"意味着道就是自己主宰自己的运行，自己成就自己。既然道的本性是自己成就自己，那么人应当使自己心性支配自己的生命，效法道的本性，主宰自己的生命轨迹。道法自然就是讲人要尊道贵德，从而抱道合德，用合道之心性来主宰、引导自己的生命。

(2) 天人一体。人道天道共通于自然大道，天人在源头上是内在一体的。庄子讲："天地与我并生，而万物与我为一。""一"就是大生命的自然之道，万物与人都是从道化育而来。庄子坚持与天地精神相往来，人心与天地万物相通。物和人虽有别，以道观之，都是大道生命的流变，最后都要回归于道。人能够与天地万物交流在一起。以道观之，物我两忘。庄子与惠施有过"鱼乐"之辩，反映修行论道的境界不同。在庄子那里并生同体、感应道交。万物都分有宇宙大生命的道之本性，相互可以心有灵犀而相通。

(3) 无为而治。老子云："道常无为而无不为"，"是以圣人处无为之事，行不言之教，万物作而弗始，生而弗有，为而弗恃，功成而弗居。"庄子云："天地有大美而不言，四时有明法而不议，万物有成理而不说。圣人者，原天地之美而达万物之理，是故至人无为，大圣不作，观于天地之谓也。"无为即无伪而合乎自然之道，就是不要违背自然法则进行人为干预，以免破坏自然的生命本性。如庄稼在地里自然生长，它需要阳光、空气、水分和各种营养等，但若是拔苗助长就违背了生命的本性。所以只有遵守生命的自然之道，事物才能够成就自己的本性。无为而治就是万物顺应自然之道的本性，从而达到知雄守雌、韬光养晦、无为而不为的境界。

（4）逍遥自在。道家追求逍遥自在，对生命的本性有了一种出神入化的理解。在道家看来，人的生命都是由道而来最终回归于道，道永恒自在，人归依道也自然逍遥自在。因而在道家看来，人无所谓生死，生死只是凡人的眼光，以道的立场来看，道是永恒的，不增不减，不生不灭。如果把大海比喻为自然之道的大生命，一个水珠从大海里面出来最后又把回归大海。出来了这个水珠就是小生命，最后还要返回去，水珠只有回到大海生命之流的自然大化中才能永不干涸。道在中国文化的地位无比崇高。孔子讲"朝闻道，夕死可矣"，"道不同不相为谋"。没有道就没有路，没有道就没有德，没有道就没有理。老子讲："道可道，非常道，名可名，非常名。无，名天地之始，有，名万物之母。""同出而异名，同谓之玄，玄之又玄，众妙之门。"老子悟出道的本性是不能言说的，道以无名和有名的方式存在，一个为无名天地之始的道，一个是有名万物之母的道。天地之"始"的含义是阴阳交会，生命孕育；万物之"母"的含义是大道母亲怀胎，把天地万物生出来，这时道就以在场的方式显现。但显现的有名之道与不在场的无名之道是同出而异名而已，道是很玄妙的，是生命的众妙之门。

（5）超脱意识。道家的超脱使其能够淡泊名利、超脱生死，达到真人的境界。道家认为名利是身外之物，生不带来，死不带走。天下本无事，庸人自扰之。道家超越了生死，庄子去世前说天地是我的棺木，日月星辰是我的陪葬品，这是人生得道的大气象。按照佛家的说法，生也未曾生，死也未曾死，真如本性圆满自足。修道之人要自觉以道的角度去看，知道行道，最后与道合而为一。汉代道学家严君平在《道德真经指归》中指出，道家的旨趣在于："捐聪明，弃智虑，反归真朴，游于太素。轻物傲世，卓尔不污，喜怒不婴于心，利害不接于意。贵贱同域，存亡一度，动于不为，览于玄妙。经神平静，无所章载，抱德含和，帅然反化。"

道家思想的特质，正是从"道法自然"出发，强调天人一体，从而要求人们顺应自然，合乎天道，以之来规范人生，要求人顺应本性，返璞归真，使之趋向天人和谐。道家在道法自然基础上主张各复归其根，向人的自然本性回归，过符合人的本性的本真生活，就是达"道"了天人的和谐相通。陶渊明诗云:"纵浪大化中,不喜亦不悲。应尽便须尽,无复独多虑。"这种感悟写出了对生命之道的理解:每个人流浪在宇宙生命的大化之中,我们不必对生命的得失感到悲伤,该走的时候潇洒地走,不要像庸人自扰那样多愁多虑。这显然是得道的气象,因而在人世才能:"结庐在人境,而无车马喧。问君何能尔?心远地自偏。采菊东篱下,悠然见南山。山气日夕佳,飞鸟相与还。此中有真意,欲辨已忘言。"从中领悟人生的真谛。

3. "圆融之道"的自性觉悟

佛家宗旨是"诸恶莫做,众善奉行,自净其意,是诸佛教"。佛家探寻回归自性的解脱之道,自觉觉人,自利利人,自度度人,实现心性觉悟。佛家的修行智慧表现为:

(1) 因缘和合。缘起理论是佛教的基本教义,是佛教思想的基石,它奠定了佛教的世界观基础。缘就是条件,起就是生发。佛教认为,宇宙人生的生发无不是依托于各种"因缘"和合而成。因缘和合的道理,不光靠外在的缘,还要看内在的因,因为因缘合和才是圆满之道。在佛家看来,人的修行要广种善因,广结善缘,这样就可能拥有幸福美满。缘起理论表明世间万物都是一种因缘而起的和合共生关系,即"因缘和合"。因是内在的根据,缘是外在的条件,只有当事物同时具备因缘时,生命才得以生长发展。佛家的诸行无常正是源于法无自性。

(2) 中道圆融。大乘空宗则把中观视为"不二法门"。中观学派的龙树提出了著名的"八不中道":"不生亦不死,不常亦不断,不一亦不异,不来亦不去。"并认为此乃"诸说中第一"。《大乘起信论》以"心"作为终极根源,"是心则摄一切世间法与出世间法",其阐发的"一心开二门"为圆融的世界观奠定了基础。天台宗在判教的基础上建立了包容一切、圆融无碍的理论体系,所谓"一心三观"、"一念三千"、"三谛圆融"。华严宗提出了法界"圆融"思想:"法界缘起,圆融自在"、"六相圆融"、"十玄无碍"、"理事圆融"、"事事圆融"、"一切即一,一即一切",弘扬圆融精神。圆融是佛家思想的最高境界。佛教依中道修行,修心在于圆融自在。

(3) 明心见性。佛学以正见为基础,认为诸行无常、诸漏皆苦、诸法无我,涅槃无名。以正见正信开始修行,达到明心见性。禅学倡导"不立文字,教外别传,直指内心,见性成佛"。佛性就是人性,如果能够明心见性，人心觉悟就能成就佛：一念之觉悟即为佛，一念之痴迷即为凡夫。《金刚经》提出"无所住而生其心"，说我们真实的心不是心脏这个肉体，也不是我们念念不忘的念头，"心"不住在外边，不住在里边，也不住在中间，无心是真心，无住是本性。禅修静心，明心见性，静能生慧，觉悟就是觉解和证悟人的本性。

（4）平等慈悲。大乘佛学认为，一切法都是真如佛性的显现，万法皆有佛性，人人皆可成佛。因此，不仅人与人应当平等，而且人与万物都应当平等。当人们觉悟到人人都拥有真如本性，就会生起平等心、慈悲心。慈是无缘大慈，悲是同体大悲，大慈大悲即可普度救世。《大智度论》说："大慈，与一切众生乐；大悲，拔一切终生苦。"大乘空宗的《心经》开篇即说："观自在菩萨行深般若波罗蜜多时，照见五蕴皆空，度一切苦厄。"无论是"四谛义"、"八正道"，还是"六度"、"四摄"，表达的都是佛教为众生救苦救难的慈悲救世情怀。

（5）真如本性。真如就是宇宙人生的究竟真理，佛学旨在体悟人生的真谛，见到世界的本来面目。生命同体，众生的痛苦就是我的痛苦，人人感同身受。人类与天地万物生命同源，因此佛学主张无缘大慈，同体大悲。《心经》认为，"色不异空，空不异色；色即是空，空即是色。"真如本性不在外界，而就在人性之中。人的真如本性要在世间经过修行磨炼，去掉无明和习气才能觉悟，觉悟之后就能看破红尘，外扫虚妄之相，内去执着之心，把握真如本性。只有"看破"之后才能"放下"，只有"放下"才能"自在"。总的来看，佛学主张一种因缘和合、中道圆融的生命观，从修心开始来建构清净的世界。

针对佛学中道圆融、自性具足的妙谛，可谓"如来如去真如圆融不一不二，非空非有无非因缘自性自然"。如来如去，如如不动为真如，如来者如其本来的面目也。真如圆融，开出的法门是"不一不二"。从"体"上讲就是"不二法门"，"不二"即是"一"，即是万物一体、生命同源；从"用"上讲就是"不一法门"，"不一"的世界是丰富多彩的世界，每个生命都有个性，否则世界就没有生机，生命就没有意义。"非空非有"，说的是世界既不是一个虚无断灭之"空"，也不是外境着相之"有"。"非空非有"斩断了一种"断灭空"和"执着有"，自性方能清净光明。《金刚经》讲"四无相"："无我相，无人相，无众生相，无寿者相"，"见诸相非相，则见如来"。这如同道家讲的无为才是大为、自然才是自在，都以体悟的方式领会宇宙人生的真谛。非空非有才能真空妙有，真空妙有才能化生万法。万法化生，无非因缘，因缘和合，自性自然，真诚自在。

(二) 感悟自然的生命智慧

中国传统修道文化特别是道家文化可以概括为大道自然。具体展开来讲，以道家为代表的修道文化可归纳为如下感悟自然的生命智慧：

1. 道法自然，无为自化。当然，这里的自然既包括这个实体性的大自然——天地人万物，还有一个意思就是万物自然而然的性质，就是每一个生命自身的本性。比如，人要掌握人自己生命的本性，按照自己生命的本性去生活，这样的话就会非常自在，因为道就在你心中。生命的种子，一旦因缘和合，条件成熟就会自己生长出来，种豆得豆，种瓜得瓜。例如，鸡蛋孵化小鸡，一旦给了适宜的温度鸡蛋就能孵化成小鸡，因为它有生命内在的力量，这叫做自然而然。可惜我们通常不知道自己应该干什么，自己是谁，自己的道在那里，也就是我们不知道自己的道和路。因此，向自然学习是道家的总口号，道家的道是让我们向自然学习。

2. 宽广包容，厚德载物。《易传》讲："地势坤，君子以厚德载物。"道家提倡向大地学习，学习大地阴性的智慧。"无，名天地之始；有，名天地之母"；"天下有始，以为天下母"，"既得其母，以知其子，复守其母，没身不殆"。"贵以贱为本，高以下为基"；"处其厚，不居其薄；处其实，不居其华"。向大地学习，学习大地的宽广包容、厚德载物。大地能够生长万物，却从来不居功自傲。因此，人应当谦虚，向大地学习，不但不能自我夸耀，还要成就万物。"万物恃之以生而不辞，功成遂事而不名有，衣养万物而不为主，万物归焉而不为主。"易经有一卦有着非常好的含义，叫谦卦。这个卦象是坤上艮下，就是说本来山应该在地的上面，结果山自行到地的下边去了。大地在上面而高山在下边，就是因为山太谦虚了，高而能下。学习山的谦虚就叫艮谦，山虽然很高，但山不以自己为高知道自己来自大地，山的根基在大地，能回到大地。高山仰止，而高山却自觉到大地之下，这正是山的谦虚，这叫艮谦。还有比艮谦更伟大的谦叫坤谦，因为高山从大地而来最后回归大地化为大地的一部分，宽广包容，成就万物。不但不以自己为高而且能谦虚处下，能够辅佐万物厚德载物，能够让万物在自身的怀抱中生长发展，这叫做坤谦。能做到艮谦和坤谦的人，是为谦谦君子。

3. 阴柔慈爱，养育万物。道家强调向母亲学习，重在把握阴性智慧。《道德经》讲"无名，天地之始；有名，天地之母"。"道可道，非常道，名可名，非常名"，可以说出来的道不是恒常的自然之道，我们用概念命名之后的道也不是自然本性的道。作为没有命名之前的那个道叫"无名，天地之始"，"始"是自然母亲怀胎万物的生命孕育的无形状态，"母"是自然母亲生育出万物的有形状态。道就是宇宙大母亲养育万物的至大德性，她能孕育出生命万物包括人，但是我们常常看不见摸不着，她经常是隐而不显，但生生不息。道"常无欲，以观其妙"，道不是用语言可以描述的，就像是母亲生育子女的子宫和通道，自然的玄妙需要用心才能感悟。老子让我们用心悟道，一个方便法门就是让我们向母亲学习。母亲生育养育之德，无私大爱，天地可鉴，但从来不炫耀，也不求回报，这就是母爱的精神。老子讲道为天地之母，"生而不有，为而不恃，长而不宰，是谓玄德。"向母亲学习阴柔慈爱、养育万物的德性。不要以为老子的道有多么玄虚，遥不可及，道其实就在我们日用常行之中，就在我们生活周围，就在我们的母亲身边，就在人间的大爱之中。

4. 复归婴儿，保持本真。《道德经》有四次讲到了向婴儿学习："知其雄，守其雌，为天下溪。复归于婴儿"；"含德之厚，比于赤子"；"婴儿之未孩"；"专气致柔，能如婴儿乎"。婴儿生下来之后，看起来最柔弱却最本真、最有生机活力。刚生下来的婴儿，甚至头骨也是软的，这样才能生下来。把刚生下来的婴儿放到水里，他就自然会游泳。相反，我们越长越大，反而不会游泳了，把我们与生俱来的本领丧失了。婴儿非常好奇，可我们长大后好奇心却逐渐没了。所以说大人应该向我们生命的本真状态婴儿学习——大人者不失其赤子之心。那么弱小，那么软弱，说像道，道在哪里呢？道就在生命的柔弱性、鲜活性上。因为婴儿的生命力最旺盛，最柔软但能以柔克刚，婴儿保留了很多本真的天性。道家让人返璞归真，婴儿没有杂念，不像我们成年人后天学到了很多恶习和毛病。从这些平常的事物中我们去感受道的存在与体现，道就在我们日常生活之中，就在万事万物之中。

5. 上善若水，以柔克刚。老子说"上善若水"，要学习水的德性。"水善利万物而不争，处众人之所恶，故几于道矣"；"天下莫柔弱于水，而攻坚强者莫之能胜，以其无以易之也"；"弱之胜强，柔之胜刚，天下莫不知，而莫之能行也"。水有什么样的德性让我们觉得它接近道？水有无尽的德性，如水能滋养生命，所有的生物都离不开水。西方哲学家泰勒斯一生就讲了一句有名的话——"水是万物的始基"，被尊为西方"哲学之父"。如水能就下，人往高处走而水总往低处流。总想往上走是人的逻辑，人人都想"上进"，谁还想"下进"呢？老子讲的正是"下进"的道理。我们都讲进步，他却讲"退步"。《道德经》讲："明道若昧，进道若退，夷道若颣。"让你真正能前进的路有时可能需要"退步"，所谓退一步海阔天空。而我们满脑子成天想的就是进步、进步、再进一步，结果有时会四处碰壁。如水能包容，并能洗净脏的物质。水无形无色无味，它装到瓶子里，就成瓶子的样子；倒进杯子，就成杯子的形状。冰天雪地时，水被冻成冰块，遇热后变为云彩，如行云流水。水正是因为它无形无色无味，故成就一切，因为大象无形，没有形状，反倒可以成就任何形状。当然，水还有许多性质，比如水滴石穿，以柔克刚，"天下之至柔，驰骋天下之至坚"。学习水的德性就是学习自然之道。

6. 虚怀若谷，道冲不盈。《道德经》讲："谷神不死，是谓玄牝。玄牝之门，是谓天地之根。绵绵兮若存，用之不勤。"老子把道说成谷神，正是包容滋养万物的自然大道的比喻，谷神是深不见底，能涵容万物的。我们要向谷神学习什么呢？学习它虚怀若谷，胸怀就像谷神一样，有无限的包容性，心量包容宇宙。虽然我们的肉体连这个房间都包容不了，但我们的心可以包容一切。人的自由就在于心的自由，这是道家所强调的心灵的超脱。《道德经》还讲："道冲，用之不盈。"道就像杯子，里面是空的，但怎么装水都不会满，装满了那就不是谷神了。我们能不能有谷神那样包容的心、宽容的心、平和的心，可以滋养万物、涵容万物。这个谷神是什么呢？其实就是宇宙这个大母亲的子宫啊。《道德经》开头讲到"众妙之门"和"玄牝之门"，妙为女性，牝为雌牛，都比喻自然大道母亲，谷神就是自然母亲生育万物的胸怀和度量。

7. 海纳百川，有容乃大。《道德经》讲："江海之所以能为谷王者，以其善下之也。"我们经常说海纳百川，有容乃大。水和谷结合起来就是大海。如果一个人有水的本性和谷的本性，合起来就是海的德性。大海能够海纳百川，大海为什么能够成其大？因为有大容量。为什么有大容量？一是有大胸怀，胸怀广阔；二是有低姿态，善于处下。所谓大国者下流也，总是处在水流的下方才能接纳。如果大海高高在上，所有的江河湖泊流不进去，它如何成其大？大海正是拥有水的德性又有谷的德性，所以百川向海，众望所归。

8. 大象无形，不缴不昧。《道德经》讲："大方无隅，大器晚成，大音希声，大象无形"；"不自为大，故能成其大。"大方无隅，方的东西都是有棱角的，而真正的大方就没有棱角了。我们经常说做人要大方，我们又有几个人能做到大方无隅？大家都太有棱角了，太追求个性了，总要突出自我，其实只有放下自我才能真正实现自我。《道德经》告诉我们：大智若愚，深藏不露。不是没有棱角，而是把棱角放到里面，内方外圆。大器晚成的"晚"通"免"，其实是"大器免成"，真正的大器都没有固定成形的定式。大音希声，音本有声，但天道天籁之大音无声。大象无形，象本来也是有形的，而修道之大气象却至大无形。大成若缺，最浑然天成的东西往往有微瑕，有缺憾的东西才叫大成，而看起来完美的东西可能是假的。天象自然运行，大象无形，不缴不昧。不缴不昧是道之于万物，处于上位不光芒耀眼，处于下位不昏沉暗昧，真正做到"方而不割，廉而不刿，直而不肆，光而不耀"。

9. 致虚守静，归根复命。比天象更大的就是虚空了，可以包容一切，要学习虚空的德性。《道德经》讲："致虚，极也；守静，笃也。"老子把谦发展到虚，虚能包容一切，用"道冲不盈"、"玄牝之门"来比喻道的虚空涵容之性。虚空是无，可无有大用。轮轴是虚空的才有车之用，杯子是虚空的才能装水，教室是虚空的大家才能听报告。"有之以为利，无之以为用。"无有大用，我们经常说要寻找发展的空间，没有虚空，何以有发展空间？心量无限，虚怀若谷，才能容下万物，成就万物。"贵以身为天下，若可寄天下。爱以身为天下，若可托天下。"胸怀天下，才会拥有天下。境界和胸怀就是你能看多远，能包容多大。致虚守静，人只有虚其心的时候才能拓宽空间，人只有静其心的时候才能生出智慧。致虚守静，才能归根复命。老子讲："万物并作，吾以观其复也。夫物芸芸，各复归其根，归根曰静，是谓复命。复命，常也；知常，明也。不知常，妄；妄作，凶。知常容，容乃公，公乃王，王乃天，天乃道，道乃久，没身不殆。"老子还讲："为学者日益，为道者日损"；"损之又损，以至于无为。"没有装不下的知识，为学可多多益善，但为道是减法的智慧，把那些贪婪、嫉妒、怨恨、骄气等统统去掉了，回复自然的清静本心。心静生慧，道就是大智慧。而现在大家却在追求外在，贪图多吃多玩多占。心在身之内，修道之人要回到内在，把放出去的心收回来。所以道家是一种内在超越的文化，不是向外去抓。

10. 大道自然，无为自化。无为就是自然，无为处事就是道法自然。按照自然的法则去治理，即无为而治。《道德经》讲："处无为之事，行不言之教"；"故圣人云：我无为而民自化；我好静而民自正；我无事而民自富；我无欲而民自朴。""取天下恒以无事，及其有事也，不足以取天下"。"不自见，故明；不自伐，故有功；不自矜，故能长"；"夫唯不争，故天下莫能与之争"。"功成事遂，百姓皆谓我自然"；"出于无有，入于无间，吾是以知无为之有益"；"不言之教，无为之益，天下希及之"。这种无为的自然智慧，不是小聪明，而是得道的大智慧。老子感慨地讲："上士闻道，勤而行之；中士闻道，若存若亡；下士闻道，大笑之。不笑不足以为道"；"孔德之容，唯道是从"。真正有道有德的人是从内心发出来的，不考虑外在的功利，从做人的本性流露出来。上德不德，是以有德。德者得也，得道就是德。"道生之，德畜之，物形之而器成之，是以万物莫不尊道而贵德。"

（三）心与道通的生命觉悟

中华心学蕴含着心与道通的生命意境，易经与儒释道都体现了大道自然的生命觉悟：易经主张自然大化的生命观，注重变通的阴阳和谐；儒家主张中和之道的生命观，注重入世的人文关怀；佛家主张中道圆融的生命观，追求真如的本性自觉；道家主张道法自然的生命观，通达超脱的天地境界。心与道通的生命觉悟之道，与西方注重概念化的理性思维形成鲜明对照，中西哲学的生命观会通在于悟性与理性的对话。中华心学的悟觉思维注重心性的修养，使心性与大道相通，以开启人的生命澄明之境。

人是在世的存在。在世之人，是宇宙中具有心性的存在，人的心性可以接通自然大道。作为心性的生命体，人的生命跟宇宙万物的生命是内在一体的，存在着本质上的统一关系。人的小生命来源于宇宙的大生命，最后还要回归大生命之道。道就是生命成就自身的内在本性和构成机理，在人则为"人道"，在天则为"天道"。人的觉悟在于心与道的感悟相通。然而，人的生命本性在现实中常常是不自觉的，生命之道的迷失使得现代人找不到回家的路，处于一种生命的无根基状态。人从自然大生命而来，本身就携带着自然之道的气息，但常常迷失了自然之道的本性，找不到生命之真谛。这种生命的无根基状态是人的生命自觉意识缺失的表现。我们目前所处的现时代更需要对人的生命观进行反思：我们究竟从哪里来？到哪里去？生命本性究竟是什么？能不能找到生命的真实信仰？这就需要上升到生命哲学层次进行生命观的澄明，让光亮照进生命的无明状态，使心性得以启蒙，通达生命的澄明之境。

古往今来的哲学，正是人追寻自觉之生命意识的理性映现。哲学的意义正在于追问生命的意义，完善生命的价值，实现生命的觉解，追寻人生的真谛。"觉"字可理解为"学"到慧"见"；"悟"字可理解为"吾""心"为"悟"，明心见性即为生命之觉悟。在当代，人更多地去追逐身外之物致使人失去了生命的本性，遮蔽了自然的生命之通道，心性难以与大道接通，导致生命有隔，陷入迷茫的无明状态。人作为拥有心智的存在，不可能忍受无意义的生命中难以承受之轻。这需要人用心灵去感悟，用生命去体验。从个体在世的角度来看，生命似乎只有一次，而如果从自然大化之道来看，则人的心性与自然大道相通，不生亦不灭，是道法自然的大化存在。

心与道通的生命观，主要体现在如下层次：

1. 人世。人世即人生在世，人存在于世界之中，因而把握人与世界的关系。我们如何理解宇宙的真相和人生的意义，这需要自觉领会哲学意义上的世界观问题。通常我们将世界观定义为人对世界的根本看法，其核心就是把握人与世界的关系，把握人生的存在方式。从哲学的层面理解世界观，"世"是人生在世的生命宇宙；"界"是人生体验的道路；"观"是以人的心性对宇宙大道的觉悟。这种观不只是"眼"观，更在于"心"之观悟。心之世界观决定着人生观的视野，人的心性自觉到与宇宙大道相通则是世界观的澄明。

2. 人生。人生就是人的生命，觉解人和自身生命的关系才能真实把握人生。宇宙有其生命的自然演化历史，作为宇宙大生命进化链条中的一员，人是天地之灵长、万物之精华，遵循着宇宙进化的法则，即自然大化之道。人生在世的意义重大："为天地立心，为生民立命，为往圣继绝学，为万世开太平。"人的生命与物的生命有着质的差异，虽然在自然生命意义上具有一体性，但人的生命有着极为特殊的使命。人生观是人对自己生命的观照，在生命中寻找人生真谛并对存在意义的反思和追问。

3. 人心。人有心性，"心之官则思"，"修心养性"，强调了心性的重要性。人心不是作为身体器官的心脏，它是宇宙生命大化中最精妙的存在，我们现时代的科学都难以精确地把握。人心变幻莫测，若要高尚起来，比神还崇高，可杀身成仁、舍生取义；若要作孽，甚至禽兽不如。中国哲学特别发展了心性、良心、良知，即对人的心性的自觉修炼。人心不是某一个器官性的存在，而是作为一种生命之道的属性来主宰人的生命。这是因为心中有道，心与道通，心即道。道是一种宇宙自然而然的本性，"天命之谓性，率性之谓道"。古往今来哲学、宗教、艺术都关注人与自我心灵的关系。身与心、灵与肉怎样达相通与和谐，达到内在的宁静与从容，这就需要人反求诸己，反观自己的内心，洞察心灵的奥秘。

4. 人性。人性由人"心"与人"生"构成，"性"是心与生命之道贯通的体现。何为人的本性？人的本性就是道性，宇宙之道赋予了人的心性。心的生命即"性"，意味着用"心"来支配和引导人的"生"命，找寻生命的道路。灵魂是人的本性的另一种表达，它引导着生命。没有了心性的引导，人的生命就会出现迷失。这就需要反思和回归人性，达到哲学意义上的人性观自觉。人心作为支配人性的本源，是人的生命中非常独特的存在。人除了拥有与动物一样的自然本能，还拥有自由，即能够支配自然生命的生命。人的心性就是用来主导人的自然生命，因此说人的心性就是人的本性。只有破解心性的密码，才能获得对人生命的洞察。人生在世最大的困惑是心性的困惑，心性是哲学的真正奥秘，哲学就要去理解人的心性。

从人世、人生、人心和人性的层次可以看出，生命的奥秘在于人的心性，心是人的自然生命的自主生命，是人的道德自觉的自在生命。生命的价值在于人心的创造，人的心性最终决定了生命发展所能达到的高度。有知识不等于有文化，有文化不等于有修养。当代新心学的探寻，注重现代人的修心养性，以德性的涵养造福社会，以智慧的心性启迪人生。在修心养性的修行道上，心与道通，虚静心性，谦以养德，静以生慧；淡泊心志，高瞻远瞩，宁静致远；升华心境，进退自如，通达自在，通向大道自然、厚德载物、人文日新、自性光明的境界。

（原载《长安大学学报》（社会科学版）2014 年第 4 期）

在人文会通视野中重写中国哲学史

漆 思

中国治学传统注重"文史哲不分家",当代文史哲应当"分科不分家"。文史哲虽分科而不分家,表明文史哲人文思想拥有共同关注的人性与人文之家。在当今重提文史哲的会通,就意味着在原本共同的人文家里可以相互自由走动,并可以会心交谈彼此都关注的世道人心与人性自觉等问题。然而,在现代学科建制下,文史哲三科日益分化,其内部研究领域也不断细分。虽主张分门别类地精细研究有其相对合理性,但一味关起家门自立门户不相往来则带来了人文学科自我封闭和碎片化的不良后果,不要说文史哲学科之间的疏离,就是文史哲各自学科内部也存在着难以沟通的隔阂,这种状况严重阻塞了文史哲通过心灵对话通达人性自觉与生命领会的应有通道。人文会通的视界融合,在于探寻领会人文世界的逻辑和方法,促进人文思想史的重新理解,自觉把握中国人文传统的思维方式与思维特质,体现中国哲学注重人性悟觉的生命智慧,恢复中国哲学的自性与自信,以人文情怀与世界眼光重振中国哲学思维的独特优势,塑造和引领全球化时代新的人文精神。

因此,当今时代就需要文史哲回归反思世道人心与促进人性自觉之人文学科本分与天职的心灵对话与会通。文史哲的会通不意味着取消各自应有的学科特性和研究方式,恰恰相反,需要将文学对人情世事体验的情感表达与心灵意会、史学对生活变迁洞察的实践理性与历史智慧、哲学对宇宙人生感悟的本体追问与终极关怀等不同侧重、不同方式的独特人文智慧与生命领会得以沟通和共享。这种会通不仅意味着打破文史哲原有学科界限和范式实现各自眼界的自我超越,必将促进文史哲等人文思想史的重写与创新,而且意味着人文学科以视界融合的新眼光理解和想象人类生活,拓展人类感悟宇宙人生的视野,增进人类观照世道人心的智慧,促进人性的自觉与生命境界的提升。

(一)人性观照:文史哲会通的人性自觉

从人性的视角来观照,文史哲的会通在于都拥有共同的人性基础和人文情怀，都旨在洞察人性与生命的奥秘，都以世道人心作为关注的核心内涵，都以不同的体验方式和观照视角对世道人心的改善进行理想建构，这是文史哲共同的人文精神和价值追求。因此，当代人文思想会通视野中的文史哲，应当走出各自学科人为设定的界限，走向一种基于人性观照的视界融合，以通达生命的澄明之境。

人性是宇宙人生的奥秘，也是观照宇宙人生的文史哲等人文学科共同的奥秘。高清海提出："人是哲学的奥秘"[①]，实际上人正是文史哲共同的奥秘所在。对人性奥秘不同层面、不同方式的追问，诞生了作为人文思想的文史哲。作为洞察人性的文学、史学与哲学，本质上都是人文之学，也即是人学，共同指向丰富具体的活生生的人性，只是各自指向人性的侧重与方式不同，但都以不同面相的观照构成了人性圆周的扇面。完整的人性扇面是任何单一学科无法独立支撑的，因此就需要文史哲的会通融合，从而形成整体性的观照来深刻理解和洞察人性的奥秘。

显然，文史哲等人文学科都在讲述人的故事而不仅仅是自我学科的故事，文史哲讲述人的故事的主题和灵魂正是人性。由于人的故事太丰富、人性太复杂的缘故，任何单一的人文学科都无法全面讲述，由于各自讲述能力的不足就有了各人文学科的分工与协作。然而，由于现代学科建制的高度分化，使得文史哲等人文学科遗忘了共同关注的人性主题，以至于走上了人为隔阂的所谓现代学科分科建制之路。这种状况在今天显得尤为严重，文史哲学科之间的各自为政和不相往来似乎成为理所当然。中国传统治学方式主张打通文史哲，正是基于共同的人性关怀，都在讲述人性真、善、美、圣的故事，人的故事显然需要文史哲会通融合起来共同讲述。

具体展开来说，文史哲对人性的观照和对人的故事的讲述，有着和而不同的侧重和方式：

1. 文学以表达方式侧重关注人的感性体验与心灵意会。人有着具体丰富的感性内涵，主要表现为情感、意志、心理等心灵活动。感性是人性的基础层面，也是人性中最为生动、丰富、具体的感受系统，对人的感性

[①] 高清海：《人是哲学的奥秘》，《哲学研究》1993年第6期。同时参见《高清海哲学文存》第二卷：《哲学的奥秘》，吉林人民出版社1997年版；《高清海哲学文存·续编》第三卷：《"人"的哲学悟觉》，黑龙江教育出版社2004年版；高清海：《人就是"人"》，辽宁人民出版社2001年版。高清海先生在当代中国旗帜鲜明地提出并关注"人的问题"，认为"人"是哲学的奥秘，其晚年更注重探究悟觉思维，认为这是中国传统哲学思维的重要特质。

体验与心灵探究构成了文学反映人性和表达生活的基调。文学对人的感性体验与心灵意会，侧重于以形象、想象、意象等方式来生动、鲜活地表达和演绎。所谓形象化的表达，就是具体真实的艺术再现，揭示人生的喜怒哀乐、悲欢离合、生老病死等具体心灵感受。所谓想象化的表达，就是一种理想性的表达，将人情世事以超越现实存在的想象进行构想。文学源于现实却超越现实，但文学无法超越生活，因为生活本身就具有理想的超越性，文学对生活的想象源于人性本身的内在渴望。追寻人性的真善美，正是文学所具有的批判现实和追求理想的功能。所谓意象化表达，即观物取象、以象表意、得意忘象、得意忘言，透过生活的典型意象揭秘人性的矛盾，展示人生的欢乐与痛苦，构建生命的意义与价值。文学的表达方式可谓丰富多彩，从体裁上就有诗歌、小说、散文、戏剧等诸多形式，都是从不同层面和视角表达人性的希望。人是具有情感体验的存在，人之所以区别于草木禽兽，在于人有情感与心灵。文学的人性表达和心灵体验，正在于以"情"动人，使人的情感得以升华，使人的心灵共鸣。"世事洞明皆学问，人情练达即文章"，体现的正是文学对世事的洞察和对人情的领会。可见，文学对世事人情的观照和表达成为洞察人性不可或缺的重要维度。"文章千古事，得失寸心知"，文学的心灵表达正在于以洞察情感的方式把握人心，从而做到心有灵犀、心心相印、心灵相通，这是文学所追求的灵性境界。

2. 史学以实证方式侧重把握人的实践理性与历史智慧。实践理性是人性的历史经验积淀，凝结为人类社会生活的历史智慧。史学正是要如实揭示人类历史的轨迹、生活的真相、运行的法则、发展的道路与趋势等史识。中国史学所谓"究天人之际，通古今之变"，正是史学鲜明的历史自觉意识。中国史学传统注重追寻历史之"道"与人事之"理"，即把握人类历史发展的"道理"。中国史学以把握人类历史发展的"道理"为己任，揭示人类历史兴亡得失的法则与原理，所谓"以史为鉴"是也。这必然要求史学以客观实证的方法掌握证据，洞察人类生活的实相，总结历史发展的经验，进而把握人类生活的未来。相比于文学的想象和空灵、哲学的沉思与悟觉，史学则务实而严谨，所谓"有一份史料说一份话"，这体现的正是史学把握人性的实证考察方式。史学对人性的观照主要承载着记录、解释和引导的功能：真实地记录人类历史发展的进程，揭示历史运行的真实状况，在此基础上进行经验总结和因果解释，形成历史发展的

"道理"与规律性认识，进而预测人类发展趋势，探索和引领人类未来的发展道路。因此，史学不只是回顾人类从前的故事，也着重于立足当下的现实考察以展望历史发展的前景。如果缺少了对人性的历史性把握，人类的生存和文明的发展将缺乏真实的传承脉络和历史地基。因此，中国人文传统主张"治学先治史"、"六经皆史"、"经史合参"、"史论结合"等，体现的正是中华民族一直对历史思维和实践理性的重视。几千年来，中华文化拥有系统完整的历史记录和历史研究，有着厚重深沉的历史意识和历史情怀，有着一脉相承的历史道统与历史谱系。正是在此历史观照之下，中华文明才生生不息、守正创新，成为四大文明古国中唯一不曾中断历史记忆的文明。历史对人性的把握，既注重如实揭示人性存在的实相，也侧重揭示社会发展的道理。缺少历史的维度，人的故事将无法讲述。

3. 哲学以反思方式侧重探索人的悟性智慧和生命境界。哲学侧重于对宇宙人生真谛的领悟和终极关怀的追寻。人的悟性让人明心见性，开启智慧，通达天人、人际、身心的和谐，追求人心与天道的贯通智慧，用中国哲学传统的表达就是追求"天人合一"。中国哲学向来侧重人的悟性的开启，注重人性的觉悟。人的悟性自觉在于领会人的生存意义和提升人的生命境界，开发人的生命智慧。哲学对人性观照的方式主要是反思与追问方式，它不同于文学的表达与意会方式，也不同于史学的实证与洞察方式。反思追问是一种前提批判与深层提问的方式，透过现象把握本质，深明宇宙人生的因果关系，实际上是对人的本体性思考。反思追问的意义不在于提供明确的答案，而在于创造性地提出和探究问题，通过不断的提问以反思人性的弱点和困局，走向人性的觉悟与解放。从中西哲学思想的源头上看，古希腊哲学传统比较侧重"爱智之学"，中国哲学传统比较侧重"心性之学"，各自指向人性的理性（心智，mind）与悟性（心灵，heart）。古希腊哲学传统重视理性，如苏格拉底认为"知识即美德"，柏拉图提出理念论，亚里士多德探究本体论，注重物理学、政治学、诗学与形而上学等的分科研究，发展了以"逻各斯"（逻辑）为核心的理性思维；而中国哲学传统重视心性，注重人的道德觉悟，认为天文人文一体于天人合一之道，主张心外无道、心即道、"心与道通"[1]，发展了以"道"

---

[1] 漆思：《心与道通：中国传统哲学的生命意境》，载《哲学基础理论研究》第三辑，中国社会科学出版社2011年版。

（道德）为核心体现生命整体性的悟性思维，不同于西方的主客心物二元分化的思维方式。中国哲学以生命领悟方式观照人性，注重感悟、体悟、证悟等实践生活体验，本质上是一种生命哲学之思，以把握完整的活生生的人生。因此，中国哲学传统从源头上并没有与文史、政治宗教等人文思想割裂，而是不可分割地内在统一起来。中国的经、史、子、集等分类，在古代虽然没有明确的"哲学"概念，甚至连"哲学"这个词也是近代在翻译西方"哲学"概念时，参照日本学者西周的译法而临时采用的，但不能说中国自古以来就没有本己的哲学思想和智慧，而是表明中国哲学思想并没有从人文思想中相对独立出来（这与中国思想传统注重生命整体和融合会通的思维特质有关），一直贯通于对世道人心的整体性领会之中。因此，我们称之为先哲的孔孟老庄等，他们在当时并未被称为哲学家，而是探究世道人性等实质性问题的原创性思想家，因为他们都对宇宙人生有着深刻独到的领悟，创立了儒道等影响深远的思想体系。

上述表明，文史哲会通的基础在于对人性奥秘的观照与生命境界的提升，只是三者从不同侧重和方式展开。因此，文史哲的会通要实现基于人性观照的人文思想融合，从而对人的理解和把握获得有着丰富人性内涵的、体现历史性和完整性智慧的深刻洞察。

（二）世道人心：文史哲会通的人学内涵

笼统地说，文史哲等人文学科都是人学，都是对世道人心不同面相的揭示，世道人心成为文史哲等人文学科共同关注的人学内涵。这里借用中国传统表述的所谓"世道"，是指社会生活秩序，即社会共同体秩序，核心是维系社会人际关系的道德伦理体系；所谓"人心"，是指人类心灵秩序，即共同精神家园，核心是协调身心灵肉关系的价值信仰体系。中国传统注重世道与人心的统一，即社会秩序与心灵秩序的和谐。作为中国人学核心的文史哲，都是从不同层面来洞察世道人心，都致力于改善世道和提升人心。

中国传统的治学方式，对世道人心的关注，是以人性为基点，通过文史哲等人文思想的会通来通体把握。这种会通不是分科探究，而是不同思想流派对世道人心进行"百家争鸣"。中国文史哲对世道人心的探讨，形成了具有鲜明特色和重大影响的思想流派，主要体现为："以儒治世"、"以道治身"、"以佛治心"的三教合流的思想格局，各家"同归而殊途，百虑而一致"，构成了和而不同、多元一体的中国思想生态。

儒家追求内圣外王。内圣，就是提升自我的道德修养，使人的内在心性具有圣人的道德人格；外王，就是以心性修养来推己及人，应用于社会，在社会治理中贯彻王道原则。儒家的内圣外王之道，是从格物致知、诚意正心到修齐治平，走的是从内圣出发扩展到外王的道路，注重世道的改善在于心性的提升。儒家从天理良心一体出发，"尽其心者，知其性也；知其性，则知天矣"（《孟子·尽心上》），遵循中庸之道，倡导仁义礼智信等道德规范来协调人际关系的和谐。在社会政治上主张实行仁政和王道，认为"政者，正也"，追求人间正道，谋求天下为公与世界大同。其本质是一种道德主义的世道人心秩序。

　　道家注重道法自然。道家对世道人心思考的理论基础是天人一体，即人道与天道的贯通和一致。所谓"人法地，地法天，天法道，道法自然"，核心是以天道自然法则作为人的道德规范，实质上是要达到人心服从天道。道家思想的特质，是从道法自然出发，顺应自然，合乎天道，以天道来规定人道，主张返璞归真。天道成为调节人事的自然法则，达到顺天应人，实现无为而治："道常无为而无不为，侯王若能守之，万物将自化。"（《老子》37章）其本质是一种自然主义的世道人心秩序。

　　佛家崇尚心性清净。佛家主张"心净则佛土净"，以心性的清静来实现佛土的庄严，侧重于明心见性的修心工夫。佛家认为"万法唯心"、"境随心转"，放下人心的颠倒妄想，实现世界的清净和乐。《楞严经》云："当平心地，则世界地一切皆平。"《维摩诘经》云："若菩萨欲得净土，当净其心；随其心净，则佛土净。"《杂阿含经》云："心恼，故众生恼；心净，故众生净。"《坛经》云："于一切时，念念自净其心。"只有内心的平和清净，才有外在的和谐安宁。现代佛教提出人间佛教、生活禅与心灵环保的主张，从净心修性出发，以心灵和谐促进世界和谐。其本质是一种心性主义的世道人心秩序。

　　通过上述的分析，以儒道释为代表的中国人文思想对人性奥秘的洞察，核心内涵体现为对世道人心的关注和提升。《尚书·大禹谟》所讲"人心惟危，道心惟微；惟精惟一，允执厥中"的所谓"十六字心传"，表明中国思想传统对于心性修养及道德实践的注重，追求人心与天道的契合，以心灵秩序的完善来带动社会秩序的建构。具体来说，中国文史哲对世道人心的关注，以不同的方式展开并发挥着各自独特的功能：

　　1. 文学以文以载道的方式发挥着人文教化的功能。文学的形象表达背后其实包含着人性的道德关怀，文以载道的目的在于人文教化，鞭挞社会的丑恶、弘扬人性的高贵。中国文学史上的诗歌、小说、戏剧等都体现了文学的这一教化功能。如《诗经》中就有风、雅、颂，诗以言志，歌以咏怀，有讽刺、有批判、有赞美、有歌颂，以潜移默化的方式影响着世世代代人的心灵；如《三国演义》、《水浒传》的"忠义侠义"、《西游记》的"心猿意马"、《红楼梦》的"大观园"意象、《赵氏孤儿》的悲欢离合等，深层次讲述的是真假、善恶、美丑、正义与不义等价值判断，都深刻影响着社会风尚与道德情感。

2. 史学以历史评判的方式担当着弘扬道义的功能。在这方面，孔子的"春秋笔法"可谓典型代表。孔子"作《春秋》而乱臣贼子惧"，就是以历史书写的价值评判，作为社会的道义评判标准，凸显了一种历史的评价尺度，追寻永恒的道义担当。所谓"人生自古谁无死？留取丹心照汗青"，正是这种历史意识的鲜明表达。中国人通常所说的"让历史去评判"、"青史留名"等，也正好体现了史学对引导世道人心所发挥的独特功能。

3. 哲学以价值评价的方式承载起道德提升的功能。中国文化特别注重道德评价，以道德为标准对人性进行修正，正是"修行"的实质所在，即以道来修正人心，使人的言行符合道德的要求。中国哲学对世道人心的反思从两个角度展开：一方面是批判性功能，通过反思批判进行价值评价，引领时代精神；另一方面是建构性功能，确立天理良心，"为天地立心，为生民立命，为往圣继绝学，为万世开天平"①，发挥安身立命、经邦济世、传承文明、涵养德性的独特作用。

当代中国人文精神陷入了深重的意义危机。"'意义危机'是现代中国思想危机的一个层面……当新的世界观和新的价值系统涌入中国，并且打破了一向借以安身立命的传统世界观和人生观之时，问题变得更加困扰。各种争执不下的新说使得传统价值取向的象征日益衰落，于是中国人陷入严重的'精神迷失'境地，这是自中古时代佛教传入中土后所未有的。"②当代中国的意义危机表现为三个层面的迷失：首先是"道德迷失"，即原先行之有效的伦理准则大都失范，而新的道德规范又未能有效建立；其次是"存在迷失"，即内圣外王的人生境界已被认为不合时宜，又找不到安身立命的存在意义；最后是"形上迷失"，现代化进程中人的终极关

---

① 张载：《近思录拾遗》，载《张载集》，中华书局1978年版，第376页。
② 张灏：《新儒家与当代中国的思想危机》，载《当代新儒家》，生活·读书·新知三联书店1989年版，第58页。

怀等形而上的超越性意义无法确证，现代人的信仰普遍出现了迷惘与困惑，重建现代人的意义成为时代呼唤。"每个社会都设法建立一个意义系统，人们通过它们来显示自己与世界的联系……这些意义体现在宗教、文化和工作中。在这些领域里丧失意义造成一种茫然困惑的局面。这种局面令人无法忍受，因而也就迫使人们尽快地去追求新的意义，以免剩下的一切都变成一种虚无主义或空虚感。"① 中国文史哲会通的当代意义，在于共同观照世道人心的时代困境，重建当代中国人文精神。

无论文学的人文教化、史学的道义引导、哲学的德性涵养，都重在以人心的改善推动世道的改良，追寻人性的真善美和社会的正义。当代社会的世道人心状况如此令人担忧，无论社会秩序还是心灵秩序，都迫切呼唤文史哲的会通融合，以达到对世道人心的反思和引领。

（三）视界融合：文史哲会通的方法路径

探讨文史哲的会通，需要进一步思考会通的方法路径问题。既然文史哲会通的主题在于人性的自觉，那么其视界融合就在于以整体性的人性视角来观照，确立把握世道人心的人文逻辑，探寻正确的世界观、人性观、价值观和历史观。与自然科学注重对象性世界的研究不同，文史哲等人文学科重在揭示人性世界的奥秘，探索人的意义世界和价值系统。因此，人文学科不仅要注重事实判断，更要注重价值判断，这样才能对生命境界的提升发挥文史哲独特的功能。

文史哲会通的视界融合，从人文逻辑的层面来看主要有如下方法路径：

1. 理解与诠释。理解的实质是从人的目光出发进行自我理解，也就是对生命的自我观照。古希腊阿波罗神庙铭刻的"认识你自己"，体现的就是人对生命的自我理解。对于"我是谁"、"从哪里来，到哪里去"这种人对自我生命的理解和追问，显然不是一种对象化的认识，而是直接指向人性与生命的自我领会。对人的认识其实最为艰难，因为人性的困惑是生命最高的困惑。既然文史哲旨在以不同的方式揭示人性的奥秘，那么三者会通的视界融合就需要对人的理解方法的自觉。这种理解以宇宙人生的真相认识为基础，包含了人生的意义追问与价值反省，也即是追求真理与

---

① 丹尼尔·贝尔：《资本主义文化矛盾》，生活·读书·新知三联书店1989年版，第197页。

价值的统一。如前所述，文学对人的情感与心灵的体验，史学对人的实践理性与历史智慧的探究，哲学对人的生命境界与终极关怀的追问，都是从不同视域展开对人的深刻理解。只有文史哲的会通，才可能对人的生命的理解获得整体性的认知。无论文学的方法、历史的方法，还是哲学的方法，都共同指向对人文世界的诠释。诠释不同于解释，解释只需要揭示事物之间的因果关系即可，而诠释则承担着生命意义与价值的阐释。所以，在人文学科中，同情的理解、情感的领会、心灵的沟通、意义的阐释、价值的评判等，都是把握人的生命现象不可缺少的维度。伽达默尔的诠释学与中国传统的领悟意会具有相通性，都把对人的自我理解和诠释作为把握人性的重要方法。文史哲的会通，就要以对人性与生命的独到理解与诠释为前提，展开多维视界的人文思想融合。

2. 对话与沟通。对人文世界的理解与诠释，要求自我的反省与自觉、心灵的对话与沟通。对话是不同主体之间心与心的交流，实质上是一种心灵的沟通。在当今文化全球化的时代，不同民族、不同地域的文化形成了多元化的复杂格局，只是从某种单一文化视角出发，将形成自我中心主义和原教旨主义的文化立场，那就是将自我作为中心，而把他者作为边缘，用自己偏好的价值观进行评判和规范，最后只能走向文化的独白和自我封闭。文史哲的会通，正是针对这种文化独白和自我封闭的现实，强调跨文化的对话与心灵的沟通。无论东方西方，人同此心，心同此理，心灵没有不能跨越的鸿沟，问题在于是否有诚意对话和倾听。中国的"聪"字，就包含有用耳听、用眼观、用口说和用心悟等诸多的意蕴，这样才可能有聪明智慧。对话的目的在于心灵的沟通和契合，因此，跨文化的对话与主体间的心灵沟通应当成为文史哲会通的主要路径。心灵的对话与沟通意味着搁置自我中心主义的立场，把自我和他者摆在平等交流的位置，既要理解人性的普遍性，又尊重个性和差异性，做到求同存异与和而不同。在今天，随着人类整体意识的觉醒，对于跨文化的交流，应当走出文化的霸权，达到文化的自觉。文史哲等人文学科内部也需要相互尊重，各个学科要从别的学科吸取新的视野和观点，得到新的启发，从而形成视野的拓展与共识的形成。

3. 包容与会通。会通是将不同质的多元思想文化实现涵容的包容意识，它与各种对象性的价值不同，是能够容纳各种对象性价值的包容性价值，实质是一种和谐性思维。会通的功能在于化解不同立场的思想价值冲突,弥合文化差异造成的鸿沟,增进相互理解和兼容并包,促进思想文化的和谐共存。伽达默尔面对多元社会不同主体难以相互理解的困境,基于创造性诠释学提出了"视界融合"①的方法,以增进不同文化之间的会通和融合;费孝通倡导文化自觉,提出了"各美其美,美人之美,美美与共,天下大同"②的理想等,这都是当代文化会通意识的自觉,都为建立文化会通的包容性价值观进行探索。

当今时代的文史哲会通,不仅要注重某一文化系统内文史哲学科的会通,还要注重不同文化系统之间的文史哲会通,这就需要在思维方式与价值观念方面做到彼此深入了解、理解和沟通。如中国文化对宇宙人生的悟觉思维特质,显然不同于西方文化注重科学理性和逻辑思辨的思维特质。但这两种思维方式不是互相对立的,而是可以互补和融合。每一种文化系统在人的理解方面以及人文学科的自我理解方面,都有自己的特色和局限。文史哲的会通意识,正在于自觉明确到这种界限。各自文化的自觉,要求发挥自我文化优势和特色的同时,注重自我文化的拓展与超越。因此,在当今时代一味地固守所谓"正统",往往意味着某种文化面临着深刻的危机。而敢于开放兼容与推陈出新,正是文化创新的必由之路。无论跨文化的人文会通,还是文史哲学科内部的会通,都应当以建立当代开放性的人学为导向,以人性为根基,以对社会秩序与心灵秩序和谐的探索为主题,以对人的生活意义的追寻和生命境界的提升为旨趣,在充分的对话理解和心灵沟通中实现当代人文思想的自我提升。

(四)会通创新:中国哲学史的当代重写

中国哲学史的当代重写,要突破原有思维框架和思想格局,在文史哲等人文思想会通视野中进行重新理解与创新书写。利奥塔指出:重写有两种基本含义,一是回到起点,从零开始,这是一种简单的机械论的理解;二是重写根本上就是与写作联系着的,它完全不意味着回到开始。③ 中国哲学史的重写,不仅仅是一种解构,更是一种新的建构,其目的在于通过不同于先前的感受方式和思想方式,要在新的境界中追求新的思想体验。

1. 把握中国人文传统的思维方式与思维特质,体现中国哲学注重人

---

① 参见伽达默尔《真理与方法》,上海译文出版社1999年版。
② 费孝通:《从反思到文化自觉和交流》,《读书》1998年第11期。
③ 利奥塔:《后现代性与公正游戏——利奥塔访谈、书信录》,上海人民出版社1997年版,第165页。

性悟觉的生命智慧。在文史哲的会通视野中，准确理解和把握中国人文思想传统的思维方式与思维特质，这成为重写中国哲学史的思想起点。中国人文思想形成了注重和谐、注重整体、注重道德、注重心性、注重历史、注重实践的思维方式与思维特质，思考的重点是世道人心的改善，特别注重人的悟性的开启，以人的心性的觉悟来推动社会秩序的建构。张汝伦指出："重写中国哲学史必须从哲学的一般意义和中国哲学的特殊性出发，积极开发中国哲学特有的问题域，阐明它与时代的互动关系，特别要阐明中国哲学的根本特征——实践哲学的意义。就中国传统哲学特征而言，实践哲学远比心性之学更具解释力和现实性。"[①] 事实上，中国哲学的特征主要体现为心性哲学、实践哲学、历史哲学、道德哲学、和谐哲学等不同维度，中国哲学既是心性的、道德的，也是实践的、历史的，还是整体的、和谐的，正是多维度的结合才能把握世道人心这一中国思想普遍关注的核心问题。中国哲学传统可以概括为注重道德心性、历史实践的整体性和谐思想，在人类思想宝库中具有极为重要的地位和影响，应当在中国哲学史的重写中给予重点阐发。中国哲学史的当代重写，需要在打通文史哲的综合性人文思想视野中，注重中国哲学思维方式及特质的阐发，要体现出中国哲学对人性自觉与生命领悟的独特智慧。

为此，要自觉破除以西方哲学思维方式来裁剪中国哲学思想体系的偏见，恢复中国哲学的自性与自信，以人类情怀与世界眼光来重新审视和定位中国哲学，重振中国哲学思维的独特优势与价值。如中国儒释道的悟性思维与生命智慧就极具中国特色，相信对未来世界哲学的发展会影响深远。西学东渐以来，西方哲学虽然对重新认识中国哲学起到了他者之镜的作用，但同时带来了以西方哲学的范式和标准，来理解中国哲学和书写中国哲学史的严重问题。中国哲学史的现代书写，代表性的有胡适的《中国哲学史大纲》和冯友兰的《中国哲学史》、《中国哲学简史》、《中国哲学史新编》等，这些尝试对中国哲学史的梳理确实起到了开创性作用，功不可没，但遗憾在于以西方哲学思维的标准和范式来取舍中国哲学思想资源。新中国成立后的中国哲学史教材，主要依据苏联模式的教科书体系来书写，都未能自觉遵循中国哲学思想本己的特有问题和历史脉络来阐

---

① 张汝伦：《中国哲学的自主与自觉——论重写中国哲学史》，《中国社会科学》2004 年第 5 期。

发。因此造成的后果是以西方哲学为标准，写出的中国哲学史成为"西方哲学在中国"的历史。此问题已经被中国哲学界所普遍认识到，但其影响至今尚未消除。中国哲学史的当代重写，就应当自觉地以此为鉴，更好地凸显中国哲学问题、体现中国哲学特色与中国哲学精神，写出活生生的有自己灵魂的中国哲学史。

2. 深入阐释中国思想家对世道人心的独到思考，体现中国哲学内在的人文精神特质。目前，流行的中国哲学史书写，往往局限于经学、子学、理学、心学等狭窄视野来理解中国哲学，未能顾及文史哲作为中国人文思想生命体内在组成部分的整体性，而是从中抽离出相应思想观点按照西方哲学框架与议题来进行编排，如按照西方哲学的本体论、形而上学、认识论、辩证法等进行分类组合。这样，作为中国人文思想的生命智慧就被随意地分割，造成了中国哲学精神传统的断裂。中国哲学史的重写，应注重中国文史哲经典的重新梳理和阐释，以是否把握中国思想独特问题、体现中国人文精神传统、反映中国人文思维特质、表征中国人文生命情怀作为标准，而不是就所谓的中国"哲学经典"谈论哲学。事实上，中国人文思想经典在其源头处往往不能用现代文史哲学科思维进行简单划分，否则就会置文史、政治、宗教等重要经典于哲学的思想殿堂之外。例如，流行的中国哲学史书写，侧重将《易经》、《道德经》、《论语》、《大学》、《中庸》及宋明理学、心学等列为中国哲学经典，而把《诗经》、《离骚》、《尚书》、《春秋》、《史记》、《史通》、《文心雕龙》、《资治通鉴》，以至诗词政论小说等中国人文经典排除在外。与此同时，将屈原、陶渊明、刘勰、苏东坡、曹雪芹等侧重文学的思想家与司马迁、班固、刘知几、司马光、顾炎武等侧重历史的思想家没有列入中国哲学家的行列，其深层厚重的人文觉悟与历史智慧都应该置于中国哲学思想的长河之中，如此才能真实体现中国哲学博大厚重的思想内涵和丰富多彩的个性风格。如屈原的思想就是融宇宙人生、世道人心与艺术想象于一体的中国美学思想，然而在现行的中国哲学史中并没有屈原的地位；司马迁的《史记》等历史经典所体现的历史思维和历史智慧在中国哲学史的流行版本中也未提及；曹雪芹的《红楼梦》反映了中国近代思想的重大变迁，其对传统思想的批判及独特的情感体验与审美思想，在现行的中国哲学史中也没有顾及。传统经史子集中只有经学、子学的部分典籍才在现行中国哲学史书写中予以部分地考虑，而没有将经史子集等经典作为中国人文思想生态进行通盘观照。其实,中国的大哲往往是集文豪、史家与哲人于一身,他们对宇宙人生、世道人心有着整体性的洞察,不能随意地割裂其思想。以这种文史哲经典重新诠释的会通意识来书写中国哲学史,自然会体现完整的中国人文精神与生命智慧,丰富中国人文思想传统,展现个性特色与民族风格。可以想象,如此书写的中国哲学史,那将具有气象万千、包容博大的中国思想气度。

3. 尊重中国文化和而不同的思想格局,如实揭示中国哲学思想体系的源流和历史变迁。中华文化之所以博大精深、源远流长,主要在于不断吸收同化外来地域文化和民族文化,最终塑造了多元一体的中华思想文化格局。中国哲学史的重写,要尊重中华思想文化格局的历史和现实,将诸多人文思想流派和学说在中国哲学史上的地位、贡献与影响进行恰如其分的估量和评价,如此才能书写中国哲学思想发展的信史。因此,就要跳出简单断定某种文化传统和思想流派为正统的宗派观念,不能将中国哲学史书写成某一派、某一家为主导的哲学流派史。如将中国哲学史书写成以儒家为核心的儒家思想史,这不符合中国哲学以《易经》等为源头、以诸多思想流派相互影响、多元互补而形成的真实思想格局。再如以儒家思想内部思孟学派的心性论为核心,书写出以心性论为主导的哲学思想史,这就将儒家包含着其他诸多思想流派的真实格局简单化为某一派为正宗的宗派思想史。以儒家为例,中国哲学史的书写必须兼顾思孟学派与荀子学派等不同学派、汉学与宋学等不同时代、理学、心学、实学等不同路向,都应该给予充分而恰当的阐发,避免在哲学史书写中出现顾此失彼、不合实情的倾向。再如中国哲学史上的佛学思想,就要考虑到佛学传入中国的渊源及其本土化的历史发展和变迁,不能只简单地写成以禅宗为核心的禅宗思想史,这样就忽视了唐宋以来形成的以佛学八宗共存的思想格局。此外,中国哲学史的重写,还需要考虑中华多民族哲学思想的交流和融合,不能写成汉民族哲学史。中国哲学本来就是中华各民族共同创造的思想智慧,要如实揭示各民族为中国哲学发展所做出的贡献。如藏民族独特的佛学及哲学思想等,就应当充分地体现在中国哲学史的书写之中。如此书写的中国哲学史,才可能是尊重中华各民族哲学智慧、尊重中华文化各思想流派、符合历史实情的中国哲学史。

4. 以历史意识与全球意识重建中国哲学传统,让哲学讲中国话并促进中国哲学的世界化。陈来指出:"随着中国经济现代化的迅速发展,中国文化根于传统的复兴已提到了议事日程。因此,基于改革进程全方位展开的不可逆转,从上面一种认识和展望出发,比较20世纪的行程和21世纪的可能发展,就中国文化而言,也许可以这样说,20世纪是'批判与启蒙'的世纪,21世纪则将是'创造与振兴'的世纪,而世纪之交正是整个民族生命'贞下起元'的转折点。"[1] 在新世纪肩负上述中国思想创造与振兴的使命,中国哲学史的当代书写,就要有明确的历史意识与全球意识。中国哲学史书写的历史意识,在于对中国哲学的历史源流、传承脉络等进行深入揭示,阐发中国哲学传统的主导精神、历史轨迹及其发展趋势,体现中华民族世世代代的创造与智慧、光荣与梦想,展现中国哲学思想不断发展提升的心路历程,讲述中国思想智慧面对挑战不断创新的故事,从而为当代中国哲学的发展确立自性、树立自信并指明方向。同时,中国哲学史书写的全球意识,主要不是立足中国哲学自身系统内部来讨论中国哲学,而是置于当代全球化文化对话与交流的大视野中,在诸多思想文化激荡中来反观中国哲学的特质与传统,以人文情怀和世界眼光重新审视和估量中国哲学的价值。一方面,让中国哲学讲中国思想自己的话语,书写中国智慧自身的故事,憧憬中国人的梦想,也就是要体现出哲学的中国特色、中国风格与中国气派;另一方面,要推动中国哲学的世界化,在世界思想舞台上发出中国哲学的声音,讲述人类的议题、人类的故事与人类的梦想。也即是不仅让哲学讲中国话,还要让中国哲学对世界和为世界讲话,用李泽厚先生的提法就是"中国哲学的世界登场"[2]。当今的中国问题已经不单纯是中国自己的问题,它是以中国方式表达的人类问题;同理,当今中国哲学思想不仅是中华民族自己的思想,也是以中国话语表达的人类思想。中国文史哲的会通与中国人文思想传统的当代构建,需要立足传统又超越传统,立足民族又走向世界。以包容性的价值观和恢宏的文化气度实现自我创新,以开放包容、博采众长的心态走出人为的学科界限,重建文史哲会通的开放性人文科学,为当代人类的和谐发展与生命境界的提升拓展新的思想空间,塑造和引领全球化时代新的人文精神。

(原载《江西社会科学》2012年第6期)

---

[1] 陈来:《人文主义的当代视野》,广西教育出版社1997年版,第293页。
[2] 李泽厚、刘绪源:《该中国哲学登场了?》,上海译文出版社2011年版;李泽厚、刘绪源:《中国哲学如何登场?》,上海译文出版社2012年版。